MEDITATION

für Neugierige und Ungeduldige

Sybille Engels | Jan Eßwein

HERZLICH WILLKOMMEN!

Lieber, neugieriger und ungeduldiger Leser,

Anstelle eines Vorworts möchte ich Ihnen gerne die Entstehungsgeschichte dieses Buchs erzählen. Es hat sich nämlich zu einer echten Abenteuerreise entwickelt, seitdem wir 2006 mit den Recherchen anfingen. Wir, das ist ein Team von Journalisten und Büchermachern, engels + partner. Wir sind neugierig und ungeduldig, zwischen 35 und 52 Jahre alt, eingebunden in ein forderndes Berufs- und Familienleben – ganz normal eben.

Es fing damit an, dass wir feststellten, dass sich die Gesprächsthemen unter Freunden und Bekannten veränderten. Ein sehr temperamentvoller Freund schwärmte plötzlich von „der Stille". Eine Freundin erzählte, sie habe viel weniger Depressionen, seitdem sie meditiere. Ein Kollege verriet uns, dass sein Bedürfnis, „zu sitzen", immer stärker werde. Wir sind in einer Lebensphase, in der man darüber nachdenkt, wie es weitergehen soll. Ob nun unsere Lebenspläne – Karriere, Familie, Wohlstand – aufgegangen sind oder nicht: Sie sind einfach nicht mehr ganz so spannend. Wir werden anspruchsvoller. Es gibt eine Sehnsucht nach dem Wesentlichen, was immer das sein mag.

Also Meditation? Neugierig stellten wir fest, dass wir nichts darüber wussten. Was genau ist das eigentlich? Muss man dafür Buddhist sein oder nach Indien fahren? Muss man unbedingt „Om" dabei singen? Wird man dadurch ein besserer Mensch? Und wie kann sie einem diesen Geisteszustand verschaffen, der oft mit der Formel „Ruhe und Klarheit" oder „zum Wesentlichen kommen" umschrieben wird?

Um das herauszufinden, kauften wir uns zunächst etwa hundert Bücher und lasen uns sofort in einen bedauerlichen Zustand totaler Verwirrung hinein. Dort hieß es zum Beispiel: „Wir wollen nun meditieren ... auf Herzenshöhe entsteht ein kleines Regenbogenlicht ... Dann strahlt das Licht aus unserem Körper in alle Richtungen ... dadurch lösen sich sämtliche Leiden aller Wesen auf, und die Welt ist grenzenloses Glück. Wir befinden uns in einem reinen Land voll unbegrenzter Möglichkeiten." Unbegrenzte Möglichkeiten? Grenzenloses Glück? Hm. Das klang eher nach einem ganz anderen Lied: dem der Esoterik-Glücksritter und anderer Machbarkeitsideologen.

Lieber, unerfahrener Leser – es ist ein Dschungel! Als naive Einsteiger verirrten wir uns zunächst in einer seltsamen Welt, die man „spirituelles Marketing" nennen könnte. Wir trafen auf die schillerndsten „Meister" von eigenen Gnaden: einen brennend ehrgeizigen und dadurch wenig umgänglichen Ex-Zen-Mönch. Einen Meditationslehrer, der einen solchen Stress verbreitete, dass man in seiner Nähe ganz nervös wurde. Einen ehemaligen Dotcom-Großunternehmer, der durch Druck und Stress 40 Kilo zugenommen hatte, für ein paar Monate ins Kloster ging, abnahm und heute – schlank, athletisch und im Netzhemd – als Zen-Lehrer Übergewichtigen hilft. Meditation zum Abnehmen – war es das?

Wir hatten viele Geschichten gehört, aber immer noch wussten wir nicht, was Meditation ist. Je mehr wir nachdachten, desto mehr Fragen hatten wir: Wie denken und fühlen wir eigentlich? Was ist Zeit? Wie ist unser Verhältnis zu Körper und Geist? Es zeigte sich, dass das Thema weit reicht, es berührt Fragen der Wissenschaft, Religion, Soziologie, Psychologie, Ethik und Philosophie; also fragten wir Neurowissenschaftler, Theologen und Mystiker, Zeit- und Glücksforscher, Psychologen und Philosophen, und jeder gab uns eine Antwort, die seiner Perspektive entsprach.

Danach hatten wir tausend Einzelteile, aber keine Vorstellung davon, wie sie zusammengehörten. Wir brauchten endlich eine überzeugende persönliche Erfahrung. Also wagte sich einer unserer Autoren in einige buddhistische Meditationszentren, deren Gebetsrituale, Verbeugungen vor Buddhastatuen und Teezeremonien ihm aber aufgesetzt erschienen und letztlich nur seinen Widerstand hervorriefen. Wir besuchten ein Franziskanerkloster, das Zen-Kurse anbietet, und waren tief berührt von der Ausstrahlung des Ortes und des

„Meditation ist ein Abenteuer. Es geht darum, herauszufinden, wer man eigentlich ist. Es geht um Dimensionen und Werte in meinem Leben – nicht um Ziele oder darum, wohin es einen bringt. Es gibt kein 'dort' – es gibt nur 'hier'. "
Jon Kabat-Zinn, US-Wissenschaftler und Entwickler der MBSR Achtsamkeitsmeditation

Zen-Meisters (Seite 140); doch unser Wunsch nach einer Probe-Meditation wurde nicht erfüllt – entweder eine ganze Woche „im Schweigen" oder gar nicht.

Endlich, als wir schon dachten, wir würden niemals über ein rein intellektuelles Verständnis hinauskommen, öffnete sich doch noch eine Tür: Wir lernten den MBSR Achtsamkeitstrainer Jan Eßwein kennen und gewannen ihn als Trainer und Berater für dieses Buch. MBSR steht für Mindfulness Based Stress Reduction – eine Meditationsmethode, die der amerikanische Wissenschaftler Jon Kabat-Zinn seit über 25 Jahren allen vermittelt, die etwas gegen Stress tun und ihre Lebensqualität erhöhen wollen. Die Trainer absolvieren spezielle Ausbildungen. MBSR ist von einer der ältesten Meditationstechniken Indiens abgeleitet und an westliche Bedürfnisse angepasst. Die Methode ist pragmatisch, ausdrücklich säkular, in kurzer Zeit erlernbar und gewinnt inzwischen auch in Deutschland an Verbreitung.

Danach ging alles sehr schnell: Als wir das Erlebnis der Achtsamkeitsmeditation endlich einmal am eigenen Leib machen konnten, erkannten wir sehr bald, was es damit auf sich hat. Es war eine beeindruckende, verblüffende und beglückende Erfahrung, zum ersten Mal aus dem Transrapid des „wird, würde, wäre, sollte" auszusteigen, sich hinzusetzen und sich eine Weile nur im gegenwärtigen Augenblick aufzuhalten. Nachdem wir das einmal erlebt hatten, wollten wir es wieder erleben. Mit der Zeit fingen wir an, die Welt anders zu sehen und uns ein klein wenig anders zu verhalten: Wir trinken weniger Kaffee, bewegen uns mehr, entdecken lang vergessene Pläne neu.

Jetzt, im Rückblick und aus der persönlichen Erfahrung heraus, denke ich, dass es wohl kaum ein Gebiet gibt, über das so viel Unsinn grassiert wie über die Meditation. Zunächst ist rein gar nichts Geheimnisvolles und Verstiegenes daran. Dieser Zustand, der als „Achtsamkeit" bezeichnet wird und in dem man die eigene Existenz einmal aus einer ganz anderen Perspektive wahrnehmen und erleben darf – vollkommen zufrieden, friedlich, vorbehaltlos, erwartungslos, einig und einverstanden mit dem Moment, wie er ist – fällt nicht vom Himmel, sondern will geübt sein. Außerdem sind sowohl die Methode als auch die dahinterstehende Philosophie alles andere als beliebig (von wegen „kleines Regenbogenlicht"). Das glatte Gegenteil ist der Fall: Achtsamkeitsmeditation ist sogar außerordentlich systematisch.

Die Achtsamkeitsmeditation nach MBSR bietet auch uns ganz normalen Mitteleuropäern die Möglichkeit, diese Jahrtausende alte mentale Kunst auf eine Weise zu erlernen, die undogmatisch und alltagstauglich ist und kein spirituelles Marketing verkaufen will, sondern authentisches Erleben vermittelt. Wer sich darauf einlässt, wird damit nicht glücklich, schön, reich oder erfolgreich werden. Tatsächlich geht es ganz und gar nicht darum, irgend etwas zu werden – sondern im Gegenteil, zu sein. Das Potenzial zu dieser tiefgreifenden, befreienden Erfahrung hat jeder Mensch.

Deshalb haben wir dieses Buch geschrieben. Betrachten Sie uns als Ihre Vorkoster: Wir haben Vorurteile und Berührungsängste für Sie ausgelebt und widerlegt (1. Kapitel), die Basics gelernt und Zugänge für Sie probiert (2. und 3. Kapitel) und einen Weg gefunden (4. Kapitel). Diesen Weg möchten wir vorstellen, denn wir glauben, dass er jedem Menschen zutiefst förderlich ist.

Ihre Sybille Engels und das Team von engels + partner

Inhalt

Herzlich willkommen! 2
Wieso für Neugierige und Ungeduldige? 6
Was ist Meditation? 8
Wie wird Meditation erlebt? 10

WIE MAN EINE AFFENHERDE REINLEGT: DEM STRESS EIN ENDE SETZEN 12

Was denken Sie gerade? 15
... und dieses Affengeschnatter nennen wir „Denken“ ... 16
Die Macht der Gefühle und unsere Idee vom Glück 18
Wo wir unser Glück suchen ... 20
Aus dem Bauch raus 23
Außerhalb der Zeit 26
Rundherum gesund: Meditation aus Sicht der Wissenschaft 28

WIE MAN EIN LICHT ANZÜNDET: VORBEREITUNGEN 30

Telefon aus, Kinder raus 32
Sitzen Sie ruhig und angenehm! 35
Wie man mit geradem Rücken sitzt 36
Wie man ganz leicht und entspannt sitzt 38
Wie man die Hände halten kann 40
Experiment: Wie komme ich an die Kokosnuss? 43
Loslassen! 44
Was sieht der Hund im Spiegel? 46
Vom Anfängergeist und wie Sie etwas Tee bekommen können 48
Vom Vertrauen in sich selbst und wo das noch hinführen wird 49
Das Gras wächst nicht schneller, wenn man daran zieht 50
Glück oder Unglück, wer wollte das entscheiden? 51

WIE MAN DIE WELLEN GLÄTTET: KONZENTRATION UND EINSTIMMUNG 52

Wie man die Wellen glättet 54
Konzentration macht Laune! 56
Zur Einstimmung: der Baum 60
Zur Einstimmung: das Seegras 62
Für den Rücken 64
Dehnen und strecken 66
Balance 68
Wahrnehmung und Ausgleich 70
Für „tönende Wesen“: der Klang im Kopf 73
Harmonie und Rhythmus: Mantra 74
Ein Berg, viele Wege: Rosenkranz und Mala 75
Ruhe und Ordnung: Mandala 76
Ein Licht anknipsen 79
Ein ruhiger Geist führt eine ruhige Hand 81
Das Gute im Leben 82
„Zeigen Sie mir Mu!“ 84

WIE MAN AUF DEN GRUND DES WASSERS BLICKT: ANLEITUNG ZUR MEDITATION 86

Wie man auf den Grund des Wassers blickt 89
„Die große Symphonie“ 90
Das Rosinen-Experiment 95
Wie Achtsamkeit das Leben reicher macht 96
Wie man Achtsamkeit trainiert 98
Der Atem in der Achtsamkeitsmeditation 100
„Aha, da ist Denken!“ Wie man Etiketten vergibt und Abstand gewinnt 102
„Aha, da ist Wut!“ Vom gelassenen Umgang mit den Gefühlen 105
Praktische Tipps 106
Body-Scan 108
Meditation im Gehen 110
Sitzmeditation 112
Weiterführende Tipps: Wie man Stress in sein Gegenteil verwandelt 114
Vom Leben und vom Sterben 117

WIE MAN DIE RUHE BEWAHRT: MEDITATION IM ALLTAG 118

„Die wunderbare Wirklichkeit“: Achtsamkeit als Lebenseinstellung 120
Achtsamkeit im Alltag: Die besten Tipps 122
Gönnen können: Ihr Genusstraining für jeden Tag 124
Was tue ich, wenn …? Tipps und Hilfen bei Hindernissen 126

VON SCHÜLERN UND LEHRERN SPECIAL: REPORTAGEN UND INTERVIEWS 132

Tipps: Wie man den richtigen Lehrer findet 134
„Ein Knarzen, ein Hupen, die Zeit steht“ 136
„Irgendwann ist man in einem völlig anderen Zustand“ 137
„Na, schon mal gesessen?“ 138
Zen in Niederbayern 140
„Der Pfad der Ameisen“ 144

Register 150
Literatur 152
Weiterführende Adressen 154
Impressum 156

WWW.MEDITATION-FUER-NEUGIERIGE.DE

Hier finden Sie weitere Informationen zum Buch: Videos zu Yoga-Übungen, einen geführten Body-Scan von Jan Eßwein zum kostenlosen Download, Rücken-Tipps, ein Video mit Jon Kabat-Zinn, eine Linksammlung und vieles mehr.

Wieso für Neugierige und Ungeduldige?

... WEIL NEUGIER EIN MOTOR IST, NEUES TERRAIN ZU ERKUNDEN.

„Sei nicht so neugierig“, hieß es früher abwertend in der Kindererziehung. Heute ist sich die Pädagogik darüber einig, dass diese spielerische und höchstwahrscheinlich angeborene Eigenschaft besonders geeignet ist, um Kenntnisse zu erwerben und unbekanntes Terrain zu erkunden. Und genau das tun Sie, denn sonst hätten Sie nicht dieses Buch aufgeschlagen – immerhin zu einem Thema, das viele Menschen immer noch als „esoterisch“ ablehnen. Sie scheinen aber offensichtlich zu den Neugierigen zu gehören und offen für das Unbekannte zu sein. Vermutlich, weil Sie merken, dass sich hier ein großer Nutzen für Ihr Leben auftun könnte. Tatsächlich hat die faszinierende mentale Disziplin der Meditation – wissenschaftlich erwiesen – so viele positive Wirkungen, dass es jammerschade wäre, sie einer kleinen Zahl Eingeweihter oder der Esoterikszene zu überlassen.

... WEIL UNGEDULDIGE GANZ BESONDERS VON DER MEDITATION PROFITIEREN.

Meditation ist nicht nur etwas für ruhige und ausgeglichene Menschen. Im Gegenteil – gerade die Schnellen und Eiligen werden dadurch reich belohnt: Weil sie eine neue Sichtweise auf ihr Leben kennenlernen, die sogenannte „Achtsamkeit“. Weil sie erfahren, wie befriedigend es ist, die nicht enden wollende Jagd nach Zielen und einer besseren oder sicheren Zukunft einzutauschen – zumindest zeitweise – gegen einen in unserem Kulturkreis fast vergessenen, zutiefst menschlichen Zustand: das nichts fordernde, nichts wertende, akzeptierende und bejahende Da-Sein in der Gegenwart. „Wenn Du denkst, es gibt einen besseren Augenblick als diesen, hast Du ihn schon verpasst.“

... WEIL SIE NICHT JAHRELANG ÜBEN MÜSSEN, BIS ETWAS PASSIERT.

Oft wird behauptet, zehn Jahre intensiven Trainings seien vonnöten, bis man mit den ersten Wirkungen rechnen könne. Wenn man hohe Ziele verfolgt, wie etwa die „Erleuchtung“ im buddhistischen Sinn zu erlangen, mag das zutreffen. Für uns und unsere Leser, die wir nicht immer nur auf der Überholspur fahren, sondern auch einmal anhalten und einfach unser Leben genießen wollen, stimmt das überhaupt nicht: Ein Minimum regelmäßiger Praxis von einer halben Stunde alle zwei, drei Tage genügt, um zunächst einmal Stress abzubauen und deutlich mehr Ruhe und Halt in sich selbst zu finden. Auch das wissenschaftlich erwiesen – und von den Autoren dieses Buchs am eigenen Leib erfahren.

… WEIL UNGEDULDIGE NICHT GERNE WARTEN.

Betrachten Sie die Zeit, die Sie zum Beispiel an der Supermarktkasse warten müssen, als „verschenkte Zeit", die Sie deshalb ganz schnell hinter sich bringen wollen? Oder vor der roten Ampel, oder in der Post, oder beim Zahnarzt … ? Schade – da verschenken Sie ja ganz schön viel Zeit.

Sie könnten das Ganze aber auch ganz anders sehen: als Geschenk. Fünf Minuten – nur für sich selbst! Denn wenn Sie dieses Buch gelesen haben, werden Sie wissen, wie Sie all die tausend alltäglichen Möglichkeiten nutzen können, der Außenwelt Grenzen zu setzen, tiefe Atemzüge zu nehmen und sich in seinem Körper wohlzufühlen, zu entspannen, den Moment zu genießen. Für diese Zwischendurch-Meditationen brauchen Sie keinen zusätzlichen Zeitaufwand – nur ein ganz neues Lebensgefühl. Zum Üben steht Ihnen das größte Trainingsfeld der Welt zur Verfügung: Ihr Alltag.

… WEIL DIE NEUGIER IHNEN DA WEITERHILFT, WO SIE ZU UNGEDULDIG WERDEN.

Denn natürlich geht nichts von heute auf morgen – erst recht nicht dieses neue Lebensgefühl an der Supermarktkasse, von dem wir oben gesprochen haben. Davor steht ein Prozess des Umdenkens. Denn abgesehen davon, dass Sie die richtige Körperhaltung kennen müssen, können Sie dabei nicht die Ärmel aufkrempeln und anpacken, nicht viel „tun" – Sie werden sich ja im Gegenteil in der Praxis des Nicht-Tuns üben. Anders als bei körperlichen asiatischen Disziplinen wie etwa Hatha Yoga, Chi Gong oder Tai-Chi, die durchaus auch meditative Elemente enthalten, geht es bei der Meditation um eine geistige Übung: „Meditation" stammt aus dem Lateinischen und bedeutet „Nachbesinnung".

Eine veränderte Weltsicht also. Deshalb, liebe Ungeduldige und Neugierige, lohnt es sich, dieses Buch ganz zu lesen: Es wurde von Leuten geschrieben, die diesen Weg von der äußeren Sicht („Praxis des Nicht-Tuns??") zur persönlichen Erfahrung gegangen sind. Unsere Beobachtung: Rund ein halbes Jahr innere Widerstände abbauen – dann aber kann es ziemlich schnell gehen mit der Meditation und ihren vielen positiven Auswirkungen auf den Alltag. Sogar für sehr Ungeduldige.

Was ist Meditation?

... ursprünglich ein Weg auf der Suche nach dem Sinn des Daseins,

sagen religiös und spirituell engagierte Menschen. Viele Formen des Gebets verlangen, dass der Mensch eine Pause einlegt, um sich in eine Geistesverfassung außerhalb des Alltäglichen zu versetzen; sei es, je nach religiöser Richtung, um mit dem Gott der Christen in einen Dialog zu treten oder die eigene Buddha-Natur zu erkennen und so die Erleuchtung zu erlangen. Die Meditation ist grundlegender Bestandteil in vielen religiösen Traditionen, etwa in der buddhistischen, christlichen, hinduistischen, islamischen, jüdischen und taoistischen Lehre. So finden sich meditative Elemente im Gebet des Christentums; aus dem Buddhismus sind unter anderem die Zen- und die Achtsamkeitsmeditation hervorgegangen.

... ein geniales Mittel gegen die tyrannische Herrschaft von Stress, Ängsten und Sorgen,

sagen westliche Neurowissenschaftler, Psychiater, Psychologen und Therapeuten, die das Potenzial der jahrtausendealten spirituellen Konzepte der Achtsamkeit nutzen wollen. Der US-Wissenschaftler Jon Kabat-Zinn hat mit der Mindfulness Based Stress Reduction-Methode (MBSR) ein einfaches Meditationsprogramm entwickelt. Esoterik braucht man dafür nicht: MBSR eignet sich für jeden und ist schnell, pragmatisch und effektiv – ganz ohne „Om". Auf diesem Ansatz basiert dieses Buch. Meditation macht den Geist frei von Ballast und die Körperwahrnehmung feiner; Sorgen und Ängste verlieren ihre Macht. Achtsamkeitsübungen steigern nachweislich die Stressresistenz und verhindern sinnlose Grübelprozesse. So können wir uns besser auf unsere Stärken besinnen und das Selbstbewusstsein kräftigen. Das macht Meditation zu einer effektiven Vorsorge gegen Zerfahrenheit, Überforderung und Burnout. Bei speziell ausgebildeten Achtsamkeitstrainern kann man Meditation in einem Kurs über acht Abende hinweg erlernen (oder mit diesem Buch).

... ein geistiges Training, um Achtsamkeit zu kultivieren,

sagt Jan Eßwein, Achtsamkeitstrainer mit langjähriger Meditationserfahrung, Kabat-Zinn-Schüler und Experte in diesem Buch. „Achtsamkeit ist die Fähigkeit, bewusst und in Frieden mit sich selbst zu leben. Es ist Nicht-Oberflächlichkeit und reine, freundliche Aufmerksamkeit im gegenwärtigen Moment. Mit Achtsamkeit sind wir da, wo das Leben gerade stattfindet, statt uns in Gedankenketten, Plänen und Erinnerungen zu verlieren. Die praktische und einfache Methode, Achtsamkeit zu erlernen, ist die Meditation. Dabei üben Sie sich in der Kunst, die Aufmerksamkeit ungeteilt auf die Wahrnehmung des gegenwärtigen Moments zu richten. Als Anker in der Gegenwart bietet sich der Atem an: Sein fortwährender, regelmäßiger Rhythmus macht ihn zum idealen Meditationsobjekt. Grundsätzlich ist Achtsamkeitsmeditation kein Selbstzweck, sondern ein Weg, um geistige Qualitäten zu entwickeln und Einsichten durch direkte innere Erfahrung zu gewinnen."

... FÜR JEDEN ETWAS ANDERES,

sagen Individualisten. Wer regelmäßig praktiziert, wird erfahren, dass die Meditation ihn auf seinem höchst persönlichen Entwicklungsweg unterstützt – je nachdem, was er daraus macht. Wir haben ganz normale Leute kennen gelernt, die ihre Urlaube nutzen, um nach Indien „ins Schweigen zu gehen"; Menschen, die nach einem schweren Unfall oder anderen Begegnungen mit dem Tod zur Meditation fanden; einen stressgeplagten Journalisten, der nach seinem MBSR-Kurs weniger raucht, seltener streitet und langsamer Auto fährt; einen Altenpfleger, der sein Leben dem Zen gewidmet hat. Für uns bedeutet Meditation vor allem einen Zugewinn an innerer Freiheit und Kenntnis unserer selbst. Das gilt auch für Neugierige und Ungeduldige: Es gibt seriöse Kurse, die nur ein paar Sitzungen umfassen. Und einen Eindruck davon, was Meditation bewirken kann, bekommt man oft schon nach wenigen Tagen.

... EIN DEM GLÜCKLICHSEIN FÖRDERLICHER GEHIRNZUSTAND MIT NACHHALTIGER WIRKUNG,

sagt die Wissenschaft. Hirnforscher haben die Köpfe Meditierender sorgfältig durchleuchtet. Das Ergebnis: ein Zustand tiefer Meditation kann Hirnwellen von über 30 Hertz erzeugen – und ermöglicht damit kognitive Höchstleistungen. Das Angstzentrum reagiert schwächer. Und gestärkt werden vor allem die Bereiche, die für einen ausgeglichenen Gefühlshaushalt sorgen.

... FÜR SIE: EIN MENÜ MIT GROSSER AUSWAHL,

so wünschen wir es uns jedenfalls für unsere Leser. Sie können dieses Buch nutzen,

- › um sich allgemein wohler zu fühlen, Ihr körperliches Wohlbefinden zu verbessern, etwa bei Rückenbeschwerden oder Verspannungen,
- › um sich gegen Stress zu stärken,
- › um sich weiterzuentwickeln, mehr Sensibilität für sich selbst aufzubringen, besser auf Ihre innere Stimme hören zu lernen,
- › um Ihr Leben mehr zu genießen und mehr Genuss in Ihr Leben zu bringen,
- › um Antworten auf die Frage „Wer bin ich?" zu suchen,
- › um zu prüfen, ob dies ein Weg für Sie sein kann, sich der Frage aller Fragen „Wozu bin ich hier?" zu widmen.

... MEHR WOHLBEFINDEN, OHNE SEINEN FUSS AUS DER WOHNUNG SETZEN ZU MÜSSEN,

sagen Ärzte. Denn Meditation kurbelt das Immunsystem an. Wer regelmäßig übt, wird seltener krank. Und wenn man sich trotzdem mal eine Grippe einfängt, erholt man sich wesentlich schneller.

Wie wird Meditation erlebt?

… ALS VERBLÜFFEND NEUER ZUSTAND UND QUELLE DER KRAFT UND KREATIVITÄT

so beschreibt es Bettina A., 42 Jahre alt, Ärztin. „Ich dachte, in meinem Alter jeden denkbaren Zustand zu kennen, in dem man sich befinden kann: Sei es, dass man wach ist oder schläft; dass man hochkonzentriert ist oder tagträumt; dass man sich über einer kreativen Beschäftigung selbst vergisst oder in einem Moment der Reflexion seine Beweggründe erkennt; dass man sexuell erregt ist oder einen Orgasmus hat. Dazu kommen all die Gefühlszustände wie Euphorie, Enttäuschung oder Spannung … das hat man alles schon erlebt, wenn man mal vierzig geworden ist. Dann fing ich mit der Meditation an und stellte völlig überrascht fest: Das hier ist noch einmal etwas ganz anderes. Es ist ein unglaublich befruchtender Zustand, aus dem ich viel für mich persönlich ziehe. Ich empfinde es wie eine Oase, aus der ich jedes Mal mit neuer Kraft zurückkomme und danach wieder Platz für viele neue Ideen habe."

… ALS GROSSE FREIHEIT

so sieht es Eva E., Fotografin, 58 Jahre. „Wenn ich an einem Thema arbeite, das mich fesselt, gehe ich voll darin auf. Ich kann mich in solchen Zeiten völlig selbstvergessen meiner Arbeit widmen. Auch die Kommunikation mit anderen Menschen, die gemeinsame konstruktive Arbeit bereitet mir sehr viel Freude. Das alles kann aber auch sehr anstrengend sein, so dass es mir manchmal zu viel wird; ich habe dann das Gefühl, selbst dabei zu kurz zu kommen, und es entsteht ein starkes Bedürfnis nach Distanz. Ich habe die Meditation erst vor einigen Monaten entdeckt, bin aber vorher lange – fast zwei Jahre – um das Thema herumgeschlichen: Ich war einerseits fasziniert, andererseits bin ich kein Freund von Esoterik. Dann entdeckte ich die komplett räucherstäbchenfreie Achtsamkeitsmeditation nach Jon Kabat-Zinn. Gleich meine erste Erfahrung damit war von einer Qualität, dass ich nicht mehr aufhören wollte. Ohne zu übertreiben: Es war toll. Kein auf etwas Gerichtet-Sein, kein Pläneschmieden, keine Kreativität; nichts wollen, nichts müssen – einfach sein."

... ALS WEG ZU SICH SELBST,

sagt Andreas E., 48 Jahre, Psychologe. „Ich war wohl schon immer auf der Suche – wozu das alles, warum leben wir ... ich bin dann über eine Zen-Meisterin zur Meditation gekommen und wusste: Das ist es. Nicht nur, weil es mich erdet und mir in dem ganzen Trubel Ruhe gibt – ich habe zwei kleine Töchter, die mich auf Trab halten –, sondern weil das, was man in der Meditation lernt, weit darüber hinausgeht. Ich habe dadurch so viel verstanden, mich weiterentwickelt. Eines Tages machte ich in der Meditation die Erfahrung, von der ich so oft gehört hatte: die Erkenntnis, dass ich Teil eines Ganzen bin, dass alles mit allem zusammenhängt ... Ich sagte 'Hallo?' in mich hinein – und da war niemand. Diese Erfahrung der Ichlosigkeit war alles andere als beängstigend – sie war befreiend. Als ich allerdings den Menschen, die mir nahestehen, davon erzählte, reagierten sie mit Sorge und Skepsis. Das Thema macht vielen Angst.

Dabei handelt es sich doch um etwas ganz Natürliches! Ich glaube, dass das ein Zustand ist, den wir alle in die Wiege gelegt bekommen haben – ich sehe das auch an meinen Kindern –, aber dann wird er uns ganz schnell aberzogen. Nehmen wir allein die Schule: Da wird es nicht geschätzt, wenn man bei sich ist, statt seine Aufmerksamkeit auf Fakten und den Lehrer zu richten. Das ist schade. Ich bin der festen Überzeugung, dass dieses Wissen, das einem die Meditation vermittelt, für ein glückliches, selbstbestimmtes und selbstverantwortliches Leben wichtig ist. Ich finde, Meditation sollte ein Schulfach sein."

... ALS BEWUSSTWERDEN, ANNEHMEN UND LOSLASSEN

sagt Jan Eßwein, unser Experte in diesem Buch, Achtsamkeitstrainer und Physiotherapeut, 33 Jahre alt. „Bewusstseinsinhalte wie Gedanken, Meinungen, Wünsche, Emotionen und Körperempfindungen ziehen vorbei. Mit der Zeit kommen und gehen diese Dinge immer schneller. Was ich zuerst als solide und substanziell wahrgenommen hatte, wird durchscheinend und fließend. Übrig bleibt ein weiter, ruhiger, heller Raum, in dem meine leise, wohlwollende Präsenz wohnt. Dieser Raum ist mehr, ist größer und echter als alle Inhalte. Dort zu sein bedeutet Freiheit. Durch die Meditation verbringe ich weniger Zeit mit Fantasien und Tagträumen, sondern nehme immer deutlicher die vielen kleinen kostbaren Momente wahr, aus denen mein Leben besteht."

WIE MAN EINE AFFENHERDE REINLEGT: DEM STRESS EIN ENDE SETZEN

Was ist eigentlich Stress? Was passiert dabei im Gehirn? Was ist Zeit? Wie stehen wir zu unserem Körper? Wo suchen wir das Glück – und wie können wir es wirklich finden?
In diesem Kapitel lernen Sie die Meditation aus westlicher und wissenschaftlicher Sicht kennen. Das bietet die Chance, Vorurteile („Om“) zu hinterfragen und eine neugierige Einstellung zu gewinnen – denn dann kann Ihre persönliche Erfahrung der Meditation auf fruchtbaren Boden fallen.

Wo ist denn jetzt wieder die Nagelschere?

Ja! Genau so mache ich das!

Ich muss unbedingt abnehmen …

20 Euro monatlich, diese Halsabschneider!

Hab' ich jetzt den Herd ausgeschaltet?

Ahh, ich hab' die Rechnung immer noch nicht bezahlt

Das schaffe ich doch nie!

Oh Gott, war das peinlich!

Hoffentlich hat er das nicht in den falschen Hals gekriegt!

… nur zwei Kilo, das reicht schon.

Die Miete läuft die ganze Zeit weiter …

Ich muss endlich dieses Abo kündigen!

Auf nix kann man sich verlassen

Mm, frische Brötchen …

Was denken Sie gerade?

Versuchen Sie doch einmal, herauszufinden, was Ihnen so alles durch den Kopf geht – jeden Impuls, also alles, was Sie denken, fühlen, planen, erinnern, fürchten, träumen, wünschen ... Schließen Sie die Augen und verfolgen Sie bewusst alles, was passiert. Versuchen Sie, es drei Minuten durchzuhalten. Danach bitte umblättern.

Heute klappt rein gar nichts!

Ich muss unbedingt den Briefkastenschlüssel nachmachen lassen

Den muss ich dringend anrufen, sonst ist alles zu spät, und er ...

Führerschein im Lotto gewonnen, was?

Oh Gott! Ich muss ja noch ...

Morgen mach' ich aber wirklich die Steuererklärung!

... ich muss noch einkaufen, kein Salat mehr da

… und dieses Affengeschnatter nennen wir „Denken“ …

HABEN SIE GEMERKT, WAS ALLES VORGEHT?

Satzfetzen, Pläne, Befürchtungen, Tagträume, Größenfantasien, Sorgen, Sorgen, Sorgen … Permanent und unbewusst kreisen Gedanken und Gefühle durch unseren Kopf. „Affengeschnatter“ nennen das die Buddhisten. Wir nennen es „Denken“.

BIN ICH IN SICHERHEIT? WAS WIRD AUS MIR?

Bin ich in Sicherheit? Mögen mich die anderen? Was wird aus mir, wenn ich alt bin? Was mache ich, wenn die Chinesen kommen und mir die Jobs wegnehmen? … Das ist der „Normalzustand“ in unserem Gehirn: ein ständiges Hintergrundrauschen, pausenlos. „Das Gehirn befindet sich immer in einem hochaktiven Standby-Betrieb“, sagt Prof. Dr. Dieter Vaitl, Neurowissenschaftler und Direktor des Bender Institute of Neuro Imaging (BION). Unser Gehirn ist unablässig und mit enormem Energieaufwand damit beschäftigt, sich die vielfältigsten Bedrohungen auszumalen. Sobald es Indizien dafür gibt, dass wir in irgendeiner Weise gefährdet sind, schaltet es auf Alarm. Und genau dafür ist es auch da – das ist sein Job. Es ist ein System zur Problemlösung und zum Durchspielen von möglichen Gefahren. Ein inneres Schachspiel, in dem unser Gehirn Schwarz und Weiß gleichzeitig spielt – der Realität immer drei Züge voraus.

Wäre es schön, keine Angst und keine Sorgen mehr zu haben? Würden Sie sich all diese belastenden Gefühle, die im Gefolge der dauernden Schreckensszenarien entstehen, die sich unser Gehirn ausmalt, „herausoperieren“ lassen, wenn das möglich wäre? Tun Sie's nicht! Sonst ginge es Ihnen wie der Frau, die bei einem Unfall Verletzungen an bestimmten Gehirnpartien erlitt. Sie kennt seitdem keine Angst mehr, geht vertrauensvoll auf jeden Menschen zu – und wird pausenlos betrogen. Wenn unser Gehirn überall Gefahren wittert, erfüllt es eine lebensnotwendige Aufgabe.

ALARM! MEIN KONTO! MEIN IMAGE! MEIN JOB!

Was das Gehirn beschützen und vor allen denkbaren Gefahren bewahren will, ist unsere Identität, das „Ich“. Doch unsere Vorstellung von dem, was alles zu diesem „Ich“ dazugehört, hat sich in den Jahrtausenden der Evolution verändert. Das zeitgemäße „Was mache ich, wenn die Chinesen kommen und mir die Jobs wegnehmen?“ dürfte sich in Vorzeiten eher so angehört haben: „Woher kriege ich etwas zu essen? Wo finde ich eine Höhle? Was mache ich, wenn es heute nacht kalt wird?“ Seitdem hat sich unsere Vorstellung vom Ich immer mehr auf symbolische Konzepte ausgedehnt: meine Karriere, meine Beliebtheit, mein Auto, meine Ehre, meine Meinungen … all diese Aspekte sehen wir als wesentlichen Teil unserer Identität an. Wir fühlen uns ja tatsächlich persönlich angegriffen, wenn uns jemand auf der Autobahn überholen will. Oder wenn wir in der Zeitung lesen, dass die Aktien gefallen oder die Steuern gestiegen sind.

Unser Gehirn unterscheidet nicht mehr zwischen realen Gefahren für Leib und Leben und solchen, die das erweiterte, symbolische Ich bedrohen. Also ist unser modernes Ich praktisch dauernd in Gefahr. Und darauf reagiert das Gehirn seit Jahrtausenden unverändert – es macht uns in kürzester Zeit fit für Kampf oder Flucht. Folgendes passiert: Die Herzfrequenz geht hoch, der Blutdruck steigt, die Bronchien weiten sich, die Atmung wird schneller und die Muskelspannung erhöht, Zuckerreserven aus der Leber und Cholesterin werden

„Dieses Kommentieren geht die ganze Zeit weiter – aber so leben wir unser Leben: Wie geht es mir, wie kalt ist es, das Licht ist zu dunkel, was denken die Leute über mich ... Achtsamkeit ist befreiend! Es ist, wie eine Seifenblase mit dem Finger anfassen – dann platzt sie."

Jon Kabat-Zinn, Entwickler der MBSR-Methode

ins Blut gepumpt; die Blutgerinnung wird höher, die Verdauungstätigkeit reduziert, die Funktion der Sexualorgane eingeschränkt und die Immunkompetenz reduziert: Jetzt sind wir bereit, um unser Leben zu kämpfen – oder zu rennen. Eine tolle Leistung: Innerhalb von zwei Minuten haben sich knapp 300 Parameter in den Körperfunktionen geändert! Und diese massive Aktivierung durch die Stressreaktion läuft nun viele Male am Tag ab, bei der Fahrt zur Arbeit, bei Konflikten mit dem Partner ... Die Stressforschung hat gezeigt, dass es diese kleinen, alltäglichen Belastungen sind, die uns heute am meisten zu schaffen machen. Anders als unsere Urahnen können wir sie nur selten körperlich abbauen. Und zu viel Stress macht krank – das ist hinlänglich bekannt.

WAS IST EIGENTLICH STRESS?

Risikofaktoren (Stressoren) für unsere Gesundheit sind:

› Physikalisch: Schwerkraft, Lärm, Hitze, Kälte, Strahlung
› Körperlich: Verletzung, Schmerz, Behinderung
› Leistungsstressoren: Überforderung, Unterforderung, Zeitdruck, Prüfungen
› Sozial: Konkurrenz, Isolation, Konflikte, Trennung, Reizüberflutung
› Innere Stressoren: fixe Ansichten, starke Emotionen, Depression, Zwänge, starre Denk- und Handlungsmuster

So reagieren wir in unserem Verhalten auf Stress:

› mit Hast und Ungeduld, z.B: Essen herunterschlingen, schnell und abgehackt sprechen, andere unterbrechen
› mit Betäubung: mehr/unkontrolliert Alkohol trinken, essen, rauchen, Medikamente einnehmen
› mit unkoordiniertem Arbeitsverhalten: mehrere Dinge gleichzeitig tun, mangelnde Planung, Übersicht und Ordnung, Dinge verlegen, verlieren, vergessen
› mit Aggression und Gereiztheit: konfliktreicher Umgang mit Mitmenschen, häufiger Streit um Kleinigkeiten, anderen Vorwürfe machen, schnell aus der Haut fahren

So reagieren wir auf kognitiv-emotionaler Ebene auf Stress:

› Gefühle der inneren Unruhe, des Gehetztseins
› Gefühle der Unzufriedenheit und des Ärgers
› Leere im Kopf, Blackout
› Denkblockaden
› Angst, zu versagen
› Gefühle der Hilflosigkeit
› Selbstvorwürfe
› kreisende grüblerische Gedanken bis hin zur Depression
› Burnout

Haben Sie sich in einem oder mehreren Punkten dieser Liste wiedererkannt? Erschrecken Sie nicht – das dürfte wohl vielen so gehen. Was nicht heißt, dass man so weitermachen sollte. Wenn Stress, ob zwischenmenschlicher oder beruflicher Art, über Jahre hinweg anhält und angemessene Erholungsphasen fehlen, kann es gefährlich werden. Die ständige Widerstandsbereitschaft des Organismus führt irgendwann zu Erschöpfung, Erkrankungen oder Zusammenbruch, und zwar an der individuell schwächsten Stelle: Herzbeschwerden, Schlaflosigkeit, Tinnitus, Muskelverspannungen, Verdauungsbeschwerden. In Deutschland ist Herzinfarkt die häufigste Todesursache. Fast drei Millionen Menschen leiden unter Tinnitus, ca. 10 - 15% der Bevölkerung an einer behandlungsbedürftigen und chronischen Schlafstörung.

BEFREIUNG IN KLEINEN SCHRITTEN

So manchen bringt sein angespanntes Leben dazu, aussteigen zu wollen. Das ganze Leben ändern. Auswandern. Auf jeden Fall muss es eine ganz große Maßnahme sein, und darum passiert meistens gar nichts.

Die Lösung ist das Konzept der „Achtsamkeit": Es sind die ganz kleinen Schritte, mit denen wir uns vom Stress befreien und Lebensqualität gewinnen. Und dafür gibt es kaum einen besseren Weg als die Meditationsmethode „Stressbewältigung durch Achtsamkeit" (MBSR, Mindfulness Based Stress Reduction), die Sie in diesem Buch kennen lernen werden. Aber zunächst lohnt es sich, ein paar der Dinge, die uns das Leben schwer machen, genauer zu hinterfragen: Unsere Gefühle. Unser Konzept vom Glück. Das Verhältnis zu unserem Körper. Und unsere Vorstellung von Zeit.

Die Macht der Gefühle und unsere Idee vom Glück

Es war einmal ein Mädchen, das hieß die kluge Else. „Die ist so klug“, sagte die Mutter, „die sieht den Wind auf der Gasse laufen und hört die Fliegen husten.“ Und weil sie so gescheit war, kam der Hans und hielt um sie an, und die Mutter sprach: „Else, geh in den Keller und hol Bier“. Da nahm die kluge Else den Krug und ging in den Keller, und als das Bier aus dem Fass lief, erblickte sie ein Beil an der Wand. Da fing sie an zu weinen: „Wie soll das werden! Wenn ich den Hans heirate, und wir ein Kind kriegen, und das groß wird, und wir es in den Keller schicken, damit es Bier zapfen soll, dann fällt ihm vielleicht das Beil auf den Kopf und schlägt es tot.“ Und sie schluchzte über so viel Unglück.

„Die kluge Else“, Gebrüder Grimm

Angeblich ist unser aller Lebensziel, glücklich zu sein. Wie kommt es dann aber, dass wir die Kunst, uns selbst unglücklich zu machen, so viel besser beherrschen? Jeder kennt Fälle von „Glückskindern“ – reichen, begabten oder berühmten Menschen –, die es geschafft haben, sich ihr Leben zur Hölle zu machen. „Vollständiges Versinken in mich. Stumpf, gedankenlos, ängstlich. Ich habe nichts mitzuteilen, niemals, niemandem“ – das schrieb der große Schriftsteller Franz Kafka. Was am effektivsten zu unserem Unglück beiträgt, ist die Fähigkeit des Gehirns, seine Simulationen so lebensecht wirken zu lassen. Weil es so auf Sicherheit aus ist, fokussiert es sich nicht auf das, was an unserem Leben gut ist, sondern auf potenzielle Gefahren. Unsere Gedanken und Gefühle bringen uns dazu, über einen lang vergangenen Streit nachzugrübeln und den Ärger von damals unmittelbar zu empfinden. Sie entführen uns mitten aus dem Urlaub ins Büro, wo wir uns erneut von einem ehemaligen Chef unter Druck setzen lassen. Sie bringen uns erst dazu, mehr zu essen, als wir wollten, um uns dann mit Abneigung gegen unseren Körper zu erfüllen. Überwiegend sind sie unbewusst und wirken im Untergrund, und oft merken wir nur, dass uns irgendetwas plötzlich die Laune verdorben hat, ohne es identifizieren zu können. Sie halten uns am Faden wie eine Marionette. Sie sind unendlich viele und immer da.

SCHLAFLOS IM BETT MIT SORGEN, SORGEN, SORGEN

Wenn wir zu viel Stress erleben – ob durch eine einzelne Erfahrung oder durch jahrelange Belastung – entstehen Gefühle der inneren Unruhe, des Gehetztseins und Ärgers, der Unzufriedenheit. Wir haben Angst, zu versagen, fühlen uns hilflos und machen uns Selbstvorwürfe. Irgendwann liegen wir dann schlaflos im Bett und wälzen Probleme: Die Gedanken kreisen sorgenvoll immer wieder um dasselbe Thema. Natürlich ohne je zu einem Ergebnis zu kommen, denn Probleme auf Gefühlsebene können nicht auf kognitiver Ebene gelöst werden. Dennoch können wir nicht anders; die Wissenschaft spricht von einem Grübelzwang. Demnach grübeln wir nicht, um Schmerz, Trauer, Verzweiflung wirklich zu füh-

at ja alles keinen Sinn. Ich hab einfach keine Lust mehr. Ich wünschte, ich hätte wenigstens

len – sondern im Gegenteil, um uns von der eigentlichen Erfahrung zu entfernen, sagt der auf achtsamkeitsbasierte Ansätze spezialisierte Psychologe Dr. Johannes Michalak. Solche Grübelprozesse stehen oft am Anfang einer Depression. Man schätzt, dass rund vier Millionen Deutsche an einer behandlungsbedürftigen Depression leiden. Rund 12 Millionen sind irgendwann im Lauf ihres Lebens depressiv, davon stellen Frauen ungefähr 75%.

... ABER DAS MUSS JA NICHT SO BLEIBEN

Was hilft? In den achtwöchigen MBSR-Kursen für Achtsamkeitsmeditation machen die Teilnehmer die wichtige Erfahrung der Selbstwirksamkeit: Ich kann etwas ändern, ich bin dem nicht ausgeliefert. Studien zeigen, dass Stress sich weniger auswirkt und einfacher zurückzudämmen ist, wenn wir unsere Probleme und die damit zusammenhängenden Gefühle nicht als übermächtig ansehen. Entgegen einem weit verbreiteten Vorurteil erreicht man das in der Meditation aber nicht damit, dass man aufhört, zu denken oder zu fühlen – das ist unmöglich. Die große – und wissenschaftlich bewiesene – Wirkung der Meditation liegt woanders: Sie verändert die Einstellung zu unseren Gefühlen.

Wenn wir ein Gefühl empfinden, ob Schmerz, Trauer oder Freude, erfüllt es uns ganz. Wir erleiden oder genießen es – was sonst sollen wir tun? Wir werden von der mächtigen Strömung eines Flusses mitgerissen. Der eine oder andere Therapieerfahrene hat zwar gelernt, seine Gefühle besser zu verstehen, aber das ändert nicht viel an unserer Grundhaltung. Sie drückt sich auch darin aus, wie wir formulieren. Wir sagen: „ICH BIN unglücklich." Unser gesamtes Ich ist es.

WARUM NICHT EINMAL ETWAS NEUES PROBIEREN?

Ob Sie nun zufrieden sind oder unter Stress leiden – es gibt eine Möglichkeit, aus diesem stetigen Fluss aus Gedanken und Gefühlen auszusteigen. Wir können ans Ufer klettern und eine Weile nur friedlich dasitzen und die Wellen betrachten. Wir können mit innerem Abstand sagen: „In mir gibt es Wut", das heißt, mein „Ich" besteht aus mehr als Wut, „Ich bin noch mehr als das". Wir müssen nicht mehr sofort aufspringen und alle Symptome von Wut produzieren. Und mit dieser gelasseneren Einstellung zu unseren Gefühlen beginnt sich auch das Verständnis vom Glück zu wandeln. Die Logik, der wir bislang folgen, lautet ungefähr so: „Glück empfinde ich, wenn meine Wünsche erfüllt werden. Also werde ich alles tun, um sie wahrzumachen, auch wenn ich hart dafür arbeiten muss." Mit den bekannten Folgen von moderaten Stressreaktionen bis zum Burnout. Also warum nicht einmal ein neues Rezept ausprobieren? „Gefühle sind da, aber ich bestehe aus mehr. Glück ist nicht die Erfüllung all meiner Wünsche, sondern die Unabhängigkeit und Freiheit davon, ob sie sich erfüllen oder nicht." Keine Angst – das heißt nicht, dass man jeden Antrieb verliert und nur noch meditierend am Flussufer sitzt. Meditation kann die Persönlichkeit nicht verändern. Aber sie hilft, ein Stück Gelassenheit und innere Freiheit in unser Leben zu bringen.

Wo wir unser Glück suchen ...

KLEINES EXPERIMENT: SEHEN SIE SICH MAL IHRE FÜSSE AN.

- Bitte Schuhe und Strümpfe ausziehen und eine Weile auf Ihre Füße blicken. Tauchen Gedanken auf? Welche? Was denken Sie über Ihre Füße? Bitte ehrlich und genau sein.
- Geben Sie Ihren Füßen bitte eine Note nach dem Schulsystem von eins bis sechs. Benoten Sie ihre Schönheit, Gepflegtheit, ihren Wuchs, die Größe und die Weichheit der Haut, die Eleganz Ihrer Zehen, der Fesseln.
- Und jetzt schließen Sie die Augen und fühlen Ihre Füße. Doch, das geht. Tun Sie's einfach. Was nehmen Sie wahr? Wie fühlt sich Ihr großer rechter Zeh an? Warm oder kühl? Spüren Sie ein Pulsieren oder ein Kribbeln an den Sohlen? Bitte eine Weile genau hinfühlen. Danach weiterlesen.

WAREN SIE ZUFRIEDEN MIT IHREN FÜSSEN?

- Oder haben Sie eher eine Vier minus vergeben? Die meisten Menschen, die man bittet, auf ihre Füße zu gucken, fangen sofort an, daran herumzukritisieren. „Ich muss dringend mal wieder zur Pediküre" oder „Der Nagellack sieht ja furchtbar aus" oder „Meine Füße sind viel zu groß", usw.
- Haben Sie übrigens Ihre Füße und die des Models auf dem Foto links miteinander verglichen? Was haben Sie über das Fußmodel gedacht? So etwas wie: „Hübsch. Gepflegt. Glatt. Die ist doch höchstens 18. Scheint an einem Strand zu stehen. Am Meer. Da wäre ich auch gerne. Dann würden meine Füße auch so aussehen."
- Und haben Sie danach, als Sie die Augen geschlossen hatten, einen Unterschied bemerkt? Wie haben sich Ihre Füße angefühlt – warm? Lebendig? Angenehm?

Sie haben einfach Ihre Perspektive verändert. Wenn man den Außen-Blick nach innen umstellt, können all diese Bewertungen plötzlich ziemlich unwichtig werden. Auf einmal kann man sich in seiner Haut richtig wohlfühlen.

er verdient viel mehr als ich. Die sieht viel jünger aus als ich. Paris Hilton ist viel dümmer als

MIR GEHT'S GUT – WENN'S DIR SCHLECHTER GEHT

Was ist Glück? Schönheit, Reichtum, Ruhm? Im Prinzip ja. Aber nur, wenn die anderen Menschen weniger davon haben als wir selbst. Glücksforscher haben es in vielen Studien bewiesen: Ob man sich selbst für glücklich hält oder nicht, hängt vor allem vom Vergleich mit anderen ab. So ist die Wechselwirkung zwischen Geld und Glück sehr gering, fast bedeutungslos – wer mehr verdient, ist nicht automatisch glücklicher. Entscheidend fürs Glücksgefühl ist jedoch, dass wir ungefähr so viel oder ein bisschen mehr haben als die Menschen aus unserem sozialen Umfeld, die uns etwas bedeuten und mit denen wir uns vergleichen. „Nehmen Sie fünf Menschen, die vor Ihnen stehen, und drücken Sie jedem einen Geldschein in die Hand. Vier bekommen zehn Euro, einer bekommt fünf", schlägt der Glücksexperte Wolfgang Horbach vor. „Der hat zwar mehr als vorher – fühlt sich aber trotzdem schlechter: Weil die anderen mehr haben als er."
Das ist nicht so verwerflich, wie es klingt: „Sich mit anderen zu vergleichen, sich im sozialen Umfeld wiederzufinden, steckt in der Natur des Menschen", sagt Horbach. Das Vergleichen ist für das erfolgreiche Zusammenleben sogar unbedingt notwendig: Eine Gesellschaft muss Vergleichsgrundlagen aushandeln, zum Beispiel Gesetze. „Aber in unserer Lebenswelt wird das extrem übersteigert. Die Werbung treibt es an und nutzt es aus. Die Boulevardpresse führt ständig Leute vor, die angeblich unermesslich reich (schön/jung/berühmt) sind. Wer das glaubt, wird ständig frustriert sein."
Dabei ist noch nicht mal ein spektakulärer „Glücksfall" wie eine Lottomillion genug, um uns auf Dauer glücklich zu machen, denn durch noch so viel Geld entkommen wir nicht dem Vergleichen. Der Lottomillionär bewegt sich plötzlich in anderen sozialen Kreisen: Er lernt Milliardäre kennen und misst sich an deren Reichtum, so dass er sie wiederum für glücklicher hält als sich. An diesem Mechanismus ändert die absolute Höhe des Vermögens oder Einkommens gar nichts.

DAS EWIGE VERLANGEN NACH MEHR ...

Dazu kommt eine weitere Eigenschaft unseres Gehirns: Lustgefühle hängen mit den Hormonen Dopamin und Serotonin zusammen. Ob wir uns ein neues Auto kaufen oder in der Arbeit ein Lob erhalten, bei ihrer Ausschüttung erleben wir Glücksgefühle. Der Pegel dieser Glückshormone, das hat die Hirnforschung nachgewiesen, bleibt nun aber nicht lange oben. Nach jeder Ausschüttung setzt ihn das Gehirn wieder herunter – und zwar umso nachdrücklicher, je höher zuvor die Hormonausschüttung war. Also müssen wir immer noch einen draufsetzen, um den Glückspegel wieder zu erreichen. Dabei verliert die Stimulation natürlich den Reiz des Neuen, wird jedesmal schwächer und büßt nach und nach ihre Attraktivität ganz ein. Dieses ewige Verlangen nach mehr ist wie eine Sucht. Auch dem Lottomillionär ergeht es nicht besser: Sein Glücksniveau pendelt sich nach kurzer Zeit wieder auf ein normales Niveau ein. Um das Glücksgefühl wieder zu erleben, leistet er sich einen Luxusartikel nach dem anderen. Dann gewöhnt er sich an den Luxus – und nach einem halben Jahr ist vom Glücksgefühl her wieder alles beim Alten.
Horbach: „Nehmen Sie die Stimmung in Deutschland als Beispiel: Bis in die 90er Jahre hat der Wohlstand Jahr für Jahr spürbar zugenommen. Seitdem er nicht mehr ständig weiterwächst, ziehen wir den Vergleich – und haben den Eindruck, dass unser Wohlstand gefährdet ist. Was wir völlig übersehen, ist die Tatsache, dass wir heute fünf mal so reich sind wie in den 50er-Jahren."

... KANN NICHT DER SINN DES LEBENS SEIN

Ob im Berufsleben, beim Geld oder auf dem medialen Schlachtfeld des Schönheits- und Prominentenwahns: Die pausenlosen Vergleiche mit Kunstfiguren erzeugen enormen Stress, sagt der Glücksexperte. „Ich merke an vielen Diskussionen ein Unbehagen in der Gesellschaft, dass das ewige Verlangen nach mehr nicht der Sinn des Lebens sein kann. Die Leute werden davon krank. Die Zahl der Depressionen und Burnouts ist dramatisch angestiegen. Viele Leute schaffen es nur noch mit Pillen über den Tag."
Was können wir tun, um diesem Mechanismus zu entkommen? Der Rat des Glücksexperten: „Vergleiche dich nicht mit Leuten, denen es besser geht als dir. Es geht dabei auch um Dankbarkeit. Das finden Sie in den Weltreligionen wieder, vor allem im Buddhismus. Richte die Aufmerksamkeit nicht auf das, was du nicht hast, sondern auf das, was du hast."

WO WIR GLÜCK FINDEN KÖNNEN

Genau darum geht es in der Meditation: um eine bestimmte Art nicht-urteilender, konzentrierter und wertschätzender Aufmerksamkeit für sich selbst, um „Achtsamkeit". Dabei wendet man den Blick ab vom Hokuspokus der äußeren Bilder, Wünsche und Ziele, die den Geist gefangen nehmen, und fokussiert die Wahrnehmung nach innen, auf den einzigen Ort, an dem wir von diesen Schimären verschont bleiben: den Atem und die Körperempfindungen. (Übrigens beim Body-Scan auch auf die Füße – falls Sie dachten, es sei ungewöhnlich, herauszufinden, wie sich Füße anfühlen.)
In der Meditation als der Methode, Achtsamkeit zu trainieren, gewinnen Sie die Fähigkeit, von inneren Reaktionsmustern zurückzutreten. Sie können agieren, anstatt zu reagieren, und sich von Stress befreien. In der Meditation finden wir keinen Glücksrausch – sondern viel mehr: tiefes Verstehen, Zufriedenheit und Einigkeit mit uns selbst.

ch und so viel reicher, das ist doch nicht gerecht. Der hat ein viel größeres Auto als ich. Die

KLEINES EXPERIMENT: MACHEN SIE ES BITTE MAL DIESEM HERRN NACH.

Machen Sie es wie dieser Sumo-Ringer: Erst setzen Sie einen, dann den andern Fuß mit kraftvollem Schwung auf den Boden. Dann probieren Sie, eine Haltung zu finden, die Sie richtig in der Erde verwurzelt. Was kann Sie jetzt noch umwerfen?

Aus dem Bauch raus

Dieser Sumo-Ringer hat ein bewundernswert starkes „Hara", wie die Japaner den Körperschwerpunkt unter dem Bauchnabel nennen. Ein tiefliegendes Hara, ein schöner großer Bauch und rund 120 Kilo Gewicht sind die optimalen Voraussetzungen für diesen in Japan hoch angesehenen Sport. Dafür ernähren sich die Sportler mit einer protein- und fettreichen Mastkur und gönnen sich stets ein Schläfchen nach dem Mittagessen. Sumo-Ringer sehen fett aus, besitzen aber eine starke Muskulatur und sind außerordentlich schnell und beweglich. Das alles befähigt sie dazu, sich so fest und unerschütterlich im Boden zu verwurzeln, dass sie vom Gegner nicht aus dem Gleichgewicht gebracht oder weggedrängt werden können. „Mich kann nichts umwerfen": Das muss wohl ein sehr angenehmes Körpergefühl sein.

Der Sumo-Ringer ist die Verkörperung eines Ideals, das sich vom üblichen Schönheitskult drastisch unterscheidet, denn die weitverbreitete Haltung gegenüber dem Körper kann ihn nur auf eine einzige Art sehen: Maße, Formen und Umfänge, Bauch, Busen, Po werden erbsenzählerisch vermessen, gewogen und benotet. Und falls ein Körperteil dieses Designprodukts zu dick und ein anderer zu kurz ist: schon verloren. Da ergeht es uns nicht besser als Möpsen und Pudeln auf der Hundeschau.

JUNGE MÄDCHEN: ALLE NICHT SCHÖN GENUG

Wir machen unseren Körper zum Statussymbol, das Erfolg und Selbstdisziplin signalisiert. Wer das nicht schafft und zum Beispiel zu dick ist, wird schnell zum Außenseiter. Besonders böse wirkt sich das auf junge Mädchen aus. „Es ist schwierig, sich schön zu fühlen, wenn man mit heutigen Schönheitsidealen konfrontiert wird", sagten 58% der befragten Mädchen im Alter zwischen 15 und 17 Jahren in der Studie eines Herstellers von Pflegeprodukten. 3.300 Frauen im Alter von 15 bis 64 Jahren aus zehn Staaten wurden darin zum Thema Schönheit befragt, und das Ergebnis zeugt von alarmierend wenig Selbstbewusstsein: Neun von zehn Mädchen weltweit wollen mindestens einen Aspekt ihres Aussehens verändern; 20% wagen es nicht, die eigene Meinung zu äußern, wenn sie finden, dass sie gerade nicht gut genug aussehen. Zwar zeigt die Studie auch, dass Mütter ihre Töchter unterstützen und ihr Selbstwertgefühl gegenüber ihrem Körper stärken wollen. Aber das kann diesem erbarmungslosen Trend nichts anhaben. Im Gegenteil, er verstärkt sich: Bereits 80% der Männer sagen, dass sie immer mehr nach ihrem Äußeren beurteilt werden.

MICH WIRFT SO SCHNELL NICHTS UM

Kennen Sie Menschen, die sich sehr gerade halten? Mit aufgerichteter Wirbelsäule und erhobenem Kopf? Solche Menschen fallen sofort auf, weil sie so selten sind. Meistens sind es Sportler, Tänzer oder Sänger, die mit ihrem Körper sehr in Verbindung stehen. Oft strahlen sie Stolz aus. Ihre Haltung sendet die Botschaft, dass hier jemand „aufrecht durchs Leben geht", ein „gerader Mensch" ist oder den „Überblick" hat. Leider kennen das heute 70% der Menschen nicht mehr: Durch die sitzende und nach außen gerichtete Lebensweise verlieren wir zunehmend den Kontakt zum „gefühlten" Körper. Aber das ist kein Wunder – unser schwieriges Verhältnis zu unserem Körper hat eine lange Vorgeschichte.

ICH DENKE, ALSO BIN ICH

„Meditation interessiert mich nicht. Mein Geist ist zu anspruchsvoll, um sich dauernd mit meinem Atem zu beschäftigen", sagte eine Bekannte wie aus der Pistole geschossen, als wir von diesem Buch erzählten. „Ich bin stolz auf meine Fähigkeit zum logischen Denken! 'Ich denke, also bin ich' – und wenn ich nicht denke, bin ich nicht.'"

„Ich denke, also bin ich" – mit diesem Satz festigte der Philosoph René Descartes 1641 ein Prinzip, das in der christlich-abendländischen Kultur seit Jahrtausenden verwurzelt ist: die Trennung von Körper und Geist. So galt der Körper im Christentum als Sitz der Sünde, in der religiösen Askese wurde er geschunden und gegeißelt. Die Psychologie sah ihn

› 92% der Mädchen zwischen 15 und 17 Jahren weltweit möchten mindestens einen Aspekt ihres Äußeren verändern

› 10% aller Schönheitsoperationen finden an unter 20-Jährigen statt

› Ästhetische Eingriffe pro Jahr (BRD): 400.000

› 91% der Frauen wünschen jungen Mädchen ein realistisches, gesundes Körperbewusstsein

› 50% der Frauen wünschen sich Solidarität untereinander, um sich gegenseitig Selbstvertrauen zu vermitteln

› 51% aller Mädchen und Frauen von 15 bis 64 Jahren hätten sich in der Pubertät gewünscht, ihre Mutter hätte mit ihnen über Schönheitsideale gesprochen

Quellen: Publikation des Bundesministeriums für Gesundheit; Weltweite Marktstudie der Firma Dove unter 3.300 Frauen von 15 bis 64 Jahren

Anmerkung zum Foto oben: Das Bild zeigt übrigens keine Barbiepuppe, sondern eine Frau.

als Träger primitiver Triebe an. Und die Aufklärung brachte die Überschätzung des rationalen Denkens und die Illusion, wir besäßen so etwas wie einen „reinen Verstand" – mit der Folge, dass heute noch die meisten Menschen überzeugt sind, das Gehirn mache die ganze Denkarbeit, während unser Körper dazu da sei, es den ganzen Tag herumzutragen.

ICH LÄCHLE – ALSO BIN ICH FROH

Leider sind wir damit nicht ganz up to date. Die Wissenschaft hat längst bewiesen, dass Körper und Geist sich gegenseitig beeinflussen. „Das Gehirn ist mit unserem Körper nicht nur durch den Hals verbunden, sondern beide bilden eine untrennbare funktionelle Einheit", schreibt der Neurowissenschaftler Gerald Hüther (siehe Literaturtipp Seite 152). Dass der Geist den Körper beeinflusst, hat jeder schon einmal erlebt. Wir freuen uns, also wird gelächelt. Wir sind traurig, also lassen wir die Mundwinkel hängen. Aber dass es auch genau umgekehrt sein kann – dass wir traurig werden, weil unsere Mundwinkel hängen, und uns freuen, weil wir gelächelt haben – das erscheint uns kaum glaublich.
Und doch ist diese Zweibahnstraße heute durch viele wissenschaftliche Studien bewiesen. Nur zwei Beispiele:

› Zwei Gruppen von Testpersonen wurden gebeten, einen Stift auf unterschiedliche Weise zu halten: die eine zwischen den Zähnen, wobei ein „Lach-Muskel" aktiviert wird, geradeso, als wenn man lächeln würde. Die andere Gruppe klemmte ihn zwischen die Lippen, eine Haltung, bei der das Lächeln muskulär verhindert wird. Um die Testpersonen vom wahren Untersuchungsgegenstand – ihrer Gesichtsmuskulatur – abzulenken, wurde ihnen eine Geschichte aufgetischt, derzufolge ihre Geschicklichkeit untersucht würde. Man ließ die Testpersonen also mit Stiften hantieren, zeichnen usw. Danach wurden ihnen Comics gezeigt, die zuvor von anderen Befragten als „mittellustig" (4,5 auf einer Lustigkeitsskala von 0 - 9) bewertet worden waren. Das Ergebnis: Die Testgruppe, deren Lachmuskeln aktiviert worden waren, empfand beim Betrachten der Comics eindeutig mehr Spaß (Lustigkeitsfaktor 5,14) als

„Der Wunsch, selbstbewusst zu sein und dies auch auszustrahlen, ist ein Dauerbrenner, speziell in Trainings für Frauen. Viele ... beschäftigen sich auf der bewussten Ebene sehr intensiv mit diesem Thema, sie lesen Bücher, hören Vorträge ... Solange jedoch der Körper der Welt kein lautes 'Ja!' entgegenschmettert, sondern in einer ängstlichen Haltung des 'lieber nicht' verharrt, schaden sie sich selbst."

Maja Storch, Psychologin

die Lippenklemmer (4,32). Die Gesichtsmuskeln hatten die Emotion direkt beeinflusst.

› Ein weiterer Test verglich die Denkleistung (Puzzlespiel) von zwei Testgruppen miteinander, nachdem sie acht Minuten in unterschiedlichen Körperhaltungen verbracht hatten. Die eine Gruppe saß mit gekrümmtem Rücken und nach unten hängendem Kopf, die andere aufgerichtet mit angehobenen Schultern und herausgestrecktem Brustbein. Das Ergebnis: Die gekrümmte Gruppe warf bei dem anschließenden Geduldsspiel wesentlich schneller das Handtuch.

Sie können das ja einmal am eigenen Leib testen:

···› Setzen Sie sich für einige Minuten in eine sehr gebeugte Haltung. Runden Sie den Rücken, bringen Sie die Schultern vor und lassen Sie den Kopf hängen. Wie fühlen Sie sich? Falls Gedanken auftauchen, wie sehen sie aus? Danach nehmen Sie für die gleiche Zeit eine sehr aufrechte Haltung ein. Gibt es einen Unterschied?

···› Wenn Sie stehen – wo spüren Sie mehr Gewicht, in den Fußballen oder Fersen? Physiologisch sollten etwa 60% des Gewichts in den Fersen ruhen, doch die meisten Menschen im Westen haben einen nach vorne geschobenen Körperschwerpunkt – als seien sie immer schon auf dem Sprung zum nächsten Moment. Wie ist das bei Ihnen?

Körper und Geist als Einheit – eigentlich, findet der Wissenschaftler Gerald Hüther, ist das kein besonders erstaunliches Ergebnis. Umso erstaunlicher sei aber, dass wir alle so erstaunt seien, wenn uns diese Tatsache mit objektiven wissenschaftlichen Methoden bewiesen wird. Unsere Denkmuster sind so stark, dass wir sie nicht als überholt erkennen, auch dann, wenn sie sich als unhaltbar erwiesen haben.

KÖRPER UND ATEM IN DER MEDITATION

Durch die Meditationshaltung (Seite 34ff.) wird der Körper automatisch in eine aufgerichtete Position gebracht. Muskeln und Organe kommen zur Ruhe und entspannen sich. Der so in Ruhe versetzte Körper sendet harmonischere Signale an das Gehirn. Das Bewusstsein spiegelt den Zustand des Körpers, unser Denken kommt zur Ruhe. Wenn wir über längere Zeit meditieren, wird diese Wechselwirkung zwischen Körper und Geist immer selbstverständlicher. Bewährt hat sich dabei die Konzentration auf den Atem: Denn unsere Atmung funktioniert automatisch. Gleichzeitig kann jeder Mensch ohne weiteres den Rhythmus seines Atems willentlich verändern. Der Atem ist also zugleich unbewusste Körperfunktion und Objekt bewusster willentlicher Steuerung. Damit stellt er perfekt das Prinzip der organischen Einheit von Emotion und Rationalität dar.

MEHR KLARHEIT BEIM DENKEN

Nach und nach verfeinert das Üben die Fähigkeit, Körperempfindungen und damit auch emotionale Signale besser wahrzunehmen und zu verstehen. Ein achtsamer Umgang mit dem Körper ist gerade dann wichtig, wenn man der Rationalität eine herausgehobene Bedeutung zuschreibt: Denn wer nicht auf seinen Körper hört, vernachlässigt zugleich den Geist. Auch das ist bewiesen: Negative Körperempfindungen verlangsamen die Produktion geistiger Bilder, das Denken wird träge und ineffizient. Fühlt sich der Körper wohl, wird die Bildproduktion angeregt und verläuft abwechslungsreicher, wir denken klarer. Neurowissenschaftler – etwa am Bender Institute of Neuro Imaging in Gießen – haben bewiesen, dass Meditierende vegetative Körperfunktionen beeinflussen können: Der Herzschlag wird verlangsamt, der Blutdruck sinkt. Und dieser Effekt funktioniert in beiden Richtungen – ein entspannter, beruhigter Körper wirkt auf den Geist und lässt uns effizienter denken. Bei erfahrenen Meditierenden wurden während der Meditation Hirnwellen von über 30 Hertz gemessen – das ist der Bereich, der kognitive Höchstleistungen anzeigt. Allerdings wäre es schade, wenn man meditieren würde, um besser denken zu können. Das ist nur ein Nebeneffekt. Die eigentliche Belohnung ist wertvoller: Irgendwann erkennt der Meditierende, dass er gar nichts mehr werden muss – weil er schon ist.

Außerhalb der Zeit

„Ich habe einen Kurs im Schnelllesen mitgemacht und bin nun in der Lage, 'Krieg und Frieden' in zwanzig Minuten durchzulesen. Es handelt von Russland."

Woody Allen

„Wenn wir uns daran gewöhnen, achtsam im Augenblick zu leben, steht uns die ganze Fülle des Lebens ständig zur Verfügung, einfach deshalb, weil wir uns in der Gegenwart und somit außerhalb der Zeit befinden."

Jon Kabat-Zinn in „Gesund durch Meditation"

Ein Indianerhäuptling fuhr mit der Eisenbahn; am Ziel stieg er aus und setzte sich neben die Gleise. Als er gefragt wurde, warum, erwiderte er: Sein Körper sei zwar angekommen, aber sein Geist noch nicht, auf den müsse er noch ein Weilchen warten.

Anekdote

MIT DEN HÜHNERN INS BETT

So lange ist es noch gar nicht her, dass wir im Rhythmus der Natur lebten: Wir standen auf, wenn der Hahn krähte, und gingen mit den Hühnern ins Bett, wenn es dunkel wurde. Dann, vor rund fünfhundert Jahren, wurde die Uhr erfunden und damit eine Zeitordnung. Jetzt stand fest, dass eine Stunde immer gleich lang sein und genau sechzig Minuten dauern soll – die Voraussetzung war geschaffen, Zeit gegen Geld zu tauschen. Damit konnten wir uns nun genau ausrechnen, wie viel Geld wir in welcher Zeit verdient hatten. Da wir gerne in der gleichen Zeit mehr Geld verdienen wollten, schien es eine gute Idee, schneller zu werden. Also erfanden wir die Dampfmaschine. Damit wir auch Abends und Nachts arbeiten und Geld verdienen konnten, erfanden wir den elektrischen Strom. So konnte es richtig losgehen mit dem Kapitalismus. Und seitdem haben wir keine Zeit mehr: Jeder zweite Deutsche steht im Beruf unter Termindruck, mehr als die Hälfte davon leidet unter Zeitnot. Viele Ärzte halten Zeitdruck für den größten Krankmacher.

GOETHE IM RAUSCH DER GESCHWINDIGKEIT

Es gibt eine Anekdote über Johann Wolfgang von Goethe, der einmal mit einer der neuen Expresskutschen gefahren war, die der badische Staat angeschafft hatte. Danach schrieb er einen empörten Beschwerdebrief: Bei so hohen Geschwindigkeiten fliege die Landschaft so schnell vorbei, dass man gar nicht mehr denken könne! Er war die herkömmliche Reisegeschwindigkeit von rund 5 km/h gewöhnt – die neue Expresskutsche schaffte 7 km/h.

Zeitwahrnehmung ist subjektiv: Für die Psychologie ist Zeit eine Dimension der Wahrnehmung und des Erlebens. Wie schnell sie vergeht, hängt davon ab, welche Ereignisse wir erleben und wie wir sie verarbeiten. Wenn in einer Zeitspanne viel oder viel Neues passiert ist, haben wir viele Informationen eingespeichert, die wir verarbeiten müssen – im Rückblick erscheint uns diese Zeit dann als lang. Wenn nicht viel geschehen und die gespeicherte Menge an Erinnerungen gering ist, erscheint die Zeit im Rückblick kurz. In Zeiten starker Veränderung müssen wir viele Informationen speichern, und das empfinden wir als Stress.

Es ist offenbar die Veränderung an sich, die uns Stress bereitet. Dabei kommt es aufs Gleiche raus, ob Goethe sich von einer Geschwindigkeit von 7 km/h unter Stress setzen ließ oder wir heute von Klimawandel und Arbeitslosigkeit.

DIE GEGENWART DAUERT 2,7 SEKUNDEN

Zeit – was ist das eigentlich? Zeit gibt es nur in unserem Geist, vermutete schon 400 nach Christus der Heilige Augustinus von Hippo: als Erinnerung an Vergangenes und als Erwartung von Zukünftigem. Viel mehr hat die Wissenschaft in dieser Frage bis heute nicht herausgefunden, für die Physik ist das Phänomen Zeit noch überwiegend unerforscht. Empirische Tests haben gemessen, dass das, was wir als Gegenwart bezeichnen, rund 2,7 Sekunden dauert. „Wir haben nur Momente, in denen wir leben können. Die Zukunft und die Vergangenheit sind Konzepte. Es gibt nur das Jetzt", sagt der US-Molekularbiologe und Gründer der MBSR-Methode Jon Kabat-Zinn. Die meisten dieser Sekunden verbringen wir mit Affengeschnatter: Wir denken über uns selbst nach, wir denken über andere nach, wir denken über unsere Kindheit nach, wir denken über unser Alter nach. Auf jeden Fall sind wir ganz selten wirklich bei dem, was wir gerade tun, weil wir es so schnell hinter uns bringen wollen. Weil wir denken, dass wir, wenn wir etwas schneller erledigen, danach mehr Zeit für etwas anderes haben. Wenn man so lebt, vergehen Wochen, Monate, Jahre wie im Flug und ohne Kontakt zum gegenwärtigen Augenblick.

Diese 2,7 Sekunden nun sind es, um die es in dem Konzept der Achtsamkeit geht: Vergangenheit und Zukunft finden nur in unserem Geist statt, diese 2,7 Sekunden Gegenwart sind das einzige, was wirklich existiert. Wir können diese Gegenwart nicht wirklich erleben, wenn wir mit unseren Gedanken ganz woanders sind. Also trainiert man in der Achtsamkeitsmeditation, für eine Weile aus dem stetigen Fluss von Tätigkeiten, Gedanken und Gefühlen auszusteigen. Und was bleibt dann? Nur noch das, was in der unmittelbaren Gegenwart vorhanden ist. Während wir versuchen, einfach dazusitzen, aufmerksam den Körper wahrzunehmen und uns jedesmal, wenn wir aus Gedanken aufwachen, wieder dem Körper und dem Atem zuwenden, „sind wir wirklich da. Innerer Friede existiert außerhalb der Zeit", sagt Jon Kabat-Zinn.

DAS IST ACHTSAMKEIT: DAS BESTE IST SCHON DA

Das mag sich unverständlich und ziemlich esoterisch für jemanden anhören, der es nicht in der Praxis versucht hat. Aber es ist eine Tatsache, dass viele Menschen diese Erfahrung bestätigen: Die von Kabat-Zinn gegründete Stressklinik und deren Ableger, das medizinische Forschungszentrum „Zentrum für Achtsamkeit" (CFM) bieten seit über 25 Jahren MBSR-Kurse an, und Tausende von Menschen haben inzwischen daran teilgenommen. Sie kommen aus den üblichen Motiven: beruflicher oder familiärer Stress, Schlafstörungen, Müdigkeit, Kopfschmerzen ... In der Achtsamkeitsmeditation lernen sie, dass man inneren Frieden und Ruhe zurückgewinnt, wenn man die Welt unter der Perspektive der Achtsamkeit sehen kann. Achtsamkeit heißt, in drei entscheidenden Punkten umzudenken:

- Nicht immer mehr Aktivität in seine Zeit stopfen – sondern weniger.
- Nicht noch schneller werden, sondern langsamer und gründlicher (Nicht-Oberflächlichkeit).
- Nicht denken: „Das Beste kommt noch" – es ist nämlich schon da. Wir müssen es nur noch erkennen.

Rundherum gesund: Meditation aus Sicht der Wissenschaft

WIE 16 BUDDHISTEN IN DEN SCANNER KAMEN

Es muss schon eine ungewöhnliche Untersuchung gewesen sein, selbst für die Wissenschaftler am Keck Institut für funktionelle Gehirnbildgebung und Verhalten im amerikanischen Wisconsin: Lautes Geglückse eines Babys im Untersuchungsraum, dann murmelnde Hintergrundgeräusche wie in einem Restaurant, schließlich der laute Schrei einer Frau. Und währenddessen liegen 16 Buddhisten in aller Seelenruhe im Scanner und meditieren.

Die Neurowissenschaftler wollten wissen, was in unserem Gehirn passiert, wenn wir meditieren. Dazu hatten sie die Buddhisten eingeladen, die schon seit Jahrzehnten Meditation betrieben und im Lauf ihres Lebens zwischen 10.000 und 50.000 Meditationsstunden angesammelt hatten. Als Vergleichsgruppe dienten Studenten, die keinerlei Erfahrung auf diesem Gebiet besaßen. Die Geräusche – das Baby (ein positiver Reiz), die Restaurantgeräusche (neutral) und der Schrei (negativ) – kamen vom Band und sollten die Testpersonen ablenken. Mit einem bildgebenden Verfahren, der funktionellen Magnetresonanztomografie, wurden dann die Hirnaktivitäten beider Gruppen aufgezeichnet. Das Ergebnis war eindeutig: Die negativen akustischen Reize riefen bei den Meditierenden weniger Aktivierung im Mandelkern (Amygdala), dem Knotenpunkt der Angstreaktion, hervor. Das heißt: Meditierende haben ihre Ängste besser im Griff, sind ihnen weniger ausgeliefert als Menschen ohne Achtsamkeitspraxis.

WER MEDITIERT, IST NICHT SO LEICHT ZU ERSCHRECKEN

Inzwischen häufen sich die Studien, in denen Wissenschaftler die unterschiedlichen Wirkungen der Meditation belegen. Der Berliner Psychologe Willi Zeidler zum Beispiel erschreckte seine Testpersonen, indem er sie unerwartet einem Knall (wie dem eines Pistolenschusses) aussetzte. Ein solcher akustischer Reiz löst eine neurophysiologische Schreckreaktion aus: Die Augenlider werden geschlossen. Zeidler konnte beweisen, dass diese unwillkürliche Reaktion bei Menschen mit Meditationserfahrung schwächer ist und schneller abklingt.

WER MEDITIERT, KANN SICH BESSER KONZENTRIEREN

Forscher der Universität Queensland in Australien ließen buddhistische Mönche auf zwei verschiedene Bilder blicken – eines sahen sie mit dem rechten, ein anderes mit dem linken Auge. Normalerweise kombiniert das Gehirn die Wahrnehmungen aus beiden Augen automatisch zu einem stimmigen Gesamtbild. Wenn aber jedes Auge ein völlig anderes Bild erhält, so dass die Bilder nicht zu einer Einheit verschmolzen werden können, springt die Wahrnehmung im Takt weniger Sekunden hin und her von einem Bild zum anderen (die „binokulare Rivalität"). Die Mönche konnten wesentlich länger bei einem Bild bleiben als die Vergleichsgruppe, manche sogar über fünf Minuten. Für ein Durchschnittsgehirn ist das völlig unmöglich.

MEDITATION IST BODYBUILDING FÜRS GEHIRN

„Was Meditierende können, was andere nicht können, kann man nicht verallgemeinern. Es hängt vom Lebenszusammenhang und der Biographie ab", sagt Prof. Dr. Dieter Vaitl, Neurowissenschaftler und Direktor des Bender Institute of Neuro Imaging (BION) der Universität Gießen, „der eine bekommt ein besseres Gedächtnis, der andere kann besser schlafen. Aber fest steht, dass sich je nach Dauer der Meditationserfahrung hirnstrukturelle Veränderungen entwickeln: Im orbifrontalen Cortex (eine Hirnregion, der Neurowissenschaftler eine zentrale Bedeutung bei der Emotionsregulierung zusprechen) entsteht mehr graue Substanz." Regelmäßige Meditation verändert die Grauen Zellen. Außerdem maßen die Wissenschaftler in den Gehirnen der meditierenden Mönche Gammawellen von über 30 Hertz – also einen hochaktiven Zustand, der vermutlich geistige Höchstleistungen anzeigt.

„Mit Meditation ist man besser gelaunt, weniger ängstlich, aktiver und weniger müde."
Manfred Spitzer, Neurowissenschaftler

WER MEDITIERT, STÄRKT DAS FRÜHWARNSYSTEM

Achtsamkeitstherapie hilft nachweislich auch bei Depressionen, „einigen Patienten geht es zum ersten Mal seit Jahren besser", sagt die Psychologin und Psychotherapeutin (HPG) Petra Meibert, Achtsamkeitstherapeutin und zweite Vorsitzende des deutschen MBSR-Verbands. Die Wirkung beruht auf der Steigerung der Fähigkeit, seine Gefühle besser zu regulieren und emotionale Schwankungen frühzeitig wahrnehmen zu können. Rückfälle entstehen nämlich oft, weil der Betroffene die Anzeichen einer nahenden Depression zunächst nicht bemerkt, bis es zu spät ist. Durch Achtsamkeit kann er diese Automatismen – etwa Grübelprozesse – frühzeitig erkennen und rechtzeitig aussteigen. „Dabei kommt es darauf an, Gedanken als das zu erkennen, was sie sind", sagt der Psychologe Dr. Johannes Michalak, „nämlich mentale Prozesse, mit denen man sich nicht identifizieren muss."

Eine weitere Fähigkeit, die durch Meditation gestärkt wird und einen wichtigen Schutzfaktor für unsere Gesundheit und gegen Stress darstellt, ist die „Selbstwirksamkeit": das Selbstvertrauen, nicht ohnmächtig ausgeliefert zu sein, sondern die Kraft zu haben, Änderungen zu bewirken oder eben manche Umstände so zu akzeptieren, wie sie sind.

WER MEDITIERT, STÄRKT SEIN IMMUNSYSTEM

Und das Beste: Man muss gar nicht lange üben, um die Früchte der Achtsamkeitspraxis zu genießen. Das beweist eine Studie zu den Auswirkungen eines fünftägigen Meditationstrainings. Die Testpersonen erhielten dafür Meditationsanweisungen von einer CD. Der Neurowissenschaftler Manfred Spitzer über die Ergebnisse: „Im Wesentlichen waren die Probanden durch die Meditation besser gelaunt, weniger ängstlich, aktiver und weniger müde." Die Testpersonen wurden durch drei Minuten Kopfrechnen unter Stress gesetzt, und auch darauf hatte das Meditationstraining positiven Einfluss: In der Meditationsgruppe war nicht nur der Anstieg des Stresshormons Cortisol geringer als in der Kontrollgruppe, sondern auch der entsprechende Anstieg des sIgA (als Maß für die Immunabwehr) höher. Spitzer: „Hätte man statt zu meditieren ein Medikament gegeben, würde man folgern, dass es sich um ein sehr wirksames Medikament handelt." Insgesamt zeige die Studie, „was gute Philosophen und Psychotherapeuten schon lange wissen: Das bewusste Leben in jedem Moment, ein offener, aufmerksamer Geist und ein hohes Maß an Kontrolle der eigenen Gefühle sind wichtige Ziele im Leben eines Menschen; und man kommt ihnen durch entsprechendes Training tatsächlich näher."

WIE MAN EIN LICHT ANZÜNDET: VORBEREITUNGEN

Bevor das Experiment Meditation starten kann, sollten wir dafür sorgen, dass Sie die besten Voraussetzungen haben.

Zum Beispiel: Sitzen Sie gut? Noch nicht? Dann können Sie es auf den folgenden Seiten lernen. Es ist wichtig für Ihr Wohlbefinden, dass Sie bei der Meditation sicher und entspannt sitzen und frei atmen. Dazu gibt es Tipps für einen gesunden Rücken.

Und noch etwas wird Ihnen helfen: Vertrauen und Freundlichkeit gegenüber sich selbst. Offenheit. Etwas Geduld. Und noch einiges mehr.

Telefon aus, Kinder raus

BEVOR SIE ANFANGEN: 7 PRAKTISCHE VORAUSSETZUNGEN UND TIPPS ZUR RICHTIGEN MEDITATIONSHALTUNG

RAUM

Der Raum sollte gut gelüftet sein und wohl temperiert – wenn es zu warm ist, wird man schneller müde. Alles, was Sie ablenken könnte, sollten Sie entfernen. Lassen Sie an Ihrem Meditationsplatz möglichst nichts herumliegen: Bücherstapel, Arbeitsunterlagen, Wäsche oder irgendwelchen Krimskrams – nichts soll Sie in dieser Zeit an Ihren Alltag erinnern. Gönnen Sie Ihrem Blick Klarheit und Leere und lassen Sie nicht zu, dass das Chaos der Dinge um Sie herum Ihren Geist verwirrt. Sollte Ihnen ein solcher Raum nicht zur Verfügung stehen, weil Sie mit Partner, drei Kindern, Hund und Katze leben, dann räumen Sie sich zumindest eine Ecke frei. Der Platz, den Sie auswählen, sollte wenigstens so groß sein, dass Sie sich bequem hinlegen und der Länge nach ausstrecken können. Mancher fühlt sich besser, wenn er mit dem Rücken zur Wand sitzt – das vermittelt ein Gefühl von Sicherheit. Möglicherweise fühlen Sie sich auch ungestörter, wenn die Tür geschlossen ist. Niemand wird gerne überfallen, nicht von Räubern und auch nicht von den lieben Familienmitgliedern.

Noch ein Tipp: Wir verlieren besonders durch das Sehen viel von unserer Aufmerksamkeit. Bei der Meditation brauchen Sie jede Faser Ihres Geistes. Deshalb halten Sie den Blick nah bei sich, auf Augenhöhe geradeaus, etwa in Richtung einer weißen Wand; oder Sie schließen die Augen. Richten Sie sich so ein, dass Sie ohne größere Schwierigkeiten längere Zeit so verbringen können, denn jede Änderung der Sitzposition wird Ihre Konzentration etwas abschwächen.

FAMILIE, BEKANNTE, GESCHÄFTSPARTNER

Apropos Familie. Besprechen Sie mit ihr, dass Sie während Ihrer Meditation nicht gestört werden wollen. Nicht wegen eines klingelnden Telefons und auch nicht, um die neueste Schöpfung Ihrer Kinder zu bewundern. Auch für Geschäftspartner sind Sie nicht zu erreichen. In dieser Zeit wollen Sie allein und ungestört sein. Schalten Sie das Handy aus.

DECKE, KISSEN, STUHL

› Für den Body-Scan brauchen Sie eine weiche Decke, die groß genug ist, um sich darauf in voller Länge ausstrecken zu können. Wählen Sie eine unifarbene Decke, Muster könnten Sie ablenken.
› Für die Sitzmeditation brauchen Sie ein Kissen oder eine feste Decke, die Sie mehrmals falten. Achten Sie dabei auf ausreichende Sitzhöhe, damit Ihre Hüften in der Meditationshaltung höher liegen können als Ihre Knie. Die Sitzunterlage sollte zudem fest genug sein, damit sie nicht nachgibt und die Stabilität Ihrer Haltung beeinträchtigt.
› Falls Sie eines Ihrer Knie abstützen wollen, benötigen Sie ein zweites, kleineres Kissen oder ein gerolltes Handtuch.
› Wer im Hüftgelenk weniger beweglich ist, bevorzugt ein Bänkchen (siehe Seite 39; Bezugsadresse Seite 154).
› Für diejenigen, die wegen Ihres Rückens auf einem Stuhl sitzend meditieren: Am besten geeignet ist ein Hocker, der so hoch ist, dass Sie bequem mit waagrechten Oberschenkeln sitzen können.

Ausführliche Infos zur Sitzhaltung finden Sie ab Seite 34ff.

KLEIDUNG UND SCHUHE

Die Kleidung sollte natürlich und angenehm sein (nichts Kratziges). Tragen Sie nur Kleidung, die Sie nirgends einengt – keine Hosen, die im Bund kneifen, nichts, was Sie irritieren könnte, damit die Bauchdecke sich bei der Atmung ungehindert ausdehnen kann. Schuhe würden nur stören. Wenn Sie leicht kalte Füße kriegen, ziehen Sie Wollsocken an.

ZEITPUNKT

Lassen Sie es sich entwickeln, wie Sie die Meditation in Ihren Alltag integrieren wollen. Traditionell werden die frühen Morgenstunden empfohlen, eine Zeit, in der die Welt noch still ist und Sie die Ruhe und Klarheit des Tages genießen können; für eine morgendliche Meditation spricht auch, dass man damit Kraft für den Tag tanken kann. Für den Abend spricht,

dass man dann zur Ruhe kommt. Manche Menschen erleben die Meditation als wirkungsvolle Möglichkeit, nach einem Arbeitstag zu sich selbst zurückzufinden. Falls Sie Kinder haben, ist es vielleicht später am Abend günstig, wenn alles still und friedlich ist. Noch eine Empfehlung: Nehmen Sie vor der Meditation kein schweres Essen ein. Optimal sind zwei, drei Stunden nach einer leichten Mahlzeit.

REGELMÄSSIGKEIT: BLEIBEN SIE DRAN!

Wenn Sie die beste Zeit herausgefunden haben, empfiehlt sich eine gewisse Disziplin: Versuchen Sie, auf jeden Fall eine feste Zeit am Tag zu reservieren – das erleichtert das Dranbleiben ganz enorm. Es wird natürlich immer wieder Impulse geben, die Sie davon abhalten: Dann wäre es gut, wenn Sie wenigstens ab und zu drei bis fünf Minuten einbauen. Das wird Ihnen helfen, die Kontinuität Ihrer Meditationspraxis zu bewahren und auch in stressigen Zeiten dabeizubleiben. Später kann die Meditation dann so selbstverständlich werden wie die morgendliche Dusche, der tägliche Einkauf oder der Weg zur Arbeit.

DAUER

Am besten praktizieren Sie zunächst 15 bis 20 Minuten täglich. Benutzen Sie am Anfang ruhig einen Wecker oder eine Eieruhr. Sie werden sehen: Bald ergibt sich diese Zeitspanne wie von selbst.

WARUM DIE MEDITATIONSHALTUNG WICHTIG IST

Auf den nächsten Seiten finden Sie heraus, wie Ihre optimale Meditationshaltung aussieht. Es ist von Vorteil, zuerst Ihre Sitzhaltung zu erproben, bevor Sie mit einer Konzentrations- oder Achtsamkeitsübung beginnen: Sie machen beispielsweise eine Gehmeditation, werden ruhiger und verspüren den Wunsch, sich zu setzen – dann sollten Sie diesen Prozess nicht unterbrechen müssen, weil Sie plötzlich unsicher werden, wie es jetzt wohl weitergeht.

Bei der richtigen Meditationshaltung geht es vor allem darum, möglichst stabil und gerade zu sitzen und frei atmen zu können. Die Stabilität ist wichtig, damit Sie nicht aus dem Gleichgewicht kommen und unterschwellig von dem Gefühl der Dysbalance beeinflusst werden. Nun sind physiologisch die Haltungen, die die größte Stabilität bieten, auch die anstrengendsten: Der Lotussitz zum Beispiel – Inbegriff der Meditationshaltung und von vielen Abbildungen und Statuen bekannt – bietet biomechanisch den stärksten Halt. Doch nur etwa 5 - 10% der Europäer sind überhaupt in der Lage, ihre Beine so kunstvoll zu verknoten. Und nachdem es bei der Meditation ohnehin nicht darum geht, „richtig" oder „fortgeschritten" zu sitzen und der Ehrgeiz, den Lotussitz zu „schaffen", niemanden weiterbringt, haben wir uns entschlossen, in diesem Buch ganz auf den Lotussitz zu verzichten. Unser Rat: Sitzen Sie ruhig und angenehm! Glücklicherweise gibt es viele Formen zwischen Stabilität und Komfort, unter denen Sie wählen können. Auf den nächsten Seiten finden Sie einen Überblick.

Wichtig ist auch ein gerader Rücken, damit Sie sich keine Fehlhaltungen angewöhnen oder Schmerzen bekommen. Da heute so viele Menschen Rückenprobleme haben (70% der Deutschen), weiß allerdings kaum jemand, wie eine gerade Haltung wirklich aussieht – und vor allem, wie sie sich anfühlt. Hilfen dazu finden Sie deshalb auf den Seiten 36/37.

Behandeln Sie das Thema pfleglich: Es ist wichtig, dass Sie Ihre optimale Meditationshaltung finden, damit Sie Ihre Aufmerksamkeit zur möglichst freien Verfügung haben. Probieren Sie die Vorschläge auf den folgenden Seiten aus und lassen Sie sich dafür Zeit.

WWW.MEDITATION-FUER-NEUGIERIGE.DE
Hier finden Sie einige Meditationshaltungen als Video.

Sitzen sie ruhig und angenehm!

Der „burmesische" Sitz ist relativ einfach zu bewerkstelligen und bietet genug Stabilität. Breiten Sie eine Decke aus, legen Sie das Kissen (oder eine weitere gefaltete Decke) hin und setzen Sie sich darauf. Ihre Beine bringen Sie in die Position wie auf den Bildern gezeigt. Idealerweise liegen die Fersen voreinander, die Fußrücken und die Knie berühren den Boden.

Für die Stabilität ist es wichtig, dass beide Knie fest aufliegen und nicht frei schweben. Viele Menschen bekommen aber in dieser Haltung die Knie nicht ganz auf den Boden. Versuchen Sie es nicht mit Gewalt. Sie können sich noch ein Kissen oder eine Decke unter das Gesäß legen, so dass Sie höher sitzen. Oder Sie legen ein kleines Kissen unter das Knie, das nicht ganz herunter kommt; dabei sollte dieses Kissen das Knie nur abstützen, aber nicht anheben.

Fühlt es sich so weit ganz gut an? Wenn sie ein Ziehen in Fußrücken, Beinen oder unterem Rücken spüren, ist das kein Grund zur Besorgnis. Es darf aber kein stechender Schmerz im Kniegelenk entstehen – dann sollten Sie besser eine andere Sitzposition probieren. Augen, Kiefer, Nacken und Bauchdecke sind weich und entspannt. Für den Anfang ist es oft besser, die Augen geschlossen zu halten. Wenn Sie lieber mit offenen Augen sitzen, richten Sie den Blick ein bis zwei Meter vor sich auf den Boden oder auf eine weiße Wand.

Je stabiler und ruhiger die Sitzhaltung, desto einfacher kommen Sie auch innerlich zur Ruhe. Stellen Sie sich die Schneeflocken in einer Glaskugel vor, die beim Schütteln wild durcheinanderwirbeln: Wenn die Kugel anschließend still steht, sinken die Flocken langsam zu Boden und die Flüssigkeit wird klar – genau diese Wirkung hat eine stabile und ruhige Sitzhaltung auf Ihren Geist.

1

Wie man mit geradem Rücken sitzt

Wirklich gerade stehen oder sitzen, ohne in ein Hohlkreuz oder einen Rundrücken zu verfallen: Wie fühlt sich das eigentlich an? Es ist kein Wunder, dass durch sitzende Tätigkeit und Mangel an Bewegung heute allmählich das Gefühl für eine aufrechte Haltung verloren geht.

Doch gerade beim Meditieren ist es wichtig, dass Sie sich aufrecht halten: Damit gewinnen Sie mehr Sicherheit und Stabilität, können freier atmen und laufen zudem nicht Gefahr, sich auf die Dauer eine Fehlhaltung anzutrainieren.

Folgen Sie den Beschreibungen auf dieser Seite Schritt für Schritt: Sie führen Sie zu einer geraden Haltung. Wiederholen Sie diese Abfolge regelmäßig. Mit der Zeit sensibilisieren Sie damit auch Ihre Körperwahrnehmung und gewinnen das Gefühl für eine aufrechte Haltung zurück.

WWW.MEDITATION-FUER-NEUGIERIGE.DE
Hier finden Sie diese Haltungen als Video.

1 RÜCKEN SPÜREN

Schritt 1 zur geraden Haltung: Stellen Sie sich hin, legen Sie die Fingerspitzen oder Handrücken auf die Lendenwirbel und verlagern Sie Ihr Gewicht zum großen Teil (etwa 60%) auf die Ferse. Das führt zu mehr Aktivität in den Oberschenkeln. Die Knie sollten nicht durchgedrückt, sondern etwas locker sein. Um ein Gefühl für den Zusammenhang zwischen Knie und Wirbelsäule zu bekommen, strecken Sie die Knie zunächst ganz durch und beugen sie dann ein wenig. Merken Sie, wie die überstreckten Knie ein Hohlkreuz verursachen?

Verlagern Sie Ihr Gewicht jetzt abwechselnd nach vorne und nach hinten. Spüren Sie mit den Fingerspitzen die Auswirkungen der Bewegung auf Ihre Lendenwirbelsäule.

Bringen Sie nun das Gewicht in die Fersen, wobei die Knie locker bleiben. Optimal ist eine Mittelstellung der Lendenwirbelsäule.

2 BRUSTBEIN HEBEN

Schritt 2: Legen Sie eine Hand auf das Brustbein, die andere auf den Oberbauch. Versuchen Sie jetzt, die Hände voneinander zu entfernen, ohne sie selbst zu bewegen – indem Sie das Brustbein anheben. Achten Sie darauf, es gleichzeitig nach vorne und oben zu heben, damit kein Hohlkreuz entsteht.

2

3

4

3 KOPF HEBEN

Schritt 3 auf dem Weg zur geraden Haltung: Legen Sie als nächstes den Daumen auf das Brustbein, den Zeigefinger an's Kinn und schieben Sie das Kinn (wie eine Schublade) geradewegs nach hinten. Wichtig ist, dass Sie mit dem Kinn eine waagerechte Bewegung machen, statt es anzuheben. In der Endposition befinden sich die Ohrläppchen über der Mitte der Schultern. Wenn Sie unter Nackenverspannungen leiden, ist diese Haltung übrigens auch als Einzelübung besonders geeignet.

4 GERADE STEHEN

Für Schritt 4 stellen Sie sich mit dem Rücken an eine Wand, so dass die Fersen nach hinten wenige Zentimeter Abstand haben. Nehmen Sie wahr, an welchen Stellen Ihr Rücken Kontakt zur Wand hat. Ziehen Sie sanft die Schulterblätter nach hinten und unten, während Sie spüren, dass auch der obere Bereich der Schulterblätter die Wand berührt.

Wiederholen Sie nun alle bisherigen Schritte: Lassen Sie die Knie leicht gelockert, heben Sie das Brustbein und bringen Sie die Ohrläppchen über die Mitte der Schultern. Nehmen Sie diese aufrechte Haltung des Oberkörpers im nächsten Schritt mit in die Sitzposition.

SITZBEINKNOCHEN SPÜREN

(Ohne Abbildung). Für Schritt 5 legen Sie ein Kissen auf einen Stuhl oder den Boden und setzen sich auf beide Hände (Handflächen nach oben). Jetzt sollten Sie auf jeder Seite deutlich einen Knochen spüren: den Sitzbeinknochen. Kippen Sie das Becken langsam vorwärts und rückwärts und spüren Sie dabei, wie Sie auf den Sitzbeinknochen vor- und zurückrollen. Etwa in der Mitte gibt es eine Position, in der Sie auf dem Scheitelpunkt des Knochens sitzen: Das ist der Punkt, an dem Ihr Gleichgewicht am besten austariert ist und Sie weder krumm noch im Hohlkreuz sitzen.

GERADE SITZEN

(Ohne Abbildung). Was Ihr Körper im Stehen gelernt hat, übertragen Sie im abschließenden Schritt 6 auf das Sitzen:

- Sitzbeinknochen austarieren
- Brustbein heben
- Kopf heben
- Schulterblätter weich an einer imaginären Wand nach hinten und unten ziehen.

1

Wie man ganz leicht und entspannt sitzt

Wenn Sie beim Ausprobieren der Burmesischen Haltung (siehe Seite 35) feststellen, dass sie für Sie nicht so angenehm ist oder dabei vielleicht auch Schmerzen in Wirbelsäule, Hüften oder Knien auftreten, die Sie nicht aushalten wollen, gibt es für Sie auf dieser Seite sanftere Alternativen und eine Vorbereitungsübung.

Diese moderateren Haltungen beanspruchen weniger Gelenkigkeit und Dehnbarkeit, sind aber auch weniger stabil. Für welche Haltung Sie sich auch immer entscheiden: Gehen Sie behutsam mit Ihrem Körper um. Sitzen Sie so gerade wie möglich, aber nur mit so viel Unterstützung wie nötig. Wenn eine Haltung zu anstrengend wird oder Beschwerden verursacht, versuchen Sie es im Zweifelsfall lieber mit einer leichteren Alternative. Auf keinen Fall sollten stechende Schmerzen in den Knien entstehen.

Für die Haltungen auf dieser Seite brauchen Sie eine Decke, einen Hocker, ein Bänkchen oder einen Stuhl.

1 SCHMETTERLING

Bild oben: Für diese vorbereitende Übung setzen Sie sich auf ein Kissen oder eine gefaltete Decke, ziehen im Sitzen die Knie zur Brust und klappen Sie sie dann nach außen. Bringen Sie die Fußsohlen vor dem Körper zusammen und umfassen Sie die Füße mit den Händen. Drücken Sie nun Ihre Knie in Richtung Boden, während Sie den Oberkörper aufrichten und die Schulterblätter nach hinten und unten bewegen. Fühlen Sie beide Sitzbeinknochen gleichmäßig auf dem Boden. Diese Übung dehnt die Innenseite der Oberschenkel und aktiviert die Rückenmuskulatur.

BURMESISCH – ABER EINFACHER

(Ohne Abbildung). Nehmen Sie eine Sitzhaltung mit gekreuzten Beinen ein – bei Bedarf auf einer erhöhten Sitzunterlage, so dass die Knie sich unterhalb der Beckenknochen befinden. Lehnen Sie den Rücken an eine Wand. Ihre Schulterblätter sollten möglichst großflächig Kontakt zur Wand haben. Ziehen Sie die Schultern und Arme weich nach hinten und unten. Diese Haltung eignet sich besonders gut bei Beschwerden in der Lendenwirbelsäule.

3

4

2 TIPP

(Bild 2 rechts unten). Ein spezieller Tipp, der eine gerade Sitzhaltung unterstützt: Sie können eine Decke umschlagen, so dass ein Wulst unmittelbar hinter den Sitzbeinknochen entsteht. Dadurch kann das Becken nicht nach hinten rollen, und Ihr Rücken bleibt gerade.

3 AUF DEN FERSEN SITZEN

Knien Sie sich hin und setzen Sie sich auf eine gefaltete Decke, ein Kissen oder ein Bänkchen von 20 bis 35 cm Höhe, das zwischen den Füßen liegt. Die Fersen sollten nicht nach außen gekippt werden. Falls der Druck auf der Rückseite der Füße zu stark wird, können Sie zur Entlastung ein kleines gerolltes Handtuch unter Ihre Fußgelenke legen. Richten Sie den Oberkörper auf und lassen die Hände auf den Oberschenkeln ruhen. Den Kopf halten Sie aufrecht. Diese Haltung eignet sich besonders für Menschen mit einer geringen Beweglichkeit im Hüftgelenk. Sie wird meistens von Männern bevorzugt.

4 AUF EINEM STUHL SITZEN

Eine Sitzhaltung, die jeder bewerkstelligen kann: Setzen Sie sich auf einen stabilen Stuhl oder einen Hocker, der so niedrig sein sollte, dass ihre Fußsohlen mit der gesamten Fläche den Boden berühren und die Hüfte etwas höher liegt als die Knie. Legen Sie dafür vielleicht noch eine gefaltete Decke auf die Sitzfläche, damit das Becken leichter nach vorne kippt. Die Füße sind etwa schulterbreit voneinander entfernt und gut im Boden verwurzelt. Richten Sie den Oberkörper auf und bewegen Sie die Schultern nach hinten und unten in den Rücken. Der Kopf ist aufrecht, die Hände liegen auf den Oberschenkeln.

2

1

Wie man die Hände halten kann

Verschiedene Handhaltungen haben unterschiedliche Wirkungen. Von der Hand ausgehend zieht sich eine muskuläre Kette über Unter- und Oberarm zur Schulter und zum Schulterblatt. Hier liegen die Muskeln, die das Schulterblatt zur Wirbelsäule bewegen und damit für eine der wichtigsten Aufrichtungsbewegungen im Körper zuständig sind. Wie wir die Hand halten, beeinflusst also letztendlich unsere gesamte Körperhaltung.

In den traditionellen spirituellen Schulen ist die Handhaltung durchaus nicht beliebig. Probieren Sie aus, was Ihnen am besten gefällt.

1 ZEN

Die klassische Handhaltung der Zen-Mönche: Die Hände liegen, bequem auf ein Kissen gebettet, vor dem Bauch. Die rechte Hand liegt über der linken. Halten Sie die Hände direkt an Ihren Bauch, so spüren Sie den Atem deutlicher. Hier, nahe an unserer Körpermitte – im Durchschnitt unterhalb des Bauchnabels – liegt unser Körperschwerpunkt. Im Japanischen wird dieser Bereich des menschlichen Körpers mit „Hara" bezeichnet (siehe auch Seite 22).

2 OFFEN

Tatsächlich scheint sich in der Wahrnehmung etwas zu weiten, sobald man sie einnimmt; diese Handhaltung drückt Offenheit aus. Die Handrücken ruhen auf den Oberschenkeln. Je näher sie bei der Leiste sind, desto leichter bewegen sich die Schulterblätter zurück.

2

3

4

3 GESCHLOSSEN

- Die Handflächen und Finger ruhen auf den Oberschenkeln oder Knien. Diese Haltung ist beruhigender und im Unterschied zur offenen Haltung eher nach innen gewandt.

AUF DEM BAUCH

- (Ohne Abbildung.) Eine gute Haltung, um die Aufmerksamkeit für den Atem zu sensibilisieren: Sie legen eine Hand auf den Bauch unterhalb des Nabels, die andere auf den Handrücken der ersten. So können Sie das Heben und Senken der Bauchdecke deutlich spüren. Empfiehlt sich besonders am Anfang der Meditationspraxis.

4 HINDUISTISCH

Diese symbolische Handhaltung – ein sogenanntes „Mudra" – werden Sie sicher schon einmal auf der Abbildung einer hinduistischen Gottheit oder eines Buddha gesehen haben. Dabei stehen drei Finger für Qualitäten des irdischen Daseins:

- der kleine Finger für Schwere (Unwissenheit),
- der Ringfinger für Feuer (Leidenschaften),
- der Mittelfinger für das Reine, Leichte, Klare.
- Der Zeigefinger ist das individuelle Selbst, das normalerweise mit den weltlichen Phänomenen – Leidenschaft, Unwissenheit, Reinheit – verbunden ist.
- Der Daumen steht für die „Allseele", das Göttliche.

Wenn sich nun Daumen und Zeigefinger berühren – so die symbolische Bedeutung –, verbindet sich unsere menschliche Existenz für die Zeit der Meditation mit dem Göttlichen.

Experiment: Wie komme ich an die Kokosnuss?

Wenn ein Jäger in Afrika auf traditionelle Weise einen Affen fangen will, bohrt er in einen verlassenen Termitenhügel ein Loch, gerade groß genug, dass ein Affenarm hindurchpasst, und zerteilt eine Kokosnuss in Stücke. Dann wartet der Jäger, bis er merkt, dass der Affe – denn Affen sind nun mal neugierige Wesen – ihn beobachtet. Dann legt der Jäger die Kokosnussstückchen an ihren Platz in dem Termitenhügel.

Und jetzt folgendes Gedankenspiel: Stellen Sie sich vor, Sie seien in die Rolle des Affen geraten. Natürlich wollen Sie die Kokosnuss gerne haben. Sie schleichen sich also an, die Luft scheint rein zu sein, und schwupps greifen Sie in das Loch und packen die Beute. Doch als sie sie herausziehen wollen, müssen Sie feststellen, dass es nicht geht. Ihre ausgebreitete Hand mit dem Kokosnussstück passt nicht mehr durch den engen Gang. Und zu allem Überfluss sehen Sie da auch noch den Jäger kommen ...

Die Aufgabe: Sie wollen die Nuss – was also können Sie tun, um sie zu bekommen? Bitte ernsthaft nachdenken und dann umblättern.

Loslassen!

DIE ERSTE DER SECHS GRUNDEINSTELLUNGEN, DIE SIE FÜR DIE MEDITATION BRAUCHEN

WIE SIEHT IHRE LÖSUNG AUS?

Haben Sie eine Lösung gefunden, die Ihnen – in Ihrer Rolle als Affe – sowohl die Beute als auch Ihre Freiheit verschafft? Dann sind wir gespannt, Ihre Ideen kennenzulernen (post@meditation-fuer-neugierige.de)

Leider kennen wir keinen Weg, der alles erfüllt, was der Affe gerne hätte. Er steht vor einer radikalen Entscheidung: Er kann an seiner Beute festhalten – dann wird er gefangen. Oder er entscheidet sich loszulassen: die Faust öffnen, die Nuss fahren lassen und ab durch die Mitte. Keine Gefangenschaft, kein Leid. Aber auch keine köstliche Kokosnuss, jedenfalls nicht dieses Mal.

Nehmen Sie es nicht übel, wenn wir es ein wenig so haben aussehen lassen, als gäbe es einen dritten Weg. Vielleicht war es ja als kleiner Selbsttest ganz nützlich. Ganz ehrlich: Haben Sie die Möglichkeit überhaupt erwogen, die Nuss einfach loszulassen und sich zu trollen? Oder hat etwas in Ihnen dagegen revoltiert?

Und was hat das alles mit Meditation zu tun?

WICHTIGES GEPÄCK FÜR FORSCHUNGSREISENDE!

Wer sich mit dem Thema Meditation beschäftigt, ist in gewisser Weise ein Forschungsreisender: Das Forschungsziel ist, herauszufinden, wie Sie Ihr Leben gelassener und erfüllter leben können. Jetzt brauchen Sie noch den entsprechenden Forschergeist, der Sie befähigt, gewohnte Einstellungen und Positionen zu hinterfragen. Dazu gehören: Loslassen; eine freundliche und akzeptierende Haltung gegenüber sich selbst; Offenheit und Neugierde, auch „Anfängergeist“ genannt; Vertrauen in sich selbst; Geduld; und schließlich „Nicht-Urteilen“. Diese Grundhaltungen – aus dem Buddhismus entlehnt und in langjähriger MBSR-Praxis erprobt – bilden das geistige Fundament für die Meditationspraxis. Denn die Art und Weise, wie Sie sich den Übungen zuwenden, wird bestimmen, was Sie erleben. Das, was Sie beobachten, reagiert auf die Art und Weise, wie Sie darauf blicken. Da das Objekt der Beobachtung Sie selbst sind, ist Ihre geistige Einstellung von großer Bedeutung. Intellektuell sind diese Haltungen zwar leicht zu erfassen, doch erst durch das Training in der Meditationspraxis wird daraus Erfahrungswissen, das Sie in die Lage versetzt, freier und mehr im Einklang mit sich selbst zu leben. Viele MBSR-Teilnehmer bestätigen diese Erfahrung: Mit zunehmender Übung entwickeln diese geistigen Richtlinien eine Kraft, die positiv auf unser Leben einwirkt. Es lohnt sich also, sich damit zu beschäftigen, sozusagen seinen geistigen Kompass einzunorden.

VOM UMGANG MIT KOKOSNÜSSEN

Die erste wichtige Haltung, die Sie bei Ihrem Experiment mit der Achtsamkeit unterstützen wird, ist das Loslassen. Tatsächlich muss der Affe nichts anderes tun, und sein Problem ist gelöst. Schafft er es nicht, macht er sich zum Gefangenen seiner eigenen Gier.

Wie oft halten wir fest an Dingen, die wir nicht bekommen können, Sichtweisen, die uns nicht gut tun, Ereignissen oder Beziehungen, die lang vergangen sind? Wir wollen ...

Die Art und Weise, wie Sie sich den Übungen zuwenden, wird bestimmen, was Sie erleben. Das, was Sie beobachten, reagiert auf die Art und Weise, wie Sie darauf blicken. Da das Objekt der Beobachtung Sie selbst sind, ist Ihre geistige Einstellung von großer Bedeutung.

› reich und berühmt werden
› jung bleiben
› anders aussehen oder leben, als wir es tun
› nicht sterben

Und ebenso starr und kompromisslos, wie wir manche Dinge unbedingt wollen, lehnen wir andere ab – eine Haltung, die im Buddhismus als „Nicht-Haben-Wollen" bezeichnet wird. Dabei weigern wir uns, die Realität zu akzeptieren. Was nicht mit unseren Wünschen und Vorstellungen über die Realität übereinstimmt, wollen wir nicht wahrhaben. Wir drängen es weg und würden es am liebsten zerstören. Doch diese Verdrängung bindet Kraft und die unterdrückten Anteile bahnen sich an anderer Stelle einen Weg an die Oberfläche.

Fallen Ihnen vielleicht bessere Methoden ein, mit denen man sich unglücklich machen kann? Es ist schon fast unglaublich, wie starr und steif wir an dem festhalten, was wir uns in den Kopf gesetzt haben – auch, wenn es schlicht unmögliche Dinge sind; auch, wenn es Dinge sind, die definitiv vorbei sind. Und diese Kluft zwischen dem, was wir wollen und dem, was wir nicht haben können: Diese Kluft tut weh.

LOSLASSEN!

Das Klammern und starre Festhalten ist die Ursache allen Leidens, heißt es im Buddhismus. Dieses Leid ist nur auf eine einzige Art zu beenden: durch Loslassen. Was nicht heißt, dass wir keine Wünsche und Ziele mehr haben sollen. Es ist einfach ein Plädoyer für die grundsätzliche Erkenntnis, dass wir nichts, aber auch gar nichts festhalten können. Alles verändert sich von jeder Sekunde zur anderen aufs Neue.
In der Meditation üben Sie, immer wieder aus dem unablässig fließenden Strom der Gedanken und Gefühle auszusteigen und sich auf die Wahrnehmung des Körpers und des Atems zu konzentrieren. Jedes einzelne Mal, wenn Sie bemerken, dass sie doch wieder einmal abgelenkt waren und wieder zum Atem zurückkehren, stärken Sie die Fähigkeit zum Loslassen – und das werden viele, viele Male sein.

Eines Tages, wenn Sie in Zukunft wieder mal eine Idee haben, wer Sie sein und was Sie haben wollen und was Ihnen im Leben zusteht und und und, werden Sie merken, dass Sie das Loslassen schon viel besser beherrschen. Irgendwann müssen Sie Ihre Kraft nicht mehr in Dinge pumpen, die unerreichbar sind – was könnte sinnloser sein? Wenn Sie loslassen, können Sie viel geschmeidiger leben – schneller und flexibler reagieren auf die Realität draußen und auf Ihre eigenen Bedürfnisse.

Daraus folgt eine wichtige Empfehlung für Ihre Meditationspraxis. In unserer westlichen Welt sind alle Aktivitäten darauf ausgerichtet, ein bestimmtes Ziel zu erreichen, und das so schnell wie möglich. Auch zur Meditation kommen wir aus bestimmten Gründen – ob Tinnitus, Schlaflosigkeit oder Sinnsuche. Aber: Wenn wir uns hinsetzen, ist es essentiell, all das für die Dauer der Sitzung beiseite zu legen! All diese Ziele bringen Spannung in einen Prozess, der sich am besten in einer möglichst entspannten Haltung abspielen kann. Höchstwahrscheinlich wird Ihre Meditationspraxis positive Wirkungen zeigen, wie sie seit Jahrtausenden von Meditierenden und heute in vielen Studien beschrieben werden. Wenn Sie allerdings mit dieser Vorstellung praktizieren, wird eben diese Erwartung der Verwirklichung Ihres Ziels im Wege stehen. Also: Lassen Sie los!

Was sieht der Hund im Spiegel?

In einen Raum, in dem die Wände voller Spiegel waren, verirrte sich ein Hund. Sobald er all die anderen Hunde in den Spiegeln erblickte, fletschte er die Zähne und knurrte, und so sah er sich auf einmal von vielen Hunden umringt, die drohend die Zähne fletschten und ihn anknurrten. Da blieb ihm nichts anderes übrig als zu fliehen.
Nach ihm kam ein anderer Hund in das Spiegelzimmer, erblickte die vielen Hunde und wedelte. Und die Hunde wedelten freundlich zurück.

Indisches Märchen

MÖGE ES MIR HEUTE RICHTIG GUT GEHEN

Eine extrem wichtige Voraussetzung für die Achtsamkeits- und Meditationspraxis: Freundlichkeit! Bei der Entfaltung dieser Haltung beginnen Sie am besten mit sich selbst. Wenn Sie zum Beispiel morgens in den Spiegel blicken, knurren Sie sich nicht an, sondern begrüßen sich freundlich: „Möge dies ein schöner Tag für mich werden, und möge es mir heute richtig gut gehen!"

Sie finden vielleicht, das sei ein wenig peinlich und selbstbezogen? Viele Menschen haben diese Haltung verinnerlicht. Sich selbst etwas Kritisches zu sagen, fällt dagegen den meisten viel leichter. Machen Sie die Gegenprobe: Sie blicken morgens in den Spiegel und sagen zu sich selbst etwas in der Art wie „Wie siehst du denn wieder aus! Mein Gott, die Haare! Und jünger wirst du auch nicht gerade" usw. usw. – Eindeutig: Diese Übung beherrschen wir besser.

Im Buddhismus ist Freundlichkeit gegenüber allen Lebewesen ein Leitmotiv („Metta"), und auch das biblische Gebot „Liebe Deinen Nächsten wie Dich selbst" fordert ja nicht nur, dass wir andere, sondern auch, dass wir uns selbst wertschätzen sollen. Erich Fromm erkannte, dass Freundlichkeit zu sich selbst und zu anderen eine gemeinsame Quelle hat: die Liebe zu sich selbst. Und auch für Soziologen gilt Freundlichkeit als Erfolgsmodell: Untersuchungen beweisen, dass sie uns als „Währung" im Austauschgeschäft zwischen Menschen weiter bringt als ihr Gegenteil, die Feindseligkeit.

FREUNDLICHKEIT GEWINNT!

Dies ist die zweite Grundhaltung, die Sie für die Meditation brauchen: Seien Sie freundlich zu sich selbst! Eine positive Wertschätzung, eine freundliche, akzeptierende Grundhaltung gegenüber sich selbst ist eine Kernbedingung! Schenken Sie sich Aufmerksamkeit, Geduld, Hilfsbereitschaft, Dankbarkeit und Ermutigung – alles Aspekte der Freundlichkeit, die Sie sich selbst geben können.

Diese Grundhaltung möchte nichts weniger, als dass Sie sich vollständig akzeptieren und wohlwollend annehmen, so wie Sie sind, mit sämtlichen Unvollkommenheiten. Ohne Wenn und Aber. Kleinigkeit, werden Sie jetzt vielleicht denken, daran arbeite ich ja auch erst, seit ich denken kann. Für die meisten MBSR-Teilnehmer ist die Selbstakzeptanz eine der schwierigsten Grundhaltungen. Und selbstverständlich handelt es sich um eine Lebensaufgabe. Aber es ist entscheidend für die innere Weiterentwicklung – in der Meditation und im Leben –, sich immer wieder darin zu üben.

ICH BIN GUT GENUG!

Die Unzufriedenheit mit sich selbst ist auf jeden Fall im Westen weiter verbreitet – man denke nur an die rasant steigenden Zahlen der Schönheitsoperationen bei jungen Mädchen (siehe auch die Studie über die Einstellung von Frauen zu Ihrem Aussehen und Ihrem Körper ab Seite 23). Als der Dalai Lama einmal zum im Westen weit verbreiteten Gefühl der Minderwertigkeit befragt wurde, stellte sich heraus, dass die tibetische Sprache kein Wort dafür besitzt. Nachdem man ihm erklärt hatte, was es bedeutet, war er tief betroffen.

Dieses Gefühl, nicht in Ordnung zu sein, äußert sich oft mit einer kritischen inneren Stimme. Jeder kennt sie. Sie ist oft verabsolutierend und drückt sich gerne in Stereotypen aus wie „Immer ...“, „Nie schaffe ich etwas ...“, „Ich muss es alleine schaffen“, „es allen recht machen“, „freundlich und nett sein“, „alles perfekt machen“, „Ich bin nicht gut genug“ und so weiter. Wie gesagt: Ausnahmslos jeder Mensch kennt das, in mehr oder weniger starker Ausprägung. Es sind unbewusste Anteile, die aus unverarbeiteten schmerzlichen Erlebnissen resultieren und beharrlich in uns herumspuken. In der Kindheit wurde uns beigebracht, dass wir nicht großartig und in der Tiefe gut sind. Interessant ist die buddhistische Sichtweise, deren Botschaft lautet: Die Natur unseres Geistes ist von Grund aus gut, sie wird nur durch falsche Konditionierung verdeckt.

Niemandem ist geholfen, wenn wir uns klein fühlen. Je eher wir mit diesem unvollkommenen, verletzlichen Anteil Frieden schließen und den inneren Krieg gegen unsere schwachen Anteile beenden, desto eher kann die dort gebundene Energie der Weiterentwicklung zufließen.

WIE SIE FREUNDLICH WERDEN

Schenken Sie sich doch mal selbst ein Lächeln! Dehnen Sie für eine Weile die Mundwinkel nach oben. Das kann ganz wenig sein, ein Mikrolächeln etwa, oder ein breites, volles Lachen. Je nachdem, wie Ihnen gerade ist. Körper und Geist beeinflussen sich gegenseitig (siehe Seite 24) – es wirkt! Probieren Sie's aus.

Freundlichkeit – um in sich dieses Gefühl erstehen zu lassen, könnten Sie an jemanden denken, den Sie mögen. An jemand, dem Sie von Herzen alles Gute wünschen. Jetzt überlegen Sie sich drei Dinge, über die sich dieser jemand freuen würde und die Sie sich für ihn wünschen („Möge er/sie glücklich sein“). Dann wenden Sie dieses wertschätzende, großzügige Gefühl auf sich selbst an. Empfehlenswert auch zu Beginn Ihrer Meditationssitzung.

Die Übung des Annehmens: „Ich nehme mich an so wie ich bin, mit all meinen hellen und dunklen Seiten. Ich nehme mich an mit meinem ganzen Sein.“ (Sie können es auch anders formulieren, darauf kommt es nicht an). Sagen Sie das zu sich selbst. Sagen Sie es im Geist, leise oder laut. Tun Sie das täglich. Ruhig für einige Minuten.

Das mag sich in Ihren Ohren künstlich anhören und zu Widerstand oder Spott reizen. Nur: Damit bewegt sich nichts. Riskieren Sie doch einfach mal mehr Freundlichkeit! In der über 25-jährigen MBSR-Praxis jedenfalls hat sich diese Übung bewährt. Viele Teilnehmer sagen, dass sie durch diese Übung ein akzeptierenderes, friedvolleres und innigeres Verhältnis zu sich selbst entwickeln konnten.

Vom Anfängergeist und wie Sie etwas Tee bekommen können

Viele der Schüler, die zu den Meditationsseminaren von Jan Eßwein kommen, beginnen die Vorstellung ihrer Person erst einmal mit einer Art Entschuldigung. „Ich bin totaler Anfänger, ich weiß praktisch nichts über Meditation, Sie dürfen also nicht zu viel voraussetzen." „Tatsächlich?", antwortet ihnen der Trainer dann. „Da kann ich Sie ja nur beglückwünschen. Es ist eine große Chance, so offen und unvoreingenommen an die Meditation herangehen zu können." Und dann erzählt er ihnen die alte buddhistische Geschichte von dem Meister, seinem Schüler und dem vergossenen Tee.

Ein Schüler besuchte einen weisen Meister, um von ihm zu lernen. Der Meister beantwortete all seine Fragen, aber der Schüler hörte nicht richtig zu, sondern hatte auf jede Antwort ein „ja, aber" parat. Nach einer Weile bot ihm der Meister eine Tasse Tee an. Der Schüler war durstig vom vielen Reden und freute sich auf das duftende Getränk. Doch der Meister legte die Untertasse so auf die Tasse, dass der Tee auf den Boden floss. „Was soll das? Warum bekomme ich keinen Tee?", fragte der Schüler enttäuscht. „Das ist Dein Geist", antwortete der Lehrer, „er ist versperrt, ich kann ihm nichts geben."

Wer Meditation und Achtsamkeit praktiziert, will etwas lernen, und Lernen ist für die meisten Menschen eine reine Aufgabe für den Intellekt. Doch ebenso wie schwimmen, tanzen oder singen ist Meditation eine Kunst, die sich ausschließlich in der Praxis erlernen lässt. Entscheidend für ein echtes, tiefgehendes und persönliches Verständnis ist eine Haltung, die Eßwein den 'Geist des Anfängers' nennt und die Offenheit, Neugierde und Vorurteilslosigkeit umschließt. Es ist eine Einstellung, die uns erlaubt, unsere Meinungen und Konzepte für eine Weile beiseite zu legen, um Platz zu schaffen für neue Erfahrungen.

Anders als in den meisten anderen Lebensbereichen müssen Sie in der Meditation nichts erreichen oder beweisen. Sie haben die seltene Möglichkeit, spielerisch und mit unverstelltem Blick an diese neue Erfahrung heranzugehen.

Unser Bewusstsein kann mit einer Wachsplatte verglichen werden, auf der unsere Erfahrungen Spuren hinterlassen. Intensive und sich wiederholende Erfahrungen schleifen tiefe Rillen hinein. Sind Sie schon einmal beim Fahrradfahren in eine Straßenbahnschiene hineingeraten? Es ist gar nicht so einfach, da wieder herauszukommen. Der Anfängergeist ist vergleichbar mit einem Fahrradfahrer, der diese Gefahr kennt. Weil ihm bewusst ist, dass seine Erfahrungen ihn geprägt haben und er schnell in die vorgefertigte Spur seiner Gewohnheiten oder Denkmuster geraten kann, wird er wesentlich aufmerksamer sein.

Den 'Geist des Anfängers bewahren' heißt aber nicht, dass man sein Wissen oder seine intellektuelle Neugierde aufgeben soll. Erfahrungsgemäß wächst mit zunehmender Praxis auch das Interesse an den kulturellen und philosophischen Hintergründen der Meditation. Und selbstverständlich gehört zu dem Entwicklungsprozess auch das intellektuelle Verarbeiten und Reflektieren der in der Meditation gemachten Erfahrung. Für buddhistische Mönche gibt es etliche Übungen zur Reflexion (siehe auch Seiten 82, 117). Aber wer – wie der Schüler, dessen Tasse zugedeckt war – glaubt, er wisse ohnehin schon alles, verbaut sich den Weg zur weiteren inneren Entwicklung. „Ich weiß, dass ich nichts weiß" – es kann auch über die Meditationspraxis hinaus nicht schaden, sich diese Tatsache ab und an zu vergegenwärtigen. Denn wann ist unser Blick wirklich frei? Glauben Sie zum Beispiel, Ihren Ehepartner oder Ihre Kinder tatsächlich zu kennen? Welche Ihrer Freunde, Bekannten, Kollegen sehen Sie wohl so, wie diese sich selbst sehen? Ein kleiner Test genügt: Fragen Sie sie, wie sie ein vergangenes Ereignis empfunden haben oder was sie über ein bestimmtes Thema denken – Sie werden staunen, wie verschieden Sie und sie die Welt sehen.

Alles, was wir sehen und zu kennen glauben, ist geprägt durch den Filter gesellschaftlicher Rahmenbedingungen und persönlicher Erfahrungen, Erwartungen, Ansprüche, unbewusster Einstellungen und Projektionen. Der Anfängergeist sieht die Dinge, wie sie sind, so wie der Bettlerjunge in dem Märchen „Des Kaisers neue Kleider", und hilft, vermeintlich felsenfestes Wissen in Frage zu stellen. In der Meditation unterstützt er Sie dabei, den Zugang zum unmittelbaren Erleben nicht mit Erwartungen zu versperren, nicht in eine „Spur" zu geraten. Auf diese Weise sind Sie wirklich empfänglich für neue Erfahrungen in der Meditation.

Vom Vertrauen in sich selbst und wo das noch hinführen wird

Ein Einsteiger besuchte eine Meditationssitzung und war sehr beeindruckt. Danach sagte er zu seinem Lehrer: „Da ist etwas. Es hat mich berührt und täte mir gut. Aber ich kann damit jetzt noch nicht anfangen. Viel zu riskant. Vielleicht in ein paar Jahren. Ich muss erst noch mein Haus abbezahlen."

Wer mit der Achtsamkeitsmeditation beginnt, wagt etwas Neues, und das Unbekannte kann Angst machen: Wer weiß, was da hochkommt? Was, wenn man seinen Antrieb und Ehrgeiz verliert, wenn sich die Persönlichkeit verändert ... Diese Befürchtungen sagen zwar viel über den, der sie äußert, aber nichts über die Meditation. Denn diese wirkt zwar in vielfältiger Weise, aber sie verändert den Charakter nicht: Wer beispielsweise ein temperamentvoller Mensch ist, wird nach zehn Jahren Meditation sicher gelassener sein – aber ein Ausbund an Ruhe und Stille wird aus ihm nicht werden. Der Zweck der Achtsamkeitsmeditation ist die Entwicklung von mehr Bewusstheit. Dieser Prozess entfaltet sich erfahrungsgemäß langsam und allmählich. Was dabei entsteht, ist gesteigerte geistige Wachheit und die Fähigkeit, sich von seinen eigenen Mustern beobachtend zu distanzieren. Und das ist nichts, was uns gefährdet – sondern ganz im Gegenteil beschützt und fördert.

GEGENPOLE: KRITISCHES DENKEN UND VERTRAUEN

Was Sie brauchen, bevor Sie sich in das Abenteuer der Meditation begeben, ist ein wenig Vertrauen in sich selbst, in Ihre Intuition. Sie hat Sie noch immer durch gefährliche Untiefen geleitet. Vertrauen Sie also Ihrer inneren Stimme auch jetzt, wenn Sie sie dazu bringt, sich mit der Meditation zu beschäftigen. Mit der Praxis werden Sie – vor allem auch durch die gesteigerte Körperwahrnehmung (siehe auch Seite 22) – ein immer besseres Gespür für sich selbst und Ihre Bedürfnisse entwickeln. Ihr Körper gibt Ihnen – wie ein genaues und untrügliches Barometer – Rückmeldung darüber, was Ihnen gut tut und was nicht und wo Sie an Ihre Grenzen stoßen.

Vertrauen als Grundhaltung – das bedeutet nicht, dass Sie so nützliche Fähigkeiten wie Ihren kritischen Verstand und Ihre gesunde Skepsis aufgeben sollen. Aber für die Meditation ist es am besten, wenn beide – Vertrauen und Skepsis – in Balance sind. Zu viel Vertrauen macht blind, etwa, wenn man zum Beispiel einem Lehrer, Meister oder Guru kritiklos folgt oder ihn nachahmt. Aber ständiges Hinterfragen kann den persönlichen Fortschritt behindern. Wenn wir zum Beispiel in der zweifelnden Annahme meditieren, dass das alles vielleicht ja doch nichts bringt oder wir dauernd unseren Fortschritt überprüfen, wird die Entwicklung in der Meditation erschwert. Sie sind dann nämlich mit Denken beschäftigt. Und das ist – wie Sie später sehen werden – etwas völlig anderes als Achtsamkeitsmeditation.

MACHEN SIE SICH VERTRAUT MIT SICH SELBST

Noch ein Aspekt des Themas Vertrauen: Viele Menschen lassen sich mehr von anderen Autoritäten leiten als von ihrer eigenen inneren Stimme. In der Meditation geht es aber um das Gegenteil: darum, man selbst zu sein; zu lernen, auf die eigenen Wahrnehmungen zu hören statt sie zu ignorieren oder zu verdrängen; auf seine innere Stimme zu vertrauen und dafür selbst voll und ganz die Verantwortung zu übernehmen.

Vertrauen ist etwas Entscheidendes, das bei der Meditation entsteht. Aber nicht im Sinne von Selbstvertrauen als Synonym für Selbstbewusstsein oder Durchsetzungsfähigkeit, sondern im Sinne von Vertrautheit: Sie machen immer mehr Bekanntschaft mit sich selbst. Jon Kabat-Zinn, der große Wissenschaftler und Verfechter der Meditation, hat das so ausgedrückt: „Gibt es irgendein Wort, das dich stört? Vertrau dem. Du kannst gar nicht falsch handeln, wenn du erkennst, wer du schon bist und die Schönheit siehst, die du schon hast."

Das Gras wächst nicht schneller, wenn man daran zieht

Eigentlich geht es hier um die fünfte innere Grundhaltung, die für die Meditation förderlich ist: Geduld! Nachdem sich aber dieses Buch ausdrücklich auch an ungeduldige Mitmenschen richtet, möchten wir hier zunächst ein paar Dinge geraderücken, bevor wir dann doch zu dem Schluss kommen, warum Geduld eine so unentbehrliche Haltung für die Meditationspraxis ist.

Ungeduld hat auch etwas mit Kraft zu tun, die Veränderung bewirken will. Ihr Gegenpol ist die als Geduld getarnte Passivität, das Stehenbleiben. „Abwarten und Tee trinken" ist eine Strategie, die wir aus der Politik kennen; dahinter können Gleichgültigkeit oder machtpolitisches Kalkül stecken. Der Ungeduldige dagegen ist voller Leidenschaft für sein Ziel, er will seine Zeit nicht mit Raffinesse verschwenden und seine Position nicht durch geschickte Manöver festigen. Das, was er für gut erkannt hat, soll am besten gleich geschehen. Es gibt unsympathischere menschliche Eigenschaften.

Aber es gibt auch glückbringendere Strategien. Denn die Aufmerksamkeit des Ungeduldigen liegt stets bei der Zukunft: Mag es nun ein positives Ziel sein oder eine unangenehme Pflicht wie das Abwaschen, er wünscht sich stets, der Moment wäre schon da. „Wann gibt diese lahme Ente endlich die Spur frei?" „Wie lange soll ich denn noch an der Kasse warten?" „Jetzt meditiere ich schon seit zehn Minuten und werde immer noch nicht ruhig." Mit all dem lebt der Ungeduldige nicht oft in der Gegenwart. Er kann es nicht erwarten, dass ein besserer Moment kommt als dieser.

Alles, was Sie tun müssen, ist, die gegenwärtige Realität zu akzeptieren, und Sie haben alle Geduld der Welt. In der Meditation versucht man, sobald man das Abschweifen der Gedanken bemerkt, sich wieder der Körperwahrnehmung zuzuwenden. Und wieder. Und wieder. Und noch einmal. Und immer wieder.

Das geht nicht ohne ein gewisses Maß an Geduld – aber andererseits werden Sie merken, dass diese Haltung dabei auch immer stärker und vor allem angenehmer wird. Viele Menschen mit Meditationserfahrung bestätigen, dass sich durch diese dauernde Anwendung der Geduld in der Meditation auch ihr Verhalten im Alltag, beispielsweise beim Autofahren, grundlegend geändert hat.

Ungeduld ist eine Form von Widerstand gegen den gegenwärtigen Moment. Wenn Sie das durchschauen, bieten sich Ihnen täglich neue Chancen zum Erkenntnisgewinn: jedes Mal nämlich, wenn Sie wieder einmal ungeduldig werden. Denn das bedeutet, dass Sie im Moment nicht zufrieden sind, dass etwas fehlt, irgendetwas nicht stimmt. Machen Sie eine Minute Pause und überlegen Sie, was das sein könnte und was Sie für sich tun können, um Gegenwart und Alltag zu einem angenehmeren Ort zu machen.

Glück oder Unglück, wer wollte das entscheiden?

Der Beamte Hu besaß ein wertvolles Pferd, doch bevor er es verkaufen konnte, war es eines Morgens aus dem Stall verschwunden. „Diebstahl!", rief sein Sohn Li, „welch ein Verlust, dass du es nicht hast verkaufen können." „Woher willst du wissen, dass es ein Verlust ist?" fragte Hu. „Alles, was wir wissen, ist, dass das Pferd nicht mehr im Stall steht. Aber ob das gut ist oder schlecht, können wir nicht beurteilen, weil wir nicht voraussehen, was noch geschehen wird."

Da, nach ein paar Tagen, kam das Pferd zurück und brachte zehn Wildpferde mit. Es hatte nur einen Ausflug gemacht. „Welch ein Glück!", rief da Li, aber Hu winkte wieder ab. „Wir wissen nur: Das Pferd ist wieder da. Aber ob das Glück ist oder Unglück, wer wollte das entscheiden? Du liest nur ein Wort – und schon beurteilst du das ganze Buch."

Inzwischen hatte Li begonnen, die Wildpferde zu zähmen; er wurde abgeworfen und brach sich einen Arm. Li klagte über sein Unglück, aber Hu sagte: „Du bist besessen davon, Urteile abzugeben. Es stimmt, du hast einen gebrochenen Arm. Aber mehr können wir nicht wissen." Da brach ein Krieg aus, und alle jungen Männer wurden eingezogen – bis auf Li, denn mit gebrochenem Arm konnte er nicht in den Kampf ziehen. „Vater, du hattest Recht", sagte Li. Aber Hu schüttelte den Kopf. „Du hörst nicht auf, zu urteilen. Alles, was wir wissen, ist: Andere Söhne ziehen in den Krieg; du kannst hierbleiben. Das Leben besteht aus vielen Augenblicken, und mehr werden wir nie zu sehen bekommen."

WIE WIR VON DER URTEILSWUT LOSKOMMEN

Hu hat offensichtlich ein anderes Konzept vom Glück als die meisten Menschen. Wir sind, wie Hu sagte, vom Urteilen besessen und vergeben ständig Noten, ob an uns selbst, an andere oder das Schicksal. Ohne Pause ist unser Gehirn damit beschäftigt, Kommentare abzugeben: Jetzt wird es mir zu kalt; das ist nicht gerecht, dass der mich nicht beachtet; warum ist mein Nachbar so unfreundlich ... es hört nie auf. Dabei messen wir jede gegenwärtige Sekunde an tausend Wunschvorstellungen – eine zuverlässige Quelle für Unzufriedenheit. Alles, was uns begegnet, wird pausenlos danach beurteilt, welchen Wert es für uns hat; ob es uns ein angenehmes, unangenehmes oder neutrales Gefühl vermittelt, ob wir es mögen oder ablehnen – mit diesem Schubladendenken ist unser Geist die meiste Zeit beschäftigt, ohne dass wir es bemerken. Wir sitzen zum Beispiel in der Meditation und denken: „Mein Atem ist viel zu flach. Kein Wunder, dass ich nichts spüre." Wir haben eine schlechte Note erteilt, ein Urteil gefällt, und meistens wird uns das nicht einmal bewusst. Die Auswirkung spüren wir aber sehr wohl: Die Motivation sinkt, und die Wahrnehmung des Atems wird mit einem solchen negativen Filter auch nicht gerade leichter. Noch dazu setzen wir immer wieder eins drauf, indem wir unser Urteilen wiederum verurteilen und so noch mehr Zwist und Zwiespalt im Inneren schaffen. Wir werden die Angewohnheit des Urteilens nicht einstellen können. Aber es ist wichtig, sich in der Meditation dessen immer wieder bewusst zu werden – und dann davon zurücktreten zu können.

Damit sind wir bei der letzten Grundhaltung, die Sie für Ihre Meditationspraxis brauchen: Nicht-Urteilen, Nicht-Werten. In der Meditation üben Sie, in jedem Moment aufmerksam zu sein, ohne zu werten. Sie nehmen die Position eines interessierten Beobachters ein, der beispielsweise den Atem wahrnimmt, wie er ist: ob nun tief und lang oder flach und kurz – es gibt keine Bewertung. Wenn Sie sich eines Urteils bewusst werden („Viel zu flacher Atem", „Das lerne ich nie", „Mir ist langweilig", „Das nützt doch alles nichts") – dann erinnern Sie sich daran, dass Sie bloß Ihrem Geist bei seiner Lieblingsbeschäftigung zusehen: dem Urteilen. Danach bringen Sie einfach Ihre Aufmerksamkeit wieder zurück zu Ihrer Übung. Damit entwickeln Sie die Fähigkeit, den gegenwärtigen Moment so zu akzeptieren, wie er ist.

WIE MAN DIE WELLEN GLÄTTET: KONZENTRATION UND EINSTIMMUNG

Es ist für Ihre Meditationssitzung sehr hilfreich, wenn Sie davor schon aus dem Alltagsmodus heraus- und ein wenig zur Ruhe gekommen sind. In diesem Kapitel haben Sie die Auswahl aus dem großen Spektrum der Methoden, mit denen sich Meditierende auf der ganzen Welt seit Jahrtausenden auf die Meditation vorbereiten und einstimmen. Yoga, Mandala, Kerze, Koan – hier erfahren Sie, was es damit wirklich auf sich hat. Probieren Sie aus, wie Sie die aufgeregten Wellen Ihres Geistes glätten können.

Wie man die Wellen glättet

Das Bild auf der rechten Seite zeigt einen Holzschnitt des berühmten japanischen Meisters Ando Hiroshige, der Anfang des 19. Jahrhunderts lebte und dessen Werk unter anderem den französischen Expressionismus beeinflusst hat. Es zeigt die See bei Naruto in der japanischen Provinz Awa: Gischtspritzer, sich überschlagende Wellen, das aufgewühlte und trübe Wasser. Man glaubt, durch das Sausen des Winds das Geschrei der Möwen zu hören.

Es gibt Zeiten, da ist unser Geist in einem ähnlichen Zustand. Zum Beispiel, wenn wir uns über eine Ungerechtigkeit in der Arbeit ärgern oder Streit mit dem Partner haben.

Das Wasser ist in fernöstlichen Meditationsschulen ein beliebtes Bild für wechselnde Geisteszustände. Ein See, dessen Oberfläche die Wellen kräuseln, steht für Irritation und Nervosität, eine vollkommen glatte Wasseroberfläche für eine ruhige Geistesverfassung. Wenn das Wasser still und kein Sand aufgewirbelt ist, kann man bis tief hinunter auf den Grund sehen.

In der Meditation üben Sie, bis auf den Grund der Dinge zu sehen. Dafür müssen Sie erst die aufgeregten Wellen glätten. Das geht nicht von jetzt auf gleich: Es bedarf einer Übergangsphase, in der sich das Wasser allmählich beruhigen kann. Darum geht es in diesem Kapitel.

Konzentration macht Laune!

Der Meister prüft die Konzentrationsfähigkeit seiner Schüler: Er stellt ein Gefäß mit Wasser auf den Boden, über dem ein Vogel kreist. Die Schüler sollen mit Pfeil und Bogen auf den Vogel zielen, dürfen aber dafür nur dessen Spiegelbild im Wasser beachten.

Der Meister fragt seinen ersten Schüler: „Was siehst du?" Der antwortet: „Ich sehe den Vogel, dich, den Pfeil, den Bogen, die Wolken am Himmel, das Wasser in der Schüssel, die anderen Schüler, den Garten, den Bach, die Pferde, acht Wagen und viele Kühe."

Der Meister fragt seinen zweiten Schüler, der antwortet: „Ich sehe den Vogel, auf den ich zielen soll, den Baum, auf dem er sitzt, und dich natürlich."

Da fragt der Meister seinen dritten Schüler, und der sagt: „Ich sehe nichts weiter als den Vogel, auf den ich zielen soll."

Hinduistische Anekdote

WIE SIE DIE ÜBUNGEN IN DIESEM KAPITEL NUTZEN

Kennen Sie jemanden, der nach dem Aufwachen die Augen aufklappt, frisch aus dem Bett springt und sofort anfängt, die Ärmel aufzukrempeln? Wir nicht. Die meisten Menschen brauchen eine Anlaufzeit und etliche ausgefeilte Rituale, bis sie wirklich wach sind. Ebenso ist auch für die Meditation eine Übergangsphase wichtig und förderlich. Sie benötigen eine Anlaufzeit, um aus dem Alltag herauszukommen, Ihre Konzentration zu bündeln und allmählich ruhig zu werden. Darum geht es auf den folgenden Seiten. Ob Yoga, Kerze, Mandala oder Mantra – wir möchten Ihnen damit verschiedene Wege anbieten, Ihre Fähigkeit zur inneren Sammlung zu steigern und zur Ruhe zu kommen. Betrachten Sie diese Übungen als Vorschläge oder Impulse, aber nicht als Programm, das der Reihe nach durchgegangen werden müsste. Falls Sie bereits über ein gutes Konzentrationsvermögen verfügen und wissen, was Sie brauchen, um zur Ruhe zu kommen, können Sie auch direkt zum nächsten Kapitel gehen.

Einige Übungen – wie etwa die Körperübungen – können Sie als optimale Vorbereitung vor jeder Meditationssitzung beibehalten. Andere dienen dazu, Ihnen das faszinierende Spektrum der Möglichkeiten vorzustellen, das Menschen in der ganzen Welt benutzen, um sich auf die Meditation einzustimmen. Dabei lernen Sie auch die sachlichen Hintergründe kennen, warum Übungen wie Mantras oder Mandalas seit Jahrtausenden genutzt werden – jenseits der irrealen Heilversprechen der spirituellen Szene.

Bei der Meditation selbst werden Sie sich dann nicht mehr auf ein definiertes, festes, „konzeptionelles Objekt" fokussieren – also etwas vom menschlichen Geist Erdachtes oder Erschaffenes – wie etwa eine Kerze oder ein Mantra. Stattdessen sammeln Sie Ihren Geist durch die Konzentration auf den Atem und die Körperempfindungen, also auf viel feinere, fließendere und sich der ungeübten Aufmerksamkeit leichter entziehende Objekte. Auch deshalb kann der Einstieg über Mala, Mantra oder Yoga empfehlenswert sein.

KONZENTRATION IST FREUDE!

Wissen Sie, was passiert, wenn Sie so richtig voll konzentriert bei der Sache sind? Sie freuen sich! Der Botenstoff Serotonin ist zuständig für gesteigerte Denk- und Konzentrationsfähigkeit und zugleich für das Gefühl von Freude und Zufriedenheit. Wenn wir begeistert in einer Beschäftigung aufgehen, mit ganzem Herzen dabei sind, können wir alles um uns herum vergessen. Sicher haben Sie solche Momente schon erlebt: mit einem spannenden Buch, einem mitreißenden Film, beim Gespräch mit Freunden. Konzentration ist Freude!

WORAUF ES BEI DEN ÜBUNGEN ANKOMMT

Üblicherweise taucht aus dem Fluss der Gedanken und Gefühle irgendein Gedanke auf, und sofort lassen wir uns mitreißen und tauchen darin ab. Aber in der Meditation machen Sie ihm die Führung streitig. Indem Sie sich voll und ganz auf ein bestimmtes Objekt konzentrieren, das ganz bewusst von Ihnen ausgewählt wurde, setzen Sie dem Affengeschnatter etwas entgegen – sanft, aber entschlossen. Je ausgeprägter Ihr Konzentrationsvermögen ist, desto leichter wird Ihnen auch die Meditationspraxis fallen. Mit den Übungen auf den folgenden Seiten trainieren Sie, Ihre Aufmerksamkeit immer bewusster, länger und selbstverständlicher zu gebrauchen.

- Worum es beim Üben geht: Versuchen Sie, Ihre ungeteilte Wahrnehmung auf das Objekt Ihrer Wahl zu richten, sei es eine Körperübung oder eine Kerze. Versuchen Sie, bei dem zu sein, was Sie gerade tun. Wenn Sie zum Beispiel eine Balance-Übung machen, konzentrieren Sie sich ausschließlich auf den Bewegungsablauf; bei einer Mantra-Übung auf das Sprechen oder Singen. Was schätzen Sie, wie lang es dauert, bis Ihr Geist abschweift („Tolle Dehnungsübung – hätte ich längst mal tun sollen – ich muss überhaupt mehr auf mich selbst achten ... usw.“) – 10 Sekunden? 15? Bleiben Sie so lange wie möglich bei der direkten Wahrnehmung! Sobald Sie bemerken, dass Sie von Ihren Gedanken mitgerissen wurden, gehen Sie wieder zu Ihrem Konzentrationsobjekt zurück. Sie werden merken, dass es Entschlusskraft erfordert, sich nicht ablenken zu lassen. Doch als Belohnung werden Sie mit zunehmender Stabilität beim Üben auch immer tiefere Momente der Ruhe erleben.

TIPPS, DIE DIE KONZENTRATION FÖRDERN

- Machen Sie die Übungen nicht „schnell mal zwischendurch“, zum Beispiel wenn Sie gerade gehetzt von der Arbeit kommen. Stimmen Sie sich erst ein, ziehen Sie bequeme Kleidung an und üben Sie an einem ruhigen Ort.
- Lassen Sie keine Dinge herumliegen, die unnötig den Blick oder die Gedanken auf sich ziehen.
- Es sollte auch nicht zu laut sein, damit Sie nicht ständig durch störende Geräusche abgelenkt werden. Besonders ungünstig ist es, wenn Sie zum Beispiel aus der Nachbarwohnung Stimmen oder die Stereoanlage hören können. Es gibt kaum etwas, das die Konzentration stärker ablenkt als Gespräche und Musik. Wenn es nicht anders geht, versuchen Sie es ruhig einmal mit Ohrenstöpseln.
- Generell haben Sie am meisten von einer Konzentrationsübung, wenn Sie ausgeruht und wach sind. Wer müde und schläfrig mit dem Üben beginnt, gerät leicht ins Dösen.
- Achten Sie darauf, dass Sie ausreichend schlafen und einen ausgewogenen Rhythmus von Schlaf und Aktivität fin-

„Ein Gramm Praxis ist so viel wert wie tausend Tonnen Theorie."
Asiatische Redewendung

den. Sie können sich vor Ihrer Übung auch erfrischen: die Schläfen reiben oder das Gesicht in kaltes Wasser tauchen.

- Springen Sie nicht zwischen allen Übungen hin und her. Wenn Sie einen Brunnen graben wollen, würden Sie dann tausend flache Löcher überall auf dem Gelände verteilen? Wohl kaum. Sie wären danach völlig erschöpft, und vielleicht würden Sie sogar zu dem Schluss kommen, dass es hier gar kein Wasser gibt. Die bessere Methode ist, sich eine aussichtsreiche Stelle auszusuchen und dann ausdauernd und tief zu graben.
- Suchen Sie sich für Ihre Konzentrationsübungen ein möglichst klares Objekt: Je kleiner und klarer abgegrenzt der Bereich ist, auf den Sie Ihren Geist bündeln, desto schärfer wird Ihre Konzentration. Also kein Übungs-Hopping. Wählen Sie eine oder zwei Übungen aus, die Sie ansprechen. Wir empfehlen etwa zehn bis zwanzig Minuten Dauer.
- Erzwingen Sie nichts, aber bleiben Sie beharrlich. Denken Sie daran, dass Sie nicht jeden Tag die gleiche Befindlichkeit haben: Wenn Ihre Konzentration gestern gebündelt war, kann sie heute flacher sein. Das ist ganz natürlich.

DER KÖRPER FORDERT ZUERST SEIN RECHT

Vielleicht freuen Sie sich nach einem langen Tag am Computer auf eine stille Konzentrationsübung aus diesem Kapitel. Aber dann merken Sie: Der Körper fordert zuerst sein Recht. Dann beginnen Sie vorher mit den Körperübungen ab Seite 60. Dabei haben Sie die Wahl zwischen einfachen und herausfordernden Übungen; bei manchen liegt der Schwerpunkt darauf, sich für den eigenen Körper und den Atem zu sensibilisieren, andere dehnen die verkürzte Muskulatur oder fördern das körperliche und mentale Gleichgewicht. Etliche wirkungsvolle Übungen sind dabei, die Ihnen bei Rückenbeschwerden oder Muskelverspannungen gut tun.

EINSTIMMUNG ÜBER DEN KLANG ODER DAS SEHEN

Jeder hat eine andere sinnliche Empfänglichkeit; deshalb finden Sie hier auch Anregungen, wie Sie sich auch akustisch oder visuell auf die Meditation einstimmen können:

› Wir gebrauchen unsere Augen für viele Tätigkeiten, die mit dem Intellekt und abstrakten Denken verbunden sind: lesen und zeichnen zum Beispiel. Im Alltag verlieren wir viel Energie durch unsere Sinne – ein Abend vor dem Fernseher kann recht ermüdend sein. Meditation auf ein optisches Objekt hilft, bewusster mit den Sinnen umzugehen und zu entscheiden, was wir aufnehmen wollen.

› Klang wird gerade von Anfängern als eine sehr gute Methode empfunden, die Konzentration zu schärfen. Klang breitet sich in Wellen aus und bringt den ganzen Kopfraum zum Schwingen. Meditationsübungen mit Klangschale und Gesang nutzen auch die dabei entstehenden Vibrationen: Sie bieten einen ganzheitlichen Zugang, da nicht nur das Trommelfell vibriert, sondern der ganze Körper. Vibrierender Klang überspringt das abstrakte Denken und spricht unmittelbar das Körpererleben an – für viele Menschen ein idealer Zugang zur Meditation.

ÜBUNGEN FÜR DEN INTELLEKT

Es ist ein großes Missverständnis, anzunehmen, Intellekt und Intelligenz seien beim Thema Meditation ausgeklammert.

› Zunächst ist die Annäherung an dieses Thema für viele Menschen in weiten Strecken ein intellektueller Prozess. Für einen Europäer, den mit Meditation kulturell weniger verbindet als Asiaten, ist es besonders wichtig, die dahinterliegenden Konzepte zu verstehen.

› Einige Meditationspraktiken instrumentalisieren den Intellekt: Im Zen zum Beispiel legt es die Koan-Methode (siehe Seite 84/85) darauf an, das logische Denken ad absurdum zu führen – und damit auch das „Konzept vom Ich". Wenn Sie diesen recht radikalen Weg bevorzugen, ist für Sie vielleicht die Arbeit mit einem Koan eine geeignete Herangehensweise.

› Viele Meditierende berichten von gesteigerter Kreativität und verstärkter Konzentrations- und Leistungsfähigkeit.

Eine Beschäftigung mit Meditation bedeutet jedenfalls nicht, dass Sie gegen alle Regeln der Vernunft handeln und Ihren kritischen Verstand über Bord werfen sollen. Aber vergessen Sie nicht: „Ein Gramm Praxis ist so viel wert wie tausend Tonnen Theorie", sagt eine asiatische Redewendung.

SPIRITUELLE QUELLEN, SÄKULARE METHODE

Die Meditation nach Jon Kabat-Zinn, auf der dieses Buch basiert, will ausdrücklich nicht mehr sein als eine einfache und praktische Methode, um gezielt mehr Achtsamkeit in Ihr alltägliches Leben zu bringen. Die Achtsamkeitspraxis können Sie so säkular oder so spirituell nutzen, wie Sie wollen: Sie können Atheist sein und meditieren; Sie können einer Religion angehören und meditieren.

Wir haben dennoch Übungen, die auf religiösen Inhalten basieren – Rosenkranz, Mantra, Mala –, in dieses Buch aufgenommen. Die meisten im Westen verbreiteten Meditationsformen stammen aus den religiösen Traditionen des Fernen Ostens. Aber die Praxis der Meditation ist nicht auf fernöstliche Kulturkreise beschränkt. Auch im Christentum besitzt sie eine lange Tradition.

Wir sind uns darüber klar, dass diese Übungen höchstens Anregungen sein können; die Rosenkranzgebete zum Beispiel (Seite 75) bräuchten für den, der sich ernsthaft damit beschäftigen will, wesentlich mehr Platz. Oder Mandalas: Das sind nicht nur hübsche bunte Bilder, sondern mit vielfältigen religiösen Bedeutungen aufgeladene Symbolträger; ohne vertiefte kulturelle und religiöse Bildung sind sie nicht zu entschlüsseln. Dennoch kann davon durchaus eine Faszination ausgehen. Außerdem kann es für manchen einfacher sein, die Angebote anderer Kulturen für den Einstieg in die Meditation zu nutzen: Eben weil wir so wenig wissen, ist eine unbelastete Annäherung möglich. Denken wir an den „Geist des Anfängers".

Es kann aber nicht schaden, wenn sich jeder die Frage stellt: Wie viel Exotik brauche ich für die Meditationspraxis tatsächlich? Wo ist die Grenze zum Theater? Vielleicht sollten wir uns einfach bemühen, respektvoll zwischen dem Gebrauch solcher Hilfsmittel und dem Verständnis der entsprechenden Kultur zu unterscheiden.
Ob exotisch oder nicht – wer sich ernsthaft mit Meditation beschäftigt, kommt an der Suche nach grundlegenden Lebensfragen ohnehin nicht vorbei: Warum bin ich hier? Worauf kommt es im Leben an? Was ist wirklich wichtig? Gibt es einen Gott? Wer bin ich? Diese Motivation geht über das Interesse an Effekten wie Entspannung und Wohlbefinden weit hinaus. Die Meditation kann uns zu einem allmählichen Prozess der Erkenntnis befähigen, der zentrale Fragen zu unserer menschlichen Existenz betrifft.

TRADITION UND RITUALE

Auch ohne spirituelles Bedürfnis können traditionelle Praktiken wertvoll sein; etwa, wenn es Ihnen schwer fällt, sich für die Dauer der Meditation von täglichen Sorgen und Gedankenketten freizumachen. Ein formeller Rahmen und festgelegte Rituale – z.B. der Ton einer Klangschale zu Beginn der Meditation – helfen dabei, sich auf das Hier und Jetzt zu konzentrieren und schaffen eine Abgrenzung vom Alltag. Das muss kein haarklein durchorganisierter Ablauf sein. Sie können sich angewöhnen, zu Beginn Ihrer Meditation ein kleines Ritual zur Einstimmung durchzuführen – zum Beispiel, indem Sie die Meditation mit einem freundlichen Satz beginnen („Möge ich glücklich sein", siehe Seite 107).

In japanischen Zen-Klöstern ist der ganze Tagesablauf streng durchritualisiert. Aber hier handelt es sich auch um Menschen, die der Meditation ihr Leben widmen. In westlichen Meditationsgruppen kann eine solche übertriebene Ritualisierung eher störend sein. Sie erzeugt dann oft einen sozialen Druck, der der Konzentration eher abträglich ist. Wichtig ist: Das Ritual dient der Übung, nicht umgekehrt.

Zur Einstimmung: der Baum

Bitte keine Berührungsängste; Sie müssen keinen Baum umarmen. Diese Übung hat eine große Stärke: Sie macht es Ihnen leicht, sich auf Ihr Körperempfinden einzustimmen, von der Außen-Perspektive zur Innensicht zu wechseln – eine sehr gute Vorbereitung auf die Achtsamkeitsmeditation.

Stehen Sie stabil, so dass Ihre Fersen spürbaren Bodenkontakt haben, die Knie sind beweglich. Den Rücken halten Sie aufrecht und den Kiefer entspannt. Legen Sie die Handrücken vor dem Nabel aneinander, so dass die Finger zum Boden zeigen. Mit der nun folgenden Bewegung können Sie sich vorstellen, dass Sie den Umriss einer Baumkrone und des Stamms nachzeichnen: Während Sie durch die Nase einatmen, führen Sie die Hände nach oben und öffnen dann die Arme, um den oberen Teil der Krone nachzufahren. Während der Ausatmung durch den Mund drehen Sie die Hände, so dass die Handflächen nach unten zeigen, vollenden den unteren Teil der Krone und folgen ein Stück dem Stamm entlang nach unten. Von dort aus legen Sie die Handrücken aneinander und wiederholen die Bewegung. Tipp: Wenn ein Atemzug zu kurz für die Bewegung ist, machen Sie unterhalb der Baumkrone eine Pause und atmen Sie ein zweites Mal. Diese Bewegungsabfolge wird nicht immer gleich sein. Mal werden Sie sich schneller bewegen, mal langsamer. Mal werden Sie vielleicht einen Sprössling nachbilden und mal einen alten Baumriesen, mal eine Eiche, mal eine Birke. Atmen Sie in dieser Art für 3 - 10 Minuten. Spüren Sie der Übung ein wenig nach und gehen Sie dann zum nächsten Teil über.

Breiten Sie die Arme seitlich aus (s.u.) und nähern Sie sie dann einander an, als würden Sie einen Baumstamm umfassen. Hören Sie auf Ihr Körpergefühl und versuchen Sie zu spüren, welcher Umfang sich für Sie am natürlichsten anfühlt und wann Sie in einer bestimmten Haltung stehenbleiben wollen. Wenn Sie das täglich wiederholen, werden Sie sehen, dass sich Ihr Körpergefühl ständig verändert (siehe unten). Diese Übung ist übrigens auch fürs Büro bestens geeignet. Zugegeben: Das Ganze mutet ein bisschen esoterisch an, ist aber eine ausgezeichnete Methode, um die Körperwahrnehmung zu verfeinern und ein Gefühl für die eigene Befindlichkeit zu entwickeln. Versuchen Sie es einfach mal. Es muss Ihnen ja keiner dabei zusehen …

Montag Dienstag Mittwoch Donnerstag Freitag

Zur Einstimmung: das Seegras

Es riecht nach Salzwasser. Eine leichte Strömung umspült das Seegras, das sich mit den Wellen wiegt. Ihre Füße stehen wie festgewachsen auf dem Boden und geben Ihnen Halt. Aber alles andere an Ihnen schwankt und schlingert: Sie stellen sich nämlich gerade vor, Sie selbst seien das Seegras in der Strömung. Vielleicht treibt gerade eine Windböe Wellen über das Wasser und wirft Sie hin und her; es kann sogar sein, dass ein Sturm aufkommt. Vielleicht ist es aber auch ein stiller, sonniger Tag, an dem das Wasser träge vor sich hin plätschert. Ihre Wetterlage wird sich wahrscheinlich im Verlauf der Übung verändern.

Die Bewegungen können aus Hüfte oder Bauch kommen, aber auch Schultern oder Arme können die Führung übernehmen. Spüren Sie in Brust und Bauchraum und folgen Sie den Bewegungsimpulsen, die dort entstehen. So nehmen Sie Ihre momentane Befindlichkeit am besten wahr; sie kann sich schon in einer winzigen Bewegung intensiv ausdrücken. Lassen Sie Kopf und Nacken locker der Bewegung folgen.

Auch wenn Ihnen diese Übung auf den ersten Blick etwas merkwürdig vorkommt: Lassen Sie sich einfach mal darauf ein. Die fließenden Bewegungen „aus dem Bauch" helfen uns dabei, unsere starren Ansichten und Einstellungen nicht mehr ganz so ernst zu nehmen. Das macht entspannter und flexibler – nicht nur während der Übung, sondern auch im Alltag. Diese Übung ist übrigens auch sehr gut im Büro möglich (Sie können ja die Tür schließen).

1

Für den Rücken

„Nichts auf der Welt
ist so weich und nachgiebig wie Wasser.
Und doch bezwingt es das Harte und Starke;
Nichts kommt ihm darin gleich.
Das Schwache überwindet das Starke,
das Weiche überwindet das Harte.
Niemandem in der Welt ist das unbekannt,
doch von keinem wird es angewandt."

Diese Weisheit stammt aus dem Tao Te King, einem in vorchristlicher Zeit entstandenen zentralen Text der taoistischen Naturphilosophie. Die taoistischen Gelehrten legten großen Wert auf Weichheit und Beweglichkeit als Merkmal des Lebens. Techniken wie Tai Chi überliefern dieses Prinzip seit Jahrtausenden, und über die beeindruckende Beweglichkeit und Bewegungsharmonie der fernöstlichen Meister muss man immer wieder in ehrfurchtsvolles Staunen geraten. So weit müssen Sie es auf dieser Übungsseite natürlich nicht bringen. Aber sie finden hier drei einfache Übungen, um Ihre Wirbelsäule beweglicher zu machen. Unsere vorwiegend sitzende Lebenshaltung führt oft zu Versteifungen der Wirbelsäule. Wenn Sie sie regelmäßig mobilisieren, wird Ihnen das Meditieren in einer aufrechten Haltung viel leichter fallen.

Außerdem ist diese Körperübung – wie alle folgenden – eine besonders empfehlenswerte Art der Einstimmung und Vorbereitung, bevor Sie sich zur Meditation hinsetzen.

1 WASSERRAD

Sie stehen und breiten die Arme weit aus; die Handflächen zeigen nach oben. Heben Sie Ihre Arme in einer ausholenden Bewegung bis weit über den Kopf. Verschränken Sie die Finger und drehen Sie die Handflächen nach oben. Den Blick richten Sie auf die Hände. Jetzt strecken Sie den ganzen Körper: Dafür ziehen Sie den Oberkörper nach oben und drücken die Fersen in den Boden (großes Bild).

Nehmen Sie nun die Hände langsam vor dem Körper nach unten, lassen Sie Kopf und Oberkörper dieser Drehung folgen. Gleichzeitig drehen sich Ihre Handflächen einmal um sich selbst wie ein Wasserrad, so dass sie, wenn Sie die Bewegung vollendet haben und nach unten gebeugt dastehen, wieder nach oben zeigen. Beugen Sie sich so weit nach unten wie möglich, die Handrücken können den Boden berühren, die Knie sind leicht gebeugt (kleines Bild). Einige Atemzüge lang bleiben Sie so, dann richten Sie sich langsam vom unteren Rücken aus Wirbel für Wirbel wieder auf. Die Hände bewegen sich wieder mit und drehen sich, bis Sie die Ausgangsposition erreicht haben. Einige Mal wiederholen.

Mit dieser Übung dehnen Sie die Wirbelsäule.

2

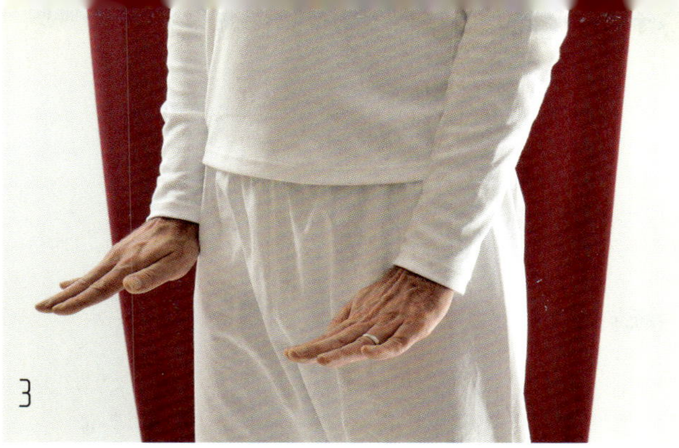

3

4

2 WINDFÄHNCHEN

Stellen Sie sich bequem hin, die Füße schulterbreit nebeneinander, die Fußspitzen zeigen nach vorn. Die Knie sind ganz leicht gebeugt, der Oberkörper ist aufrecht, der Blick auf Augenhöhe nach vorn gerichtet. Drehen Sie sich mit dem Ausatmen nach rechts, lassen Sie sich dann von der Einatmung wieder zurücktragen. Mit dem nächsten Ausatmen drehen Sie sich nach links usw. Nehmen Sie bei jeder Drehbewegung die Arme und den Kopf mit. Drehen Sie sich immer nur so weit, wie es für Sie angenehm ist.

Die Bewegung sollte immer dem Atem folgen, nicht umgekehrt. Üben Sie 1 - 2 Minuten.

Diese Übung lockert und entspannt den Rücken und mobilisiert die Wirbelsäule in ihrem seitlichen Bewegungsspielraum. Gleichzeitig aktiviert sie den gesamten Organismus – zum Beispiel als kleine Erholung von der Büroarbeit. Sie werden erstaunt sein, wie schnell der Körper erfrischt wird. Auch die Konzentrationsfähigkeit wird deutlich verbessert.

3 - 4 FÄCHER

Stellen Sie die Füße schulterbreit nebeneinander, die Zehen zeigen nach vorn. Der Körper ist aufgerichtet, die Arme hängen seitlich nach unten. Bewegen Sie die Hände im Handgelenk so, dass die Handflächen parallel zum Boden und die Finger nach vorn zeigen (Bild 3). Aus dieser Haltung spreizen Sie zuerst den kleinen Finger ab, dann den Ringfinger. Die anderen Finger folgen, als würden Sie einen Fächer öffnen. Gleichzeitig drehen sich Hände und Arme nach außen (Bild 4).

Parallel mit diesem Bewegungsablauf stellen Sie sich langsam auf die Zehenspitzen. Am Ende der Bewegung ist der Körper völlig gestreckt und die Arme sind so weit gedreht, dass die Finger nach hinten zeigen (die Schulterblätter sollten sich nur wenig annähern). Halten Sie die Position kurz und bringen Sie dann Arme und Hände auf demselben Weg zurück in die Ausgangsposition, bis Sie wieder auf der ganzen Fußsohle stehen. Mit ein bisschen Übung sollten Hände und Füße jeweils gleichzeitig ihre Endposition erreichen.

Diese Übung streckt unter anderem die Wirbelsäule und aktiviert die aufrichtende Wirbelsäulenmuskulatur. Sie können Sie vor der Meditation ausführen, um Ihren Körper auf eine aufrechte Haltung und Ihren Geist auf die bevorstehende Konzentration einzustimmen.

Dehnen und strecken

1

Viele von uns verbringen den Großteil des Tages im Sitzen. Das kann zu Fehlhaltungen und Verspannungen führen. Die folgenden Übungen bieten eine wirkungsvolle Möglichkeit, so gut wie alle Muskelgruppen des Körpers zu aktivieren und zu dehnen: Strecken Sie sich einfach ab und zu mal kräftig durch. Das macht frisch, ist gut für den Kreislauf und löst viele Arten von Verspannungen. Seien Sie vorsichtig und akzeptieren Sie die Grenzen, die Ihnen Ihr Körper zeigt, vor allem beim „Hund". Wenn Sie die Dehnungen mit der Zeit gewöhnt sind, wechseln Sie ruhig auch mal ein bisschen dynamischer und schneller zwischen den Haltungen hin und her.

1 MONDSICHEL

Bild oben links: Stellen Sie die Füße hüftbreit auseinander, legen Sie die linke Hand seitlich auf den Oberschenkel und strecken Sie den rechten Arm nach oben. Ziehen Sie den gestrecken Arm nun langsam über den Kopf, so dass sich Ihre rechte Seite dehnt. Achten Sie darauf, ein Hohlkreuz zu vermeiden und lassen Sie den Atem in die gedehnte Seite fließen. Wenn es genug ist, kommen Sie wieder zur Mitte und wiederholen das Ganze auf der anderen Seite.

2 - 3 DER NACH UNTEN SCHAUENDE HUND

Haben Sie schon mal einen Hund gesehen, der sich nach dem Aufwachen so richtig von vorn bis hinten streckt? Lassen Sie sich davon inspirieren:

Für diese recht anspruchsvolle Übung gehen Sie auf die Knie und stellen die Zehen auf. Dann schieben Sie das Gesäß mit gleichzeitig gestreckten Armen auf die Fersen und strecken die Arme nach vorne (siehe Bild 2). Die Hände legen Sie schulterbreit mit gespreizten Fingern flach auf den Boden, die Zeigefingerballen sind im Boden verwurzelt, die Oberarme drehen sich nach außen, die Schulterblätter wandern in den Rücken hinein. Schaffen Sie Länge in der Wirbelsäule und halten Sie den unteren Rücken gerade. Strecken Sie jetzt langsam die Beine und schieben Sie das Gesäß vorsichtig nach oben und hinten (Bild 3). Die ausgestreckten Arme sollten mit dem Oberkörper eine Linie bilden. Lassen Sie den Kopf locker nach unten hängen.

4 DER NACH OBEN SCHAUENDE HUND

Sie können danach in eine – ebenso herausfordernde wie wirkungsvolle – Haltung wechseln: in den nach oben schauenden Hund (4). Dafür senken Sie das Gesäß langsam nach unten, wobei Sie Arme und Beine gestreckt lassen. Kopf und Brustkorb wandern gleichzeitig nach vorn, die Schultern rollen nach hinten. Aktivieren Sie die Bauchmuskeln und dehnen Sie die Fersen nach hinten. Achten Sie darauf, dass Beine und Knie nicht den Boden berühren, sondern knapp darüber in der Luft bleiben. Wenn Sie spüren, dass die Belastung im unteren Rücken zu hoch wird, heben Sie das Gesäß ein wenig an. Versuchen Sie, nicht in die Schultergelenke zu sacken, sondern lassen Sie die Arme gestreckt und ziehen Sie gleichzeitig die Schultern weg von den Ohren. Sie können auch schnell zwischen den beiden Hunde-Haltungen hin- und herwechseln. Dann wird die Übung noch dynamischer.

WWW.MEDITATION-FUER-NEUGIERIGE.DE
Hier finden Sie sanfte Alternativen zum „Hund" als Video.

2

3

4

1

2

3

Balance

Wenn Sie diese Übungen nahe bei einer Wand machen, können Sie sich abstützen, falls Ihnen das lieber ist. Fokussieren Sie sich auf Ihren Atem und fixieren Sie einen Punkt auf Augenhöhe, das stabilisiert Ihre Konzentration.

Eine klassische Yoga-Übung, die das Denken klärt und im Organismus starke Energien freisetzt, ist der Krieger (4 - 5). Vielleicht fühlen Sie sich danach euphorisch und voller Tatendrang: Das liegt daran, dass die Übung aktive Körperspannung mit einem Zustand intensiver Konzentration verbindet. Das trainiert Willenskraft und Durchhaltevermögen. Bei regelmäßiger Übung lässt man sich nicht mehr so leicht ablenken und verfolgt seine Ziele konsequenter – Fähigkeiten, die der Meditationspraxis sehr zugute kommen! Der Baum hat eine beruhigende und zentrierende Wirkung. Probieren Sie beide Übungen aus, um ihre Vorteile zu testen.

1 BALANCE AUF EINEM BEIN

Eine Balanceübung zum Einstieg, die es in sich hat, obwohl sie einfach aussieht: Spreizen Sie ein Bein gestreckt ein wenig zur Seite ab und heben Sie gleichzeitig beide Arme nach oben (1). Halten Sie die Stellung für einige Atemzüge und wiederholen Sie das Ganze auf der anderen Seite. Stellen Sie Körperspannung her, indem Sie die Arme weit nach oben strecken und das Standbein fest gegen den Boden stemmen. Ziehen Sie die Schultern nach hinten und unten weg von den Ohren.

2 - 3 DER BAUM

Der Baum ist eine grundlegende Yoga-Übung, die einfacher aussieht, als sie ist. Stehen Sie locker und gerade, die Beine leicht auseinandergestellt, und verlagern Sie das Gewicht in die Fersen. Bringen Sie jetzt das Gewicht auf ein Bein. Stellen Sie die Zehenballen des anderen Beins auf und drücken Sie die Ferse an den Unterschenkel an der Innenseite des Standbeins (2). So bleiben und Balance halten.

Falls Sie etwas Schwierigeres versuchen möchten, heben Sie den Fuß (des Spielbeins) so weit, bis er auf Kniehöhe oder noch höher kommt (Beinhaltung in Bild 3). Drücken Sie dabei den ganzen Fuß an die Innenseite Ihres Standbeins.

4

5

Lassen Sie die Arme locker hängen und finden Sie für einige Atemzüge das Gleichgewicht.

Wenn Sie so problemlos stehen können, wollen Sie vielleicht noch ein bisschen mehr Herausforderung: Heben Sie die Hände und legen Sie die Handflächen vor der Brust aneinander wie bei einem Gebet. Strecken Sie die Arme langsam nach oben über den Kopf, die Handflächen bleiben aneinander, die Ellenbogen ziehen Sie nach hinten. Versuchen Sie, so ein Weilchen die Balance zu halten (3). Kommen Sie dann auf demselben Weg kontrolliert und behutsam wieder zurück. Wiederholen Sie die Übung auf der anderen Seite.

4 DER ERWACHENDE KRIEGER

Machen Sie einen Schritt von ungefähr einer Beinlänge nach vorne und strecken Sie beide Arme senkrecht nach oben, so dass die Oberarme neben den Ohren sind (4). Verwurzeln Sie die hintere Ferse und schaffen Sie einen Spannungsbogen bis in die Fingerspitzen. Beugen Sie dann das vordere Knie, bis es sich in einer Falllinie mit dem Knöchel befindet. Bleiben Sie für fünf bis zehn Atemzüge in dieser Haltung. Dann lockern Sie sich und wiederholen die Übung auf der anderen Seite.

5 DER FLIEGENDE KRIEGER

Sie können an den „erwachenden Krieger" folgende anspruchsvolle Übung direkt anschließen: Kippen Sie den Oberkörper aus dem erwachenden Krieger heraus langsam nach vorne und verlagern Sie das Gewicht auf den vorderen Fuß. Achten Sie darauf, dass Arme und Oberkörper in einer Linie bleiben. Heben Sie das hintere Bein vom Boden und kippen Sie so weit nach vorne, bis Ihr Oberkörper in einer waagrechten Position ist. Auch das hintere Bein ist nun waagrecht nach hinten gestreckt (5). Stemmen Sie das Standbein fest in den Boden und versuchen Sie, beide Hüften auf der gleichen Höhe zu halten. Verwurzeln Sie die Ferse im Boden und achten Sie darauf, das Knie nicht zu überstrecken. Wenn es zu anstrengend wird, richten Sie sich langsam und kontrolliert wieder auf, bis Sie das hintere Bein wieder auf den Boden stellen können. Wiederholen Sie die Übung zwei bis drei Mal auf jeder Seite.
Tipp: Nicht an Balance denken! Richten Sie Ihre Aufmerksamkeit auf den Körper. Bauen Sie bewusst Körperspannung auf, indem Sie sich in drei verschiedene Richtungen strecken: Die Arme nach vorn, das hintere Bein nach hinten und das Standbein gegen den Boden. Dadurch verlagert sich Ihr Schwerpunkt automatisch in den Beckenbereich, und Sie stehen sicherer. Keine leichte Übung – macht aber großem Spaß.

1

Wahrnehmung und Ausgleich

Fehlhaltungen und Verspannungen im Rücken haben oft damit zu tun, dass wir die Stellung unserer Wirbelsäule nicht gut genug wahrnehmen können, nicht selten mit schmerzhaften Folgen.

Aber so weit muss es gar nicht erst kommen: Mit ein paar einfachen Übungen können wir lernen, die Achtsamkeit auf die Wirbelsäule zu richten. Mit einiger Übung können Sie Ihre Körperwahrnehmung dabei so verfeinern, dass Sie sogar die einzelnen Wirbel spüren. Das kann eine große Unterstützung für Sie sein, um bei der Sitzmeditation eine aufrechte Haltung beibehalten zu können. Außerdem bemerken Sie mit der Zeit schon vorher, wenn sich Verspannungen oder Fehlhaltungen anbahnen.

1 DIE PERLENKETTE HÄNGEN LASSEN

Stehen Sie aufrecht. Ihre Füße stehen schulterbreit nebeneinander, die Knie sind leicht gebeugt, die Arme hängen locker neben dem Körper. Beugen Sie den Kopf langsam nach vorn, bis das Kinn die Brust berührt. Dann beugen Sie langsam die Wirbelsäule nach vorn, Wirbel für Wirbel, von oben nach unten. Lassen Sie die Arme locker hängen und die Knie leicht gebeugt. Beugen Sie sich nach vorne, soweit Sie können. Sie können sich jetzt richtig hängen lassen: Lockern Sie Schultern, Kiefer, Wangen und Hände, schütteln Sie dafür vielleicht den Oberkörper ein bisschen aus. Spüren Sie, wie die Schwerkraft Ihren Oberkörper nach unten zieht und dabei von Verspannungen befreit. Wahrscheinlich bemerken Sie eine Dehnung an der Rückseite der Oberschenkel. Wenn Sie Schmerzen im Rücken bekommen, stützen Sie die Hände auf einem Stuhl ab. Wenn Sie ohne Probleme hängen können, fassen Sie mit den Händen die gegenüberliegenden Ellbogen, um den Schultergürtel zu lockern.

Richten Sie sich nach einer Weile wieder langsam und Wirbel für Wirbel auf: erst das Becken, dann nach und nach die Wirbelsäule, zum Schluss der Kopf. Wiederholen Sie die Übung einige Male. Mit der Zeit verfeinert sie Ihre Wahrnehmung für die Position und Beweglichkeit einzelner Wirbel.

2

3

2 DIE PERLENKETTE HEBEN

Auch diese Übung hilft dabei, die eigene Wirbelsäule Wirbel für Wirbel zu fühlen und so die Körperwahrnehmung zu verfeinern. Legen Sie sich dafür bitte auf keinen Fall eine Decke oder ähnliches unter den Kopf. Das würde einen Knick im Nacken erzeugen und sich ungünstig auf die Wirbelsäule auswirken.

Legen Sie sich auf den Rücken und stellen Sie die Füße nah am Gesäß etwa hüftbreit voneinander entfernt auf den Boden. Die Arme liegen mit den Handflächen nach unten entspannt neben dem Körper. Stellen Sie sich Ihre Wirbelsäule als eine Kette vor, auf der 24 Perlen aufgefädelt sind. Beginnen Sie nun, während Sie langsam einatmen, diese „Perlen“ einzeln nacheinander vom Boden zu heben. Fangen Sie mit dem Becken an, dann heben Sie den unteren Rücken usw. Rollen Sie so weit nach oben, bis Sie auf den Schulterspitzen stehen und der Nacken gedehnt wird.
Strecken Sie den Brustkorb und das Becken so weit wie möglich nach oben und halten Sie die Stellung für einige Atemzüge. Kommen Sie anschließend mit einem langsamen Ausatmen wieder Wirbel für Wirbel auf den Boden zurück. Wiederholen Sie die Übung mehrere Male hintereinander und spüren Sie zwischendurch der Wirkung nach.

3 PÄCKCHEN

Nach der „Perlenkette“ ist es sehr günstig, zum Ausgleich das „Päckchen“ zu machen. Sie wirken der Streckung des Rückens durch die „Perlenkette“ entgegen, indem Sie die Knie mit den Händen zum Brustkorb ziehen und gleichzeitig den unteren Rücken fest in den Boden drücken – also das genaue Gegenteil eines Hohlkreuzes machen. Dadurch wird der untere Rücken in die entgegengesetzte Richtung gedehnt wie bei der Perlenkette. Versuchen Sie auch einmal, die Knie ein bisschen weiter auseinander zu nehmen und seitlich neben den Brustkorb zu ziehen. Dadurch öffnen und mobilisieren Sie gleichzeitig die Hüfte. Wenn Sie den Rücken noch stärker lockern möchten, können Sie zusätzlich langsam nach rechts und links schaukeln und dadurch die Muskeln neben der Wirbelsäule massieren.

Das „Päckchen“ dient nicht nur als Gegenstellung zur Perlenkette, sondern hat auch für sich genommen eine wohltuende Wirkung, da es dem Hohlkreuz entgegenwirkt. Ein leichtes Hohlkreuz entspricht der natürlichen Haltung des Menschen, aber wenn es zu stark ausgeprägt ist, kann das zu Beschwerden im unteren Rücken führen. Gegen Verspannungen in diesem Bereich ist das „Päckchen“ die perfekte Übung.

Für „tönende Wesen“: der Klang im Kopf

Der Klang einer metallenen Schale hält lange an; erst in schnelleren, dann immer langsamer werdenden Schwingungen breitet er sich aus, bis er den ganzen Kopfraum ausfüllt. Dunkle Vokale vibrieren eher unten im Körper, helle eher oben. Der Ton einer Klangschale kann so feine Vibrationen erzeugen, dass Sie förmlich spüren, wie das Wasser in Ihren Körperzellen in Schwingungen gerät.

Stehende Klänge schalten den Kopf aus. Es ist wichtig, dass es hier weder Text noch Melodie gibt, denn dabei läuft die Denkmaschine auf Hochtouren: Welcher Ton kommt als nächster? Wie ging gleich wieder der Text? Deshalb sind musikalische Kompositionen gleich welcher Art kein geeigneter Einstieg in die Achtsamkeitsmeditation: Sie bieten Inhalte, Geschichten, ein Konzept – also eine ständige Interpretation der Welt, von der man sich in der Meditation ja für eine Weile befreien will.

Alles, was existiert, schwingt mit einer bestimmten Frequenz – auch Menschen sind „tönende Wesen“: Das Wort „Person“ ist vermutlich aus dem lateinischen „personare“ (durchtönen) entstanden. In der fernöstlichen Tradition haben Klang und Vibration einen besonderen Stellenwert: Die Silbe „Om“ steht bei Hindus und Buddhisten für den Urklang, aus dessen Vibration das gesamte Universum entstanden ist. Klangschalen waren ursprünglich ein Gebrauchsgegenstand, bevor sie in Ritualen verwendet wurden. Der Klang lenkt die Achtsamkeit über Vibration auf den eigenen Körper und unterbricht dadurch Denkprozesse.

Die Klangmeditation eignet sich gut zur Vorbereitung auf Stresssituationen, etwa Prüfungen, wird aber heute auch im medizinisch-therapeutischen Bereich eingesetzt – von der Geburtsvorbereitung über die Schmerz- und Krebstherapie bis zur Sterbebegleitung. Dabei werden Patienten in einen Zustand der Tiefenentspannung versetzt. So können sie Stress und Schmerz leichter bewältigen. Auch die Klangmassage und die Musiktherapie nutzen die wohltuende Wirkung von Klang und Vibration auf unser Befinden. Der Berliner Instrumentenbauer Bernhard Deutz konstruiert in seiner Klangwerkstatt Instrumente für eine ganzheitliche Klangwahrnehmung, etwa die Körpertambura oder den Klangstuhl. Diese Saiteninstrumente erzeugen ein stehendes Klangspektrum. Während man in dem Klangstuhl sitzt, ermöglichen die Vibrationen die Klangrezeption im ganzen Körper – das geht weit über das bloße Hören hinaus.

Klang bedeutet in der Meditation aber nicht unbedingt immer Ruhe und Entspannung. Das scharfe Klacken der Klanghölzer zum Beispiel (Bild oben) signalisiert Zen-Mönchen Beginn und Ende der Sitzmeditation. Zen-Meister benutzen oftmals scharfe und unvermutete Geräusche, um Schülern, die kurz vor der Erleuchtung stehen, durch den Schreck einen „letzten Schubs“ zu geben.

Sind Sie empfänglich für Klänge? Probieren Sie es doch einmal: Klangschalen haben eine besonders intensive Wirkung. Setzen Sie sich in Ihrer Meditationshaltung hin und schlagen Sie mit einem Klöppel an die Schale. Erkunden Sie die feinen höheren Töne, die sich über dem tieferen Grundton entwickeln. Nehmen Sie sich die Zeit, dem ausklingenden Ton nachzulauschen, bis er immer feiner wird und schließlich im Nichts verschwindet.

Für Ihre Meditationspraxis können Sie die Schale nutzen, um sich zu Beginn der Sitzung einzustimmen. Dazu stellen Sie sie an Ihrem Meditationsplatz so auf, dass Sie sie bequem aus Ihrer Meditationshaltung heraus anschlagen können.

MEHR INFORMATIONEN IM INTERNET

Unter www.Meditation-fuer-Neugierige.de finden Sie ein Interview mit dem Instrumentenbauer Bernhard Deutz und Hörproben von Klangschalen.

Harmonie und Rhythmus: Mantra

Im Hinduismus und Buddhismus sind Mantren ein wichtiger Teil der spirituellen Praxis – zum Beispiel als rituelle Formeln beim Gottesdienst oder für die Meditation. Die Silben und Sätze der traditionellen Mantren gelten als heilige Aussagen, ähnlich dem christlichen Gebet.

In der buddhistischen Meditation sollen sie dabei helfen, den Geist auf ein bestimmtes Meditationsobjekt auszurichten. Das Mantra „Om mani padme hum" („Heil dem Juwel im Lotus") zum Beispiel stammt aus dem tibetischen Buddhismus. Es drückt Mitgefühl aus und steht auf Gebetsfahnen, -mühlen und -steinen. „Om" ist der schöpferische Urlaut, die kosmische Urschwingung, die erste Form, welche aus dem Urchaos entstanden ist. Nach indischer Auffassung wohnt jedem Mantra eine Deva (Gottheit) inne.

HARMONIE UND RHYTHMUS

Die Chronomedizin – ein wissenschaftlicher Zweig, der sich mit der psychologischen Wahrnehmung von Zeit beschäftigt – weiß, dass zahlreiche Vorgänge im menschlichen Organismus rhythmisch und aufeinander abgestimmt ablaufen, zum Beispiel Schlafphasen, Herzschlag und Atmung. Chronomediziner vergleichen das mit dem harmonischen Zusammenspiel eines Orchesters. Viele physische und psychische Erkrankungen haben ihre Ursache in einer Störung dieser Harmonie, etwa durch Nachtarbeit, Vielfliegerei oder andere Stressfaktoren. Die Schwingungen, die beim Sprechen oder Singen eines Mantras entstehen, können dabei helfen, diese Rhythmen wieder in Einklang zu bringen. Auf diese Weise können Mantras das physische und psychische Gleichgewicht stärken – besonders, wenn man mit anderen gemeinsam singt. Das gemeinsame Singen kann sogar die Körperrhythmen – etwa den Herzschlag – verschiedener Personen synchronisieren und fördert die Sozialkompetenz.

Traditionell ist ein Mantra eine sehr persönliche Angelegenheit zwischen Lehrer und Schüler. Der Lehrer wählt es sorgfältig aus, sodass es den Voraussetzungen des Schülers entspricht. Sie müssen aber trotzdem nicht gleich ein tibetisches Kloster aufsuchen, um die Vorteile von Klang und Vibration zu probieren: Das oben beschriebene Singen oder Sprechen einfacher Vokale oder Summlaute kann eine gute Einstimmung für Ihre Meditationsübung sein. Es lenkt Ihre Aufmerksamkeit zum Atem und auf den Körper. Es gibt dem Atem einen gleichmäßigen Rhythmus, und dadurch synchronisieren sich auch andere Körperrhythmen wie Blutdruck und Herzfrequenz.

- Nehmen Sie Ihre Meditationshaltung ein und schließen Sie die Augen. Atmen Sie tief ein und singen Sie beispielsweise das klassische „Mmm", „Om" oder „A-u-m". Oder Sie versuchen sich mit einem Mantra ohne definierbaren Sinn wie „lam", „vam", „ram", „yam" oder „ham". Bleiben Sie auf dem Ton und spüren Sie die Vibrationen im Körper.

- Wenn man sein Mantra eine Weile auf einem gleichbleibenden Ton wiederholt, kann man den Vibrationen der Laute im Körper nachspüren. Zum Ausklang wird man immer leiser, bis das Mantra zum Schluss nur noch „innerlich" gesungen oder gesprochen wird.

- Danach dient es dem Geist als Konzentrationsobjekt. Ziel des Mantrensingens ist, den Zustand der Konzentration zum Schluss auch ohne den Klang und die Vibration des Mantras aufrecht erhalten zu können – allein, indem man daran denkt. Deswegen sollten Sie dabei auch immer leiser werden: Die Entwicklung geht vom Groben, Lauten zum Feinen, Leisen, bis man schließlich den Klang nur noch „innerlich" erfährt.

Ein Berg, viele Wege: Rosenkranz und Mala

Beim katholischen Rosenkranzgebet beginnt man am Kreuz, gleitet dann mit den Fingern an den Perlen entlang und spricht bei jeder der insgesamt 59 Perlen ein Gebet: bei jeder größeren Perle ein Vaterunser, bei jeder kleineren ein Gegrüßet seist du, Maria. Dazu kommen weitere „Glaubensgeheimnis"-Gebete. Insgesamt dürfte ein Rosenkranzgebet in voller Länge rund eine Stunde in Anspruch nehmen.

Die Rosenkranzfrömmigkeit war im Volk einmal sehr populär: Als die christliche Flotte in der Schlacht von Lepanto 1571 über die Türken siegte, verbreitete sich der Glaube, dieser Sieg sei als göttliche Erhörung des intensiven Rosenkranzbetens zu verstehen. Heute hat das Rosenkranzgebet seine Bedeutung weitgehend eingebüßt. Bei der katholischen Glaubensinformation (www.internetseelsorge.de) heißt es, vor allem jüngere Menschen fänden nur schwer Zugang zu diesem als „monoton und altmodisch" empfundenen Gebet.

WIEDERHOLUNG UND STRUKTUR

Ketten als Anlass zu Gebet und Versenkung finden sich in nahezu allen Religionen wieder, zum Beispiel bei Sufis, Zen-Buddhisten oder Hindus. Hindus und Buddhisten benutzen dazu Ketten mit 108 Holzperlen, die sogenannten Malas. Bei den Hindus stehen die Perlen für die Namen der 108 Götter, die die frommen Gläubigen auswendig wissen. Für Buddhisten symbolisieren sie die 108 Bände der Schriften Buddhas. Wie das Christentum haben diese und andere Religionen die starke sammelnde und beruhigende Wirkung auf den Geist erkannt, die durch die Kombination von Tastsinn, stiller Rezitation und Wiederholung entsteht.

Das Prinzip ist einfach. Durch die Abfolge der Kugeln und die Wiederholung der auswendig gelernten Texte bekommt der Geist eine Aufgabe, die ihn fordert, und zugleich eine rhythmische Struktur. Der Meditierende muss auf mehrere Dinge achten: Der Tastsinn konzentriert sich auf die Haptik der Ku-

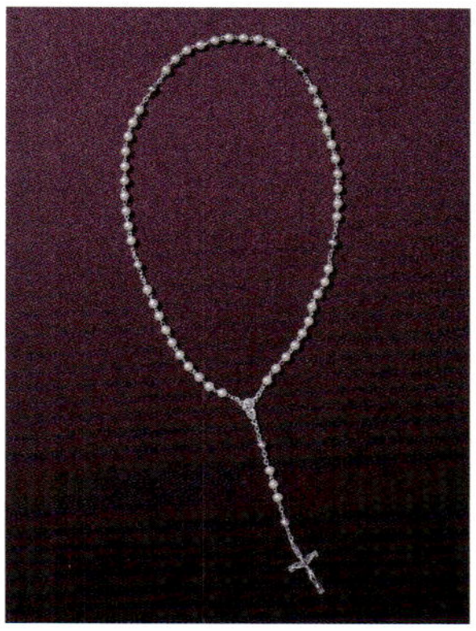

geln – so ähnlich wie das Sehen auf ein Mandala oder das Hören auf den Ton einer Klangschale. Die ständige Wiederholung verleiht dem ganzen Prozess einen meditativen Rhythmus – ähnlich dem Singen eines Mantras. Ob Rosenkranz oder Mala, das Prinzip ist gleich, nur haben sich in den Religionen verschiedene Ausformungen gebildet – ein Berg, viele Wege.

Im Rahmen dieses Buchs, das dem säkularen MBSR Konzept folgt, ist es nicht sinnvoll, hier eine konkrete Übung anzubieten. Doch vielleicht sind Sie katholisch, haben schon länger nicht mehr mit dem Rosenkranz gebetet oder damit noch keine Berührung gehabt; dann kann dies eine Anregung für Sie sein, sich auf diesem Weg mit dem Thema Meditation auseinanderzusetzen. Die Kirche regt ausdrücklich zu einem kreativen, flexiblen und den eigenen Lebenszusammenhängen angepassten Gebrauch an, um diese meditative Gebetsform wiederzubeleben.

Ruhe und Ordnung: Mandala

„Mandala" bedeutet „Kreis" in Sanskrit, der 1200 v. Chr. entstandenen Sprache der klassischen indischen Kultur. Ein Mandala ist ein symbolisches Objekt – kreisförmig oder quadratisch, immer aber symmetrisch um ein Zentrum herum aufgebaut –, das in vielen Religionen religiöse Bedeutung hat und im Buddhismus zur Meditation verwendet wird.

Mit seiner sinnlichen Präsenz und seiner logischen, sich rhythmisch wiederholenden Struktur ist es aber auch außerhalb seiner religiösen Zusammenhänge geeignet, dem Geist als Meditationsobjekt zu dienen und die Aufmerksamkeit zu zentrieren. Ein Mandala kann eine Skulptur, eine Zeichnung oder auch ein Sandbild sein, wie es tibetische Mönche in wochenlanger Arbeit herstellen, um es dann mit einem einzigen Atemhauch in alle Richtungen zu verwehen – ein sehr poetisches Bild für Vergänglichkeit. Auch im Christentum haben Mandalas Tradition: Besuchen Sie einmal eine katholische Kirche und achten Sie auf Fenster- oder Altargestaltung, Fresken oder Bodeneinlässe (wie das Detail im Mosaikboden der Aquileia-Basilika in Friaul, links im Bild) – Sie werden überrascht sein, wie viele Mandalas Sie vorfinden. Im modernen Westen werden Mandalas auch gerne in Kreativitätsseminaren eingesetzt, weil sie die Tätigkeit der für Logik zuständigen linken Gehirnhälfte auf sich lenken und so der rechten, kreativen Hälfte mehr Freiheit gegönnt ist. Auch das Zeichnen von Mandalas – sehr beliebt in Kindergärten – kann ein Weg sein, sich zu konzentrieren und zur Ruhe zu kommen.

Testen Sie zum Einstieg doch einmal, ob es Ihnen leichtfällt, auf diese Weise ruhig zu werden und sich zu sammeln: Setzen Sie sich in Ihrer Meditationshaltung und betrachten Sie das Mandala aus ungefähr ein bis zwei Meter Entfernung. Es sollte sich etwa auf Augenhöhe befinden, und die Umgebung sollte Sie nicht ablenken. Fokussieren Sie den Blick auf das Zentrum der geometrischen Struktur. Sammeln Sie Ihre gesamte Aufmerksamkeit im Mandala und lassen Sie alle anderen Wahrnehmungen in den Hintergrund treten. Wenn es zu anstrengend wird, schließen Sie für ein paar Momente die Augen. Wenn Ihre Gedanken abschweifen oder wenn Sie merken, dass Sie über das Mandala nachdenken („Aha, da ist ein Stern in der Mitte", „Sieht irgendwie so floral und organisch aus" usw.), bringen Sie Ihre Aufmerksamkeit zurück zum Sehen.

Ein Licht anknipsen

Mandalas und Mantren mögen uns fremd sein, aber die Kerze ist uns in unserer Kultur sehr vertraut, wenn es um inneres Erleben und Entspannung geht. Die brennende Kerze ist das Symbol für unsere Seele, die im Reich des Todes leuchtet; auf Gräbern stellt man Grablichter auf, um an die Verstorbenen zu erinnern. Auch der christliche Jahreskreis wird von Kerzen bestimmt: ob an Ostern, wo das Licht der Kerze das Leben und die Überwindung des Todes durch Jesus symbolisiert, oder im Advent, wo jedes neu entzündete Licht Hoffnung bedeutet. In der Tradition der Osterfeuer verbinden sich christliche mit heidnischen Ritualen.

Aber eine solche Kerzen-Meditation muss nichts mit Religion und Glauben zu tun haben: Sie ist vor allem eine recht einfache Übung auf dem Weg zur Achtsamkeit. Wer kennt das nicht, dass man plötzlich ruhig wird und selbstvergessen ins Kerzenlicht blickt? Oft reicht es schon, in einer ungemütlichen Umgebung eine Kerze anzuzünden, und schon fühlen wir uns ein bisschen besser. Es ist eine archaische Faszination, die von der Flamme ausgeht.

Suchen Sie sich einen ruhigen Ort, an dem Sie sich wohlfühlen. Sie können den Raum etwas abdunkeln. Stellen Sie die Kerze auf einen Untersatz auf Augenhöhe oder etwas tiefer und zünden Sie sie an. Setzen Sie sich in ein bis zwei Meter Entfernung und blicken Sie auf die Flamme.

Versuchen Sie, nur zu sehen. Es werden immer wieder Gedanken oder Gefühle kommen („Das erinnert mich an letzte Weihnachten – da hatten wir weiße Kerzen – da gab's den besten Lachs, den ich je gegessen habe ...") – aber sobald Sie sich ihrer bewusst werden, kehren Sie mit Ihrer Aufmerksamkeit zur Flamme zurück. Richten Sie Ihre Aufmerksamkeit so intensiv wie möglich darauf.

Probieren Sie aus (etwa für 5 - 10 Minuten), ob Sie sich damit gut konzentrieren können. Wenn Sie damit spürbar ruhiger werden, kann diese Methode für Sie geeignet sein, um einen Übergang aus dem Alltag zu schaffen und sich auf die Meditationssitzungen einzustimmen.

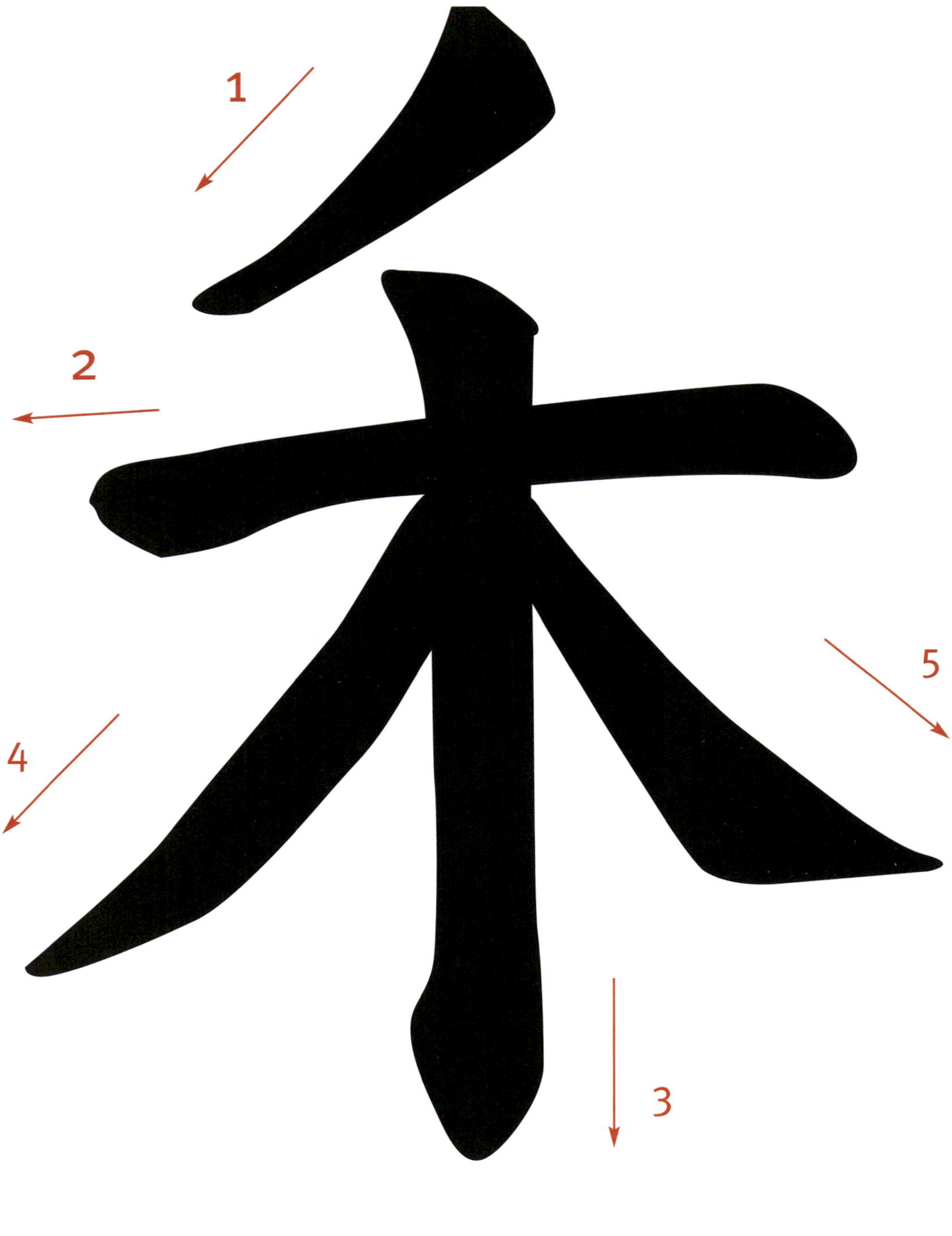
1
2
4
5
3

Ein ruhiger Geist führt eine ruhige Hand

Mit der Hand zu schreiben, ist für uns eine alltägliche Tätigkeit, auf die wir nicht besonders achten. Dabei erfordert eine gleichmäßige Handschrift ein hohes Maß an mentalen und motorischen Fähigkeiten. In der fernöstlichen Schriftkultur ist diese Einsicht stark verankert. Die Kalligraphie fördert die Konzentration und gilt in China und Japan seit Jahrtausenden als eine hohe Kunst.

Fernöstliche Kalligraphiemeister widmen sich oft viele Jahre lang einem einzelnen Zeichen mit dem Ziel, die perfekte Harmonie herzustellen. Zur Stärkung Ihrer Konzentration müssen Sie keine Meisterschaftsambitionen entwickeln – entscheidend ist, dass Sie sich voll und ganz auf die Führung des Pinsels fokussieren.

Chinesische Schriftzeichen sind Piktogramme mit einer bildlichen Bedeutung. Das Zeichen in unserem Beispiel steht für „Getreide“: Es stellt eine Pflanze dar, die vom Gewicht ihrer reichen Ähren nach unten gezogen wird. In der fernöstlichen Tradition birgt dieses Bild ein weises Gleichnis: Je reicher ein Mensch an Bildung, Intelligenz und Kultur ist, desto mehr zieht ihn die Last des Wissens und der Erkenntnis nach unten; desto bescheidener wird er.

Sie brauchen einen kleinen Pinsel, etwas Tusche und viele Blätter Papier. Bringen Sie die einzelnen Striche immer in der angegebenen Richtung, in gleichmäßig fließender Bewegung und ohne abzusetzen auf das Papier. Setzen Sie das Zeichen in der angegebenen Reihenfolge zusammen. Wenn Sie sich in das Zeichnen versenken und es für eine ganze Weile wiederholen, werden Sie irgendwann das Gefühl haben, dass Ihre Hand besser weiß als Sie, was getan werden muss.

Sie können diese kleine Übung auch über längere Zeit zu einem Projekt ausdehnen. Füllen Sie nach und nach gleichmäßig eine lange Papierbahn; so entsteht ein Blatt, das, an der Wand aufgehängt, wiederum als Meditationsobjekt dienen kann.

Das Gute im Leben

WIE VIEL GUTES GIBT ES IN MEINEM LEBEN?

Hier ist eine buddhistische Übung für Sie, die es in sich hat: Sie verlangt nämlich tatsächlich von uns, dass wir darüber nachdenken, wie gut es uns geht. Schwer! An welchen Punkten unser Leben keineswegs ein Rosengarten ist, kann jeder von uns sofort herunterleiern, aber – gut?

Allerdings ist damit nicht gemeint, dass wir uns im Sinne eines zwanghaft „positiven Denkens" die Dinge schönreden sollen. Es führt nicht zu Selbsterkenntnis, sich durch Suggestion Stärken oder Chancen einzureden, an die man nicht wirklich glaubt oder die man nicht hat. Diese Übung will nicht, dass Sie sich selbst beschummeln. Sie will Ihnen eine Anregung geben, die Dinge einmal von einer anderen Warte aus zu betrachten.

Nehmen Sie Ihre Meditationshaltung ein und überlegen Sie: Wie gut geht es mir in Hinblick auf

- Essen
- Gesundheit
- Freiheit
- Geld
- Zugang zu Bildung
- Familie
- Freundschaft
- Liebe
- Nähe usw.

Sie können diese Reflexion öfter – jeden Morgen oder vielleicht auch nur einmal im Monat – wiederholen. Wenn man sie sich zur Gewohnheit macht, kann sie erfreuliche Effekte auf die eigene Zufriedenheit haben und uns eine positivere Grundhaltung zur Gewohnheit machen.

WIE VIEL GUTES BEWIRKE ICH IN MEINEM LEBEN?

Noch eine Übung, die Sie vielleicht erstaunen wird. Es geht darum, zu erwägen, welche positiven, hilfreichen und heilsamen Handlungen Sie in Ihrem Leben schon geübt haben. Das können ganz alltägliche Dinge sein – als Mitmensch, als Ehepartner, Elternteil, Kollege, Mitbürger. In welcher Weise ist es gut und förderlich für den Partner, andere Menschen, die Welt, dass man auf ihr lebt? Wie wertvoll ist das, was wir tun oder einmal getan haben?

Kontemplieren Sie zum Beispiel über folgende Fragen:

- Wie habe ich einmal jemandem geholfen oder einen Gefallen getan?
- Wie und wann habe ich andere Menschen positiv beeinflusst?
- Wann habe ich einmal etwas Schlimmes verhindert, was war es?
- Wann habe ich einmal jemandem ein Lächeln geschenkt, als er es gerade brauchte?
- Wann habe ich einmal jemandem eine Freude gemacht, etwas Nettes gesagt oder ein Kompliment gemacht?
- Wann war ich einmal großzügig und wie?
- Wann habe ich zuletzt jemand anderen gelobt oder unterstützt?
- Wann habe ich einem Menschen Halt gegeben, als er es brauchte?

Achten Sie darauf, nicht in Gedankenketten zu versinken, sondern immer wieder zu den Themen Ihrer Kontemplation zurückzukehren.

Das Nachdenken in diesen beiden Übungen bewirkt keine sehr tiefe Konzentration wie einige der anderen Übungen in diesem Kapitel. Aber sie sind geeignet, uns und die Welt einmal in einem anderen, positiveren Licht zu sehen. Dabei geht es auch um Freude und Dankbarkeit für das, was wir haben und für das, was wir sind.

„Zeigen Sie mir Mu!“

„DER VERSUCH, AUF EIN KOAN VERNÜNFTIG ZU ANTWORTEN, IST WIE DER VERSUCH, MIT DER FAUST DURCH EINE EISENWAND ZU FAHREN. WAS SIE IN WIRKLICHKEIT HERAUSZUFINDEN VERSUCHEN, IST: WAS IST MEIN WAHRES SELBST?“

So hört es sich an, wenn Zen-Meister Yasutani Roshi einem Schüler eine Anweisung erteilt (zitiert aus dem sehr empfehlenswerten Buch „Die drei Pfeiler des Zen“ von Philip Kapleau, siehe Literaturliste im Anhang):

„Wenn Sie bei einem anderen Roshi (Zen-Meister) zum Dokusan (Zwiegespräch mit dem Meister) so erscheinen würden, wie Sie es jetzt tun, so würde er Sie anherrschen: 'Zeigen Sie mir Mu!' Wenn Sie es ihm nicht zeigen könnten, würde er Sie warnen, nicht eher wiederzukommen, als bis Sie es ihm zeigen könnten. In Ihrer Verzagtheit würden Sie Ausreden finden, um dem Dokusan fernzubleiben aus Furcht, ausgescholten zu werden, weil Sie noch keine wirkliche Antwort auf Mu wissen. Wenn Sie aber nicht freiwillig gingen, würden Sie von den Mönchs-Ältesten von Ihrem Sitz hochgerissen und zum Dokusan geschoben und geschleift. Da Sie nicht mehr aus noch ein wüssten, könnte es geschehen, daß Sie aus schierer Verzweiflung die Antwort auf Mu hervorbringen. Aus mancherlei Gründen wenden wir hier keine derartigen Methoden an. Üben Sie jedoch diesen Druck auf sich selbst aus. Erscheinen Sie hier vor mir mit dem Gefühl, dass Sie die Wahrheit von Mu demonstrieren werden, komme, was da wolle. Gehen Sie jetzt auf Ihren Platz zurück und tun Sie Ihr Bestes!“

Das kommt Ihnen rigide vor? Der Zen-Meister hat dem Schüler ein Koan aufgegeben, eine Aufgabe, deren Lösung den Schüler zur Erleuchtung führen soll. Es lautet: „Ein Mönch fragte einen Zen-Meister: 'Hat ein Hund Buddhanatur oder nicht?' Der Meister antwortete: 'Mu'. (Mu bedeutet soviel wie „nichts“ oder „nicht“). Und ich frage dich jetzt: Was ist Mu?“

Das kommt Ihnen sinnlos vor? Auf logischer Ebene ist es das auch, denn ein Koan ist kein „Rätsel“, das sich mit dem Verstand lösen ließe. Dafür muss der Schüler im Gegenteil einen intuitiven Sprung machen, um eine andere Ebene des Begreifens zu erreichen. Er soll keine „Auslegung“ oder eine Erläuterung liefern, sondern eine innere Erfahrung machen, die er über die Meditation erreichen kann. In den persönlichen Gesprächen mit dem Meister berichtet der Schüler darüber, was er in der Meditation über sein Koan herausgefunden hat. Am Verhalten des Schülers – vielleicht nur einer Geste oder einem Gesichtsausdruck – erkennt der erfahrene Meister dann, ob sein Schüler auf dem Weg des Zen Fortschritte macht. Übrigens brauchen wir hier keine Antwort auf „Was ist Mu?“ zu zitieren, denn die Einsichten der Schüler wirken auf den Laien oft noch unverständlicher als das Koan selbst.

MIT JEDEM KNOCHEN, JEDER PORE

Gerade bei fortgeschrittenen Schülern, die kurz vor der Erleuchtung stehen, wenden japanische Zen-Meister oft rigide Methoden an: Die Schüler werden geschlagen oder durch laute Geräusche erschreckt, um den entscheidenden Schritt auszulösen, ihnen sozusagen einen Schubs in Richtung Erleuchtung zu geben. In den Klöstern wird zu diesem Zweck ein großer psychischer Druck erzeugt: „Wenn Du die Schranke passieren willst, musst Du mit jedem Knochen in Deinem Körper, jeder Pore in Deiner Haut arbeiten, erfüllt von der Frage: 'Was ist Mu?', und sie Tag und Nacht mit Dir umhertragen ... Es ist nicht das Nichts als Gegensatz zur Existenz. Wenn Du wirklich diese Schranke passieren willst, sollte Dir zumute sein, als hättest Du einen heißen eisernen Ball in der Kehle, den Du weder schlucken noch ausspeien kannst. Dann verschwindet Dein bisheriges niedriges Wissen.“ (Paul Reps, Ohne Worte, ohne Schweigen, siehe Literaturliste im Anhang).

Der Zen-Buddhismus begreift die Welt als ein ungeteiltes zusammenhängendes Ganzes, in dem alles mit allem verbunden ist. Es gibt im Buddhismus kein „Ich“: Unser Ego, unsere ganze, ein Leben lang durch die Identifikation mit verschiedenen Teilaspekten unserer Existenz aufgebaute Persönlichkeit, ist für Buddhisten nur eine Illusion, der wir anhängen, die uns aber nicht glücklich macht. Denn alles Leid rührt vom Ich: Es haftet an angenehmen Erfahrungen und wehrt sich gegen Unangenehmes. Es sehnt sich nach Glück, Sicherheit und Beständigkeit – und weiß doch, dass nichts bleibt.

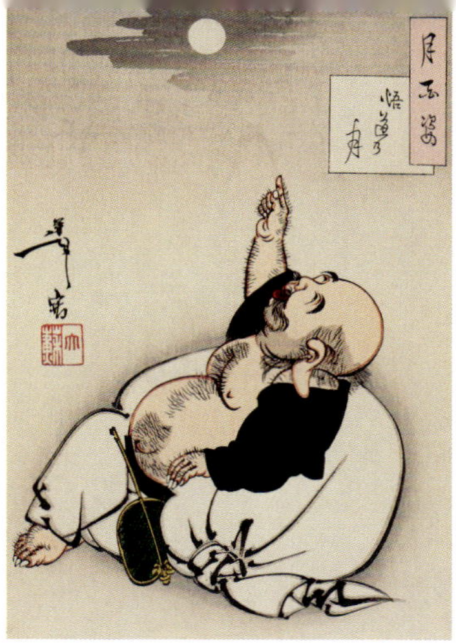

Wenn wir die Schichten von Meinungen und Ansichten, sozialen Rollen und Emotionen wie beim Schälen einer Zwiebel von uns wegnehmen, bleibt kein substanzieller Kern übrig. Bei einem Erleuchtungserlebnis macht der Meditierende die Erfahrung, dass das individuelle Bewusstsein sich zusammen mit dem Meditationsobjekt vollständig auflöst. Dann erkennt er Nirwana, das „Ungeschaffene", seine „Buddha-Natur". Zen-Mönche widmen diesem Ziel ihr Leben.

Aber diese Erkenntnis ist nicht so einfach zu gewinnen, denn natürlich wehrt sich das Ego nach Kräften dagegen. Und das tut es, indem es den sicheren Hafen der Logik und des Intellekts nicht verlassen will. Wir haben die Welt so schön in Gegensätze eingeteilt: ich und du, wahr und falsch, gut und böse ... aber solche Gegensätze sind Abstraktionen und haben kaum etwas mit der lebendigen Realität zu tun. Unsere sprachlichen und intellektuellen Systeme zwingen die Welt in stark vereinfachende Beschreibungen. Sie tun so, als würden sie uns erklären, was um uns herum vorgeht. Mit Gegensätzen und Begriffen verzerren wir die Wirklichkeit, anstatt sie zu enthüllen.

WO SITZT DAS BEWUSSTSEIN?

Wenn der Schüler mit seinem Lehrer also auf Vernunftebene argumentiert und herumdiskutieren will, weiß der Lehrer, dass er noch nicht so weit ist. Deswegen üben die Mönche, das auf Gegensätzen basierende logische Denken zu überwinden und aufzulösen. Koans stellen den Intellekt vor ein Problem, das er nicht lösen kann. Wenn wir uns intensiv damit beschäftigen, werden uns so die Grenzen des rationalen Denkens bewusst. Vorurteile und Gegensätze lösen sich auf – bis hin zur Unterscheidung zwischen „Ich" und „Welt". Koans lassen sich nur aus dem Bauch bearbeiten, im „Hara". Dieses japanische Wort bedeutet Bauch und Unterleib. Seine spirituelle Bedeutung meint ein seelisches Energiezentrum unterhalb des Bauchnabels, in dem sich die Kräfte von Himmel und Erde verbinden. Japanische Zen-Schüler werden angehalten, ihre Aufmerksamkeit auf das Hara zu richten, um dieses Energiezentrum zu aktivieren und dort den Mittelpunkt des geistigen und körperlichen Gleichgewichts zu schaffen. Gerade im Westen sind wir normalerweise der Ansicht, dass das Bewusstsein im Kopf sitzt – im Zen-Buddhismus kann es hingegen an jeder Stelle des Körpers sein. Das Bewusstsein in den Körper zu verlagern, hilft, die Vorstellung eines rein rationalen Denkens zu überwinden.

Die Arbeit mit einem Koan ist nur im Dialog mit einem Zen-Lehrer möglich. Schließlich kann die Lösung nicht begrifflich ausgedrückt werden. Sie äußert sich vielleicht in einem Blick oder sogar in Sprachlosigkeit und fällt bei jedem anders aus. Ob sie echt ist, kann nur jemand beurteilen, der selbst schon das Ziel der Erleuchtung erreicht hat – und das funktioniert nur im lebendigen Gespräch. Aus diesem Grund bietet Ihnen dieses Buch keine „Bonsai-Koan-Übung" an. Aber falls Sie dieser höchst herausfordernde Weg interessiert, können Sie sich auch im Westen einen Lehrer und Ihr persönliches Koan suchen (siehe zum Beispiel: www. kwanumzen.de). Noch ein Lesetipp: Eine der berühmtesten Koan-Sammlungen ist „Die torlose Schranke - Mumonkan" (Kösel).

Hier einige Beispiele für Koans:

- Was ist der Ton einer klatschenden Hand?
- Wenn du sagst, dies ist ein Fächer, dann bekommst du dreißig Stockschläge. Wenn du sagst, dies ist kein Fächer, dann bekommst du auch dreißig Stockschläge. Wie nennst du es also?
- Eine Frau geht über die Straße. Ist sie die ältere oder die jüngere Schwester?

Ein im Zen beliebter Vergleich besagt, dass begriffliche Hilfestellungen einem Finger gleichen, der auf den Mond zeigt. Der Finger ist nicht selbst der Mond. Trotzdem kann er uns dabei helfen, den Mond zu erkennen. Genau so verhält es sich auch mit Koans: Selbst nur Sprache, können Sie uns den Weg zeigen zu einer höheren Ebene der Erkenntnis, deren Einsichten sich den Möglichkeiten des sprachlichen Ausdrucks entziehen.

WIE MAN AUF DEN GRUND DES WASSERS BLICKT: ANLEITUNG ZUR MEDITATION

Jetzt wird es ernst: Sie machen zuerst ein kleines Experiment, lernen dann die Methoden kennen, wie man mit Gefühlen und Gedanken in der Meditation umgeht, und bekommen schließlich kurze und einfache Anleitungen für Body-Scan, Sitzmeditation und Gehmeditation.

Wie man auf den Grund des Wassers blickt

Dieses Foto zeigt Zen-Meister Othmar Franthal in der Meditationshalle im Franziskanerkloster in Dietfurt. Nach einem schweren Unfall und darauffolgendem langen Krankenhausaufenthalt als 19-Jähriger hat er sich die Frage nach den wirklich wichtigen Dingen im Leben gestellt, und so kam er zur Meditation. Vom 20. Lebensjahr an übt er sich in regelmäßiger Zen-Praxis. Eine Reportage über das Kloster Dietfurt können Sie auf Seite 140 nachlesen.

Wir zeigen das Foto, das er uns freundlicherweise zur Verfügung gestellt hat, zu Beginn des Meditationskapitels, weil es einen Eindruck vermittelt von dem Zustand der tiefen Stille, der Präsenz und des Friedens, mit dem der Praktizierende nach einiger Übung belohnt wird.

„Die große Symphonie"

Die meditative Weisheit des Ostens den Menschen im Westen zugänglich zu machen, ist die große Lebensaufgabe von Dr. Jon Kabat-Zinn. Der renommierte amerikanische Wissenschaftler hat viel dazu beigetragen, die Meditations- und Achtsamkeitspraxis weltweit in Medizin und Gesellschaft bekannt zu machen. Sie finden hier die Mitschrift eines Workshops, den er für Mitarbeiter des US-Suchmaschinenunternehmens Google gegeben hat und den wir mit seiner freundlichen Genehmigung in diesem Buch verwenden dürfen. In der knappen Stunde seines Vortrags umspannt er das ganze Thema Meditation mit großer Überzeugungskraft und persönlicher Ausstrahlung.

Jon Kabat-Zinn begrüßt sein Publikum, Mitarbeiter des Suchmaschinenunternehmens Google, die ihm in einem Seminarraum gegenübersitzen.

„Was machen wir heute? Es geht hier eigentlich nicht darum, etwas zu machen. Es geht darum zu sein. Bei uns Amerikanern geht es immer um das Machen und Erledigen und das Auskreuzen auf der To-do-List. Aber das kann tragisch sein. Nicht nur, weil wir dadurch so gehetzt sind, sondern weil wir dadurch den Kontakt verlieren zu dem, der das alles tut.
Und wir machen, erledigen und tun das alles, ohne unser Instrument zu stimmen. Es ist, wie wenn Orchestermusiker Beethoven spielen, ohne vorher ihre Instrumente zu stimmen. Meditation ist wie sein Instrument zu stimmen, bevor man auf die Straße geht. Und es kann einen Riesen-Unterschied machen, wie der ganze Tag verläuft, wenn man ihn auf diese Weise beginnt; und das nicht mal in Hinsicht auf einen Gewinn an Sensibilität oder Fantasie, sondern auch ganz weltlich und praktisch.

Stille, Nichtstun, Selbstreflexion – die Werte unserer Kultur sind dergestalt, dass wir darin etwas Unerlaubtes, Gefährliches vermuten. Es scheint uns zutiefst unamerikanisch zu sein. Dabei ist es ein Zeichen für geistige Gesundheit. Wo kommen denn wissenschaftliche Erkenntnisse her? Aus dem menschlichen Geist, und zwar oft mitten in der Nacht. Es ist der Moment, in dem man nichts mehr erzwingt, sondern loslässt. Und dann öffnet man seinen Geist, seine Intuition, Kreativität – ich nenne es Achtsamkeit. Und diese geht weit über das Denken hinaus. Leider werden wir darin nicht geschult. Wann hatten Sie zuletzt einen Kurs in Achtsamkeit? Höchstens der Ruf 'Pass auf!' des Lehrers, wenn du aus dem Fenster guckst – so, als wäre Aufmerksamkeit eine Art militärische Disziplin. Überall herrscht ein Mangel an Ruhe, Aufmerksamkeit und Achtsamkeit. Die ganze Gesellschaft leidet unter ADS. Immer nur machen, niemals sein. Wir denken, das Machen löst alle Probleme, auch den gordischen Knoten. 'Meine Frau hat mich verlassen.' Warum? 'Keine Ahnung – eines Tages war sie weg.' War ihr Verschwinden vielleicht das erste Symptom? Das ist doch ein völliger Mangel an Aufmerksamkeit. Und für Achtsamkeit brauchen wir nicht mehr Zeit! Achtsamkeit ist unendlich vorhanden, in jedem Moment, sie ist unendlich verfügbar.

Es geht übrigens nicht darum, dass es einem besser geht, wenn man meditiert. Deshalb muss man auch nicht zu sich selbst sagen: 'Mein Gott, ich muss heute unbedingt eine Stunde freiräumen, um zu meditieren, damit ich samuraimäßig ruhig und stark und gelassen werde.' Das ist nur Erfolgsdenken, und es idealisiert das Ganze. Nichts tun heißt einfach: nichts tun. Den Anspruch aufgeben, dass irgend etwas passieren soll. Für mich ist das ein Akt der Liebe und der geistigen Gesundheit und Integrität.

Einer meiner Schüler, ein begabter Wissenschaftler, sagte zu mir: 'Ich will nicht meditieren, denn wenn ich das tue, werde ich meinen Verstand verlieren, an dem ich so hart gearbeitet habe. Damit habe ich mein bisheriges Leben verbracht.' Und ich antwortete: 'Ja – aber du wirst zur Besinnung kommen.' Er hatte wohl Angst, er würde dann eines Tages an einem Strand sitzen und die Trommel schlagen oder so. Heute ist er ein engagierter Meditierender. Und es hat ihn nicht dümmer gemacht.

Meditation ist ein Abenteuer. Es geht darum, herauszufinden, wer man eigentlich ist. Es geht um Werte in meinem Leben. Es geht nicht um Ziele und wohin sie einen bringt. Es gibt kein Dort. Es gibt nur Hier. Wir wollen immer von hier nach da, haben so viele Modelle und Pläne für die Zukunft. Aber wenn wir nicht wissen, was hier ist ... wer bin ich dann? Was bin ich? Sie denken, Sie wissen, wer Ihre Kinder sind? Oder mit wem Sie schlafen? Vergessen Sie's. Wir haben nur Projektionen auf die Menschen, mit denen wir leben – es geht immer um 'Ich'. Es ist immer nur die Geschichte über mich, mich, mich, wie depressiv oder wie toll ich bin.

Dr. Jon Kabat-Zinn erforscht seit 1979 Meditationsmethoden zur Stressreduktion. Der 1944 geborene Molekularbiologe entwickelte die klinisch erprobte Methode der Achtsamkeitsmeditation MBSR (Mindfulness Based Stress Reduction), die in den Gesundheitsinstitutionen weltweit zunehmend an Bedeutung gewinnt. Hunderttausende von Menschen haben bereits an MBSR-Kursen teilgenommen.

Wir haben nur diesen Moment, in dem wir leben können. Zukunft und Vergangenheit sind Konzepte. Es gibt nur Jetzt. Lasse Dich in diesem Moment nieder, wir müssen nirgendwo hinkommen, kein großer Meditierender werden. Wir haben Empfindungen im Mund. Kontakt mit dem Hocker und unserem Atem. Wenn das Atmen vom bewussten Denken abhängig wäre, wären wir schon tot, denn wir wären zu beschäftigt und würden gar nicht merken, wenn wir es vergessen. Unser Nervensystem ist viel zu klug, um das Atmen der bewussten Kontrolle zu überlassen."

Kabat-Zinn kündigt seinen Zuhörern an, er werde jetzt eine geführte Meditation machen. Kabat-Zinn und die Zuhörer im Seminarsaal schließen die Augen.

„Wir wenden uns also unserem Atem zu, ohne ihn absichtlich zu beeinflussen. Falls Sie krumm sitzen: Es gibt eine natürliche Haltung, die gerade ist und eine gewisse Würde hat. Lassen Sie uns sehen, ob wir den Atem fühlen können, aber wir wollen nicht darüber nachdenken, sondern ihn eher wie ein scheues Tier im Wald beobachten. Wie ist der Atem im Bauch? Nicht pressen, nicht ziehen. Sie können die Augen schließen. Geräusche, Gerüche – alles gehört dazu.

„Sie denken, sie wissen, wer Ihre Kinder sind? Oder mit wem Sie schlafen? Vergessen Sie's."

„Es ist ein fundamentaler menschlicher Wesenszug: Schweigen. Kein Bedarf nach Gerede."

Sie werden schnell feststellen, dass der Geist ein eigenes Leben hat: Vielleicht wünschen Sie sich ja schon, hier herauszukommen während wir die Augen geschlossen haben? Vielleicht denken Sie, dies sei dumm und langweilig. Oder Träumerei. Oder daran, was alles noch erledigt werden muss. Oder dass Sie glücklich sind, hier zu sein ... so ist unser Geist eben. Es ist nicht falsch – Sie sind kein schlechter Meditierender, weil Sie unruhig sind und ein Gedanke den anderen jagt. Die Oberfläche ist sehr bewegt, aber Achtsamkeit ist wie Tauchen: In der Tiefe ist es still. Wir können immer wieder zum Atem kommen, aber es geht nicht um den Atem, sondern um Aufmerksamkeit. Immer, wenn der Geist nicht mehr beim Atem ist, wenn Sie merken: 'Ich war schon wieder weg für wer weiß wie viel Zeit' – dann ist der Atem noch da, und Sie können wieder andocken. Der Atem ist einfach ein geschicktes Mittel, um diese tiefe Möglichkeit zu erreichen. Achtsamkeit ist größer als Denken. Der Geist wandert Tausende Male. Er kreist um erledigen, beschuldigen, bitten, verdammen – egal. Kommen Sie zurück. Sie sind hier, genau hier. Dieser Atem. Außerhalb der Zeit, wenn Sie so wollen. Zeitlos. Das klingt einfach, aber es ist eine sehr herausfordernde Aufgabe, denn der Geist will ständig Unterhaltung und dies und das ...

Hör auf und sei einfach. Das erfordert eine Haltung der Freundlichkeit gegenüber dem, was ist. Schweigen, das voller Achtsamkeit ist. Es ist Teil eines fundamentalen menschlichen Wesenszugs: Schweigen. Kein Bedarf nach Gerede.

Irgendwann wirst Du eher meditiert, als dass Du Meditierender bist. Das ist kein New Age-Käse, sondern offensichtlich und grundsätzlich. Meditation erinnert Sie nur. Sie verkörpert Sie, um wieder in Achtsamkeit zu kommen – in diesem einzigen Moment, den wir je haben werden. Wir können die Achtsamkeit vom Atem auf den ganzen Körper ausdehnen. Lassen Sie Achtsamkeit den Körper füllen. Vielleicht können Sie Ihre Haut atmen fühlen – denn natürlich kann sie das. Vielleicht fühlen Sie Ihre Haut, die Hülle um den Körper. Das Gefühl kann sehr spitz sein oder sehr weitwinklig. Es gibt auch Klänge – wir schließen nichts aus. Der Körper sitzt, atmend und hörend. Er weiß, wie er es tun muss, auch wenn uns das nicht bewusst ist. Es können auch Gedanken durch den Geist ziehen, grenzenlos. Sie kommen, gehen, sind mit Gefühlen verbunden, intensiven, schmerzlichen. Erlauben Sie ihnen, gesehen, gefühlt zu werden, von Moment zu Moment zu Moment. Man kann das Herz fühlen. Zartheit, Moment für Moment für Moment. Ohne Urteil über Ihre Erfahrung. Erlauben Sie es sich, einfach so. Wie wir hier sitzen und atmen. Es geht nicht um den Bauch oder das Atmen, es geht um die

Aufmerksamkeit, die wir eingeladen haben. Immer wieder werden wir weggetrieben vom Gedankenstrom und schwierigen Gefühlen. Welche Gedanken auch immer auftauchen – sie verstärken das Gefühl von 'Ich', mir, meinem Ehrgeiz ... was wird aus mir, wo gehe ich hin ... aber es sind nur Gedanken. Jetzt öffnen Sie die Augen. Alles kann genauso bleiben, Sie haben geatmet, gerochen, gehört, jetzt sehen Sie noch etwas. Es klingelt. Niemand hört eine Glocke; wir hören nur einen Klang. Die formale Übung geht jetzt zu Ende."

Das Publikum und Jon Kabat-Zinn sitzen wieder mit geöffneten Augen da.

„Die eigentliche Übung hört nie auf: denken, atmen, sitzen, spüren – die eigentliche Übung ist Ihr Leben und wie Sie es führen. Nur fünf Minuten verankern schon die Achtsamkeit, wenigstens ein wenig, bevor Sie die große Symphonie spielen. Sind Sie oft in Meetings und fragen sich, worum es eigentlich geht? Stellen Sie sich vor, die Leute würden sich einstimmen, eine Glocke anschlagen, dann nur sitzen und auf die anderen achten – das würde ein total anderes Meeting, denn die Leute wären wirklich da. Die meisten sind nämlich nicht da, sie lassen sich nur sehen. Diskussionen sind oft wie Lärm – es kracht. Schluss mit 'ich bin die tollste Person hier'! Das wird auch im Geschäftsleben immer mehr erkannt. Alte Modelle wie die Brontosaurier, die sich gegenseitig beißen und fressen, sterben langsam aus."

Die Zuhörer können jetzt Fragen stellen. Ein Google-Mitarbeiter sagt, er habe die ganze Zeit gedacht: 'Ich meditiere, oh toll, mein Geist wandert gar nicht, ich atme ein, ich atme aus – ich meditiere!' Kabat-Zinn bedankt sich für die Frage.

„Das ist natürlich nicht Meditieren, es ist Kommentieren. Dieses Kommentieren geschieht ständig – so leben wir unser Leben: 'Wie geht es mir, wie kalt ist es, das Licht ist zu dunkel, was denken die Leute über mich ... ' – jeder sorgt sich, was jeder andere über ihn denkt. Achtsamkeit ist befreiend! Es ist, wie eine Seifenblase mit dem Finger berühren, dann platzt sie. Das ist überhaupt das größte Missverständnis: zu denken, man soll nichts denken. Da sagt man sich doch sofort: 'Das kann ich nicht. Jeder ist gut darin, nur ich nicht.' Das ist blöd! Das klingt jetzt ein wenig wertend (Gelächter), aber es ist wahr. Es ist denken! Aber es geht nicht darum, den Geist leer zu kriegen. Wenn man übt, sieht man die Gedanken nur mit größerer Klarheit. Das Problem ist: Wer oder was ist es eigentlich, das beansprucht, zu meditieren? Das Ich? Deswegen frage ich provokanterweise: Wer meditiert? Wer ist das? Alter, Name, nichts davon macht aus, wer man ist. Es sind alles nur Aspekte. Aber wir sind viel mehr als das. Wir bauen uns auf, weil wir uns für klein halten. Aber unser Geist ist richtig groß. Es heißt, zu verstehen, was wirklich menschlich ist. Es geht um die Kultivierung von Intimität mit uns selbst."

Ein Zuhörer sagt, er habe den Eindruck, Meditation sei das 'Gegenteil von Geld.'

„Vorsicht! Der Geist schafft immer Konzepte. Es heißt stets 'Wir gegen sie', und sie sind die Bösen. Damit meine ich nicht, dass wir keine Prinzipien haben sollten; aber die bewahren uns nicht davor, ständig zu urteilen. Auch sehr ethische Menschen tun das. Hier geht es darum, die Aufmerksamkeit stets auf sich gelenkt zu haben, auf seine innere Stimme hören zu können, obwohl jeder um dich herum sagt, dass Du im Unrecht bist, so wie in Nazi-Deutschland.

Es heißt nicht 'Meditation oder Business'. Die Frage ist: Was ist deine Aufgabe in deinem Leben? Wer bist du? Wie passt du in das große Bild? Es geht um Intimität mit und Vertrauen in Aspekte deines Selbst. Du kannst gar nicht falsch liegen, wenn du erkennst, wer du in Wahrheit bist und die Schönheit siehst, die du schon hast."

„Wer meditiert? Wer ist das? Alter, Name, nichts davon macht aus, wer du bist. Es sind alles nur Aspekte deiner selbst. Aber du bist viel mehr als das. Wir bauen uns auf, weil wir uns für klein halten. Aber es ist richtig groß. Es heißt, zu verstehen, was wirklich menschlich ist. Es geht um die Kultivierung von Intimität."

WWW.MEDITATION-FUER-NEUGIERIGE.DE
Hier finden Sie das (englischsprachige) Video mit Jon Kabat-Zinn, dem dieser Text mit freundlicher Genehmigung von Google entnommen wurde.

Das Rosinen-Experiment

Dies ist ein Experiment, das Sie alleine oder mit jemand anderem zusammen machen können. Dafür stattet sich jeder Teilnehmer mit zwei Rosinen aus (wenn Sie keine im Haus haben, kann es auch ein Stückchen Brot sein). Wählen Sie eine Rosine aus und legen Sie die andere griffbereit. Nehmen Sie sich 10 Minuten Zeit, um sie zum Objekt Ihrer Aufmerksamkeit zu machen und auf unvoreingenommene Weise zu untersuchen. Um diese Unvoreingenommenheit zu unterstützen, wird der Gegenstand Ihres Experiments von nun an mit dem neutralen Begriff „Objekt" bezeichnet. Probieren Sie es wirklich, es lohnt sich!

- Sie halten das Objekt jetzt in Ihrer Hand. Wie ist Ihr erster Impuls? Tauchen Gedanken auf?
- Wie ist die Farbe, Form, Oberfläche des Objekts?
- Wie sieht es aus, wenn man es gegen das Licht hält?
- Tasten Sie mit geschlossenen Augen.
- Riecht es unter dem linken und rechten Nasenloch gleich?
- Hören: Rollen Sie dabei das Objekt zwischen den Fingern.
- Nehmen Sie es zwischen die Lippen. Was passiert?
- Legen Sie es auf die Zunge.
- Falls Sie absolut keine Rosinen mögen: Nehmen Sie den geringstmöglichen Abstand zum Objekt ein (indem Sie es zum Beispiel zwischen die Lippen legen) und beobachten Sie Ihre körperlichen Reaktionen. Wo ist der Widerstand besonders spürbar? Wie fühlt er sich an? Verändert er sich? Entstehen Gedanken? Können Sie sich davon distanzieren und sich bewusst werden, dass Denken geschieht?
- Zerteilen Sie das Objekt in zwei, dann in vier Teile. Nicht schlucken! Wie sind die Reaktionen? Gibt es Speichelfluss, einen Impuls zu schlucken? Registrieren Sie das Verlangen nach diesem Stück Nahrung?
- Jedes Viertel hintereinander langsam kauen: Widerstehen Sie dem Impuls zu schlucken noch für ein paar Momente und beobachten Sie, wie er sich verändert.
- Jetzt können Sie es herunterschlucken, eventuell mit geschlossenen Augen. Wie weit ist in Richtung Magen etwas spürbar?
- Nehmen Sie den Nachgeschmack wahr.
- Jetzt essen Sie das zweite Objekt in normaler Geschwindigkeit. „Haps und weg".

Danach bitte umblättern.

Wie Achtsamkeit das Leben reicher macht

WIE WAREN IHRE ERFAHRUNGEN MIT DIESEM EXPERIMENT?

··· Haben Sie sich gewundert, wie intensiv Sie sich mit etwas so Unerheblichem wie einer Rosine beschäftigen konnten? Oder sind Ihnen zuerst lauter Geschichten eingefallen, à la „Meine Oma hat immer Apfelkuchen gebacken, mit vielen Rosinen ... damals war ich noch in der Schule ... was wohl aus meinem Nebensitzer geworden ist ... ich geh' nicht zu dem Klassenfest“ usw. usw.? Oder konnten Sie wirklich für eine Weile beim Objekt Ihrer Aufmerksamkeit bleiben? Wie lange? Haben Sie sich je einmal eine Rosine so genau angesehen? Hat Sie Ihnen geschmeckt? Vielleicht sogar besser als je eine andere Rosine?

Die Rosine ist ein Bild für den gegenwärtigen Augenblick. So klein und unbedeutend sie auch scheint: Jede Rosine ist einzigartig, genau wie jeder Moment und jeder Atemzug wieder anders und neu ist. Unser ganzes Leben besteht aus einer Reihe von Augenblicken. Wenn man das erkennt, erschließt sich die Möglichkeit, wirklich im Jetzt zu leben. Erst dann erfasst man die ungeheure Vielzahl der möglichen Wahrnehmungen. Der Schlüssel dazu heißt: Achtsamkeit. Durch Achtsamkeit gewinnen Sie einen direkten Kontakt zum gegenwärtigen Moment und zu allen Möglichkeiten zu genießen, zu wachsen und sich zu verändern oder zu erneuern.

ACHTSAMKEIT IST GRÜNDLICHKEIT!

Beim Rosinen-Experiment geht es darum, das Objekt Ihrer Aufmerksamkeit in möglichst vielen seiner Facetten unvoreingenommen zu erfassen. Achtsamkeit ist Gründlichkeit! Außerdem macht die Rosinenübung noch einmal den wesentlichen Unterschied deutlich, um den es bei der Achtsamkeit geht: Geruch, Geschmack, Haptik, das alles gehört zur direkten Wahrnehmung. Die Übung der Achtsamkeit versucht, diesen ersten Moment ursprünglicher Bewusstheit zu verlängern, in dem ich einfach nur sehe, taste, schmecke. Die Geschichte mit Omas Apfelkuchen und allen darauffolgenden Assoziationen dagegen ist ein Gedanke, ein Konzept: In Sekunden entfernen wir uns über Gedankenketten weit von der reinen Wahrnehmung des gegenwärtigen Moments – und landen an einem Punkt in der Zukunft oder der Vergangenheit. Die Erfahrung des Jetzt mit seiner Fülle an Wahrnehmungen und Möglichkeiten geht an uns vorbei. Übrigens: Falls Ihnen die zweite Rosine besser geschmeckt hat: Könnte es sein, dass Ihr Geschmacksempfinden durch die erste intensiviert wurde, dass sie sozusagen Ihre Sinne erst aufgeweckt hat?

In diesem Buch war schon oft die Rede davon, wie der Geist arbeitet: immer unterwegs, am Pläneschmieden, auf der Suche nach etwas, das ihn unterhält, ihm Sicherheit oder Genüsse garantiert ... aus all diesen Befürchtungen, Hoffnungen, Plänen und Wünschen entsteht ein dichtes Netz aus echten und vermeintlichen Pflichten. Irgendwann werden Sie ein fester Teil unseres Selbstverständnisses, und wir sind nur noch damit beschäftigt, diese Pflichten abzuarbeiten. Achtsamkeit hilft, aus diesem Netz herauszukommen, in das wir uns selbst verstricken, und den gegenwärtigen Moment wiederzuentdecken. Es sind so viele Wahrnehmungen möglich, die wir nur mit Achtsamkeit bemerken. Sie machen den Augenblick reicher – und die Summe solcher Augenblicke ergibt ein reiches und wirklich gelebtes Leben.

BIS TIEF AUF DEN GRUND

Achtsamkeit wird auch als Gründlichkeit, als Nicht-Oberflächlichkeit beschrieben. Der Zustand der Achtsamkeit wird oft mit dem verglichen, was passiert, wenn ein Stein ins Wasser eines Sees geworfen wird: Der Stein durchdringt die verschiedenen Wasserschichten, fällt an Pflanzen und Lebewesen vorbei und kommt schließlich tief unten auf dem Grund des Sees zum Liegen. Er hat bei seinem Fall alles gesehen, was der See enthält.

Drei Schüler wetteiferten darum, welcher den besten Meister hatte. „Wenn mein Meister einmal ausatmet", sagte der erste, „bläst er zehn Männer um wie ein Orkan." „Mein Meister trifft sein Ziel mit Pfeil und Bogen in finsterer Nacht und mit verbundenen Augen!", sagte der zweite. „Mein Meister kann etwas noch viel Schwierigeres!", rief da der dritte. „Wenn er sitzt, dann sitzt er, und wenn er isst, dann isst er."

Buddhistische Anekdote

DER HÜPFER

Unachtsamkeit ist dagegen wie ein flacher Stein, der über die Oberfläche geworfen wird und übers Wasser hüpft. Durch seine Geschwindigkeit bleibt er an der Oberfläche, aber er dringt nicht ein, bekommt kein tieferes Wissen über den See. So wie der hüpfende Stein erleben wir durch die Geschwindigkeit unseres Alltagslebens nur die Oberfläche unseres Seins. Geschwindigkeit kann Spaß machen, unbestritten, ob beim Skifahren oder beim Denken. Aber Geschwindigkeit gibt es genug in unserem Leben. Was dagegen fehlt, ist Langsamkeit. Achtsamkeit hat also auch etwas mit Verlangsamung und Genauigkeit der Wahrnehmung zu tun.

TASCHENLAMPE AN!

Noch einen Vergleich gibt es, um den Zustand der Achtsamkeit zu beschreiben: Sie ist mit dem Licht einer Taschenlampe vergleichbar, das Sie erkennen lässt, was in Ihrem Inneren gerade vor sich geht.

In einem halbdunklen Raum können Sie vielleicht einen hellen Fleck erahnen und davon auf die Umrisse eines Fensters schließen, vielleicht stolpern Sie auch über einen großen Sessel. Aber alles andere bleibt verschwommen. Erst wenn ein Lichtstrahl in den Raum fällt, erkennen Sie deutlich, wo Sie sind und was Sie umgibt. Sie beginnen, Zusammenhänge zu sehen, wo vorher nur Vermutungen waren.

Fast jeder hat schon einmal erlebt, dass er einer rein gewohnheitsmäßigen Reaktion oder einem Verhaltensmuster erlegen ist oder irgendeine Tätigkeit automatisch, wie abwesend, ausgeführt hat, zum Beispiel das Autofahren. Kennen Sie das, diesen blitzartigen Moment des Auftauchens, wenn Ihnen das plötzlich bewusst wird und Sie merken, dass Sie eben gar nicht richtig da waren? Das ist ein Moment der Achtsamkeit, in dem das Licht angeht und uns bewusst wird: Ah, da bin ich!

Achtsamkeitsmeditation hilft, diese Bewusstheit zu trainieren. Sie hilft uns aufzuwachen aus dem halbdunklen Wirrwarr unserer Gedanken, Gefühle, Motive und aus diesem Autopilot-Modus, in dem wir viel Zeit unseres Lebens verbringen. In der Meditation laden Sie die Batterien Ihrer Taschenlampe auf. Im Alltag können Sie sie dann immer wieder anknipsen und Augenblicke beleuchten und so kleine Momente in ihrer Vielfalt und ihrem Reichtum wahrnehmen.

ACHTSAMKEIT LERNT MAN NUR IN DER PRAXIS

Achtsamkeit lässt sich nicht durch intellektuelles Verstehen verinnerlichen, man muss sie selbst erleben. Das hat auch unser Journalisten- und Autorenteam am eigenen Leib erfahren: Irgendwann erreichten wir einen Punkt, an dem wir viel gelesen hatten und viel wussten – aber rein gar nichts verstanden hatten. Es ist wie mit dem Radfahren: Achtsamkeit lässt sich nur in der Praxis lernen, und die Methode dafür ist die Meditation.

Wir haben die Fähigkeit zur Achtsamkeit alle in die Wiege gelegt bekommen. Mit der Meditation ist es jedem möglich, diese Fähigkeit wiederzuerobern und zu stärken. Viele Pädagogen, Wissenschaftler und Psychologen fordern Meditation sogar als Schulfach, weil sie der Überzeugung sind, dass die Fähigkeit zur Achtsamkeit für ein selbstbestimmtes und selbstverantwortliches Leben entscheidend ist.

Wie man Achtsamkeit trainiert

Eine Bemerkung vorweg: Es kann sein, dass Ihnen die folgenden Erklärungen sehr analytisch vorkommen. Vielleicht haben Sie zunächst „nur" das Bedürfnis, herauszufinden, wie sich Meditation für Sie anfühlt, ohne gleich tiefer einzusteigen. Das müssen Sie auch nicht: Auch wenn Sie nur drei Minuten am Tag praktizieren und dabei alles andere als planvoll vorgehen, wird sich das für Sie positiv auswirken. Nehmen Sie sich am Anfang die Freiheit, herumzuprobieren. Es ist eine neue Welt, die Sie mit Ihrem inneren Seismographen erkunden wollen. Aber irgendwann – wie immer, wenn wir lernen – wird auch hier das Bedürfnis entstehen, mehr zu wissen. Dafür müssen Sie die grundsätzliche Technik des Meditierens kennen. Darum geht es in diesem Kapitel.

VON FLÜSSEN UND ANKERN

In der Meditation üben Sie, sich immer wieder zurückzuholen aus der Welt des „wäre, würde, sollte, müsste" in das einfache Da-Sein. Das geht am besten über den Atem und den Körper. Beide befinden sich immer im Hier und Jetzt – und wirken damit wie ein Anker, an dem Sie sich wieder zurückholen können, wenn der Fluss der Gedanken und Gefühle Sie wegträgt. Auf diese beiden werden Sie in der Meditation Ihre ungeteilte Aufmerksamkeit richten.

Das ist auch der Unterschied zu der Form von Konzentration, die Sie bereits im Kapitel „Wie man die Wellen glättet" kennengelernt haben: Dort diente als Objekt Ihrer Aufmerksamkeit etwas Greifbares wie eine Kerze, Definiertes wie ein Mantra oder Konstruiertes wie ein Mandala. All dies sind „Konzepte", Hervorbringungen des menschlichen Geistes. Aber in der Meditation ist es wichtig, dass wir den Geist auf ein Objekt richten, das uns mit der unmittelbaren Gegenwart verbindet, wie es eben der Atem oder die Körperempfindungen vermögen.

Falls Sie sich über die etwas trockene Bezeichnung als „Objekt" wundern: Das hat einen Sinn. Ein Objekt ist abstrakt und bietet wenige Anhaltspunkte für Assoziationen oder Geschichten – und in der Meditation geht es ja darum, den Geist für eine Weile vom Geschichtenerzählen abzubringen.

HAUPT- UND NEBENOBJEKTE DES GEISTES

Noch einen Unterschied zur im Kapitel „Wie man die Wellen glättet" geübten Konzentrationsform gibt es: Bei der Meditation ist Ihre Konzentration nicht auf ein einziges Objekt (etwa eine Kerze) eingestellt wie ein feststehendes Fernrohr – sondern sie ist vergleichbar mit einem Fernglas, das seinen Fokus wechseln kann. Damit ist es möglich, auftauchende „Nebenobjekte" wie etwa Gedanken mit Distanz zu betrachten, wieder loszulassen – und zum „Hauptobjekt", dem Atem, zurückzukehren. Bei der Meditationsform Body-Scan zum Beispiel richten Sie Ihre Aufmerksamkeit vorrangig auf die Empfindungen des Körpers. Wichtig ist: Halten Sie Ihr Gewahrsein so klar und konstant wie möglich beim Hauptobjekt. Dabei ist es völlig normal, dass die Aufmerksamkeit immer wieder vom Hauptobjekt abgelenkt wird: Andere Wahrnehmungen im Äußeren oder Inneren werden dominant, ziehen Ihre Aufmerksamkeit an sich, schieben sich zwischen Ihr beobachtendes Gewahrsein und das Hauptobjekt. Das können Sinneseindrücke sein, Körperempfindungen aus anderen als der gewählten Region, Gefühle oder, am häufigsten: Gedanken. All diese Ablenkungen definieren wir als „Nebenobjekte".

DER ÜBLICHE ABLAUF BEIM MEDITIEREN

› Sie richten Ihre gesammelte Aufmerksamkeit auf Ihr Hauptobjekt, etwa die Empfindungen der Atembewegung an der Bauchdecke bei der Sitzmeditation. Sie spüren dort die Wellenbewegung des Atems und bleiben in entspanntem und wachem Kontakt mit den Empfindungen.
› Ihre Aufmerksamkeit hüpft jetzt zu einem Nebenobjekt, etwa einem Ziehen im Rücken oder einem Gedankengang.
› Zunächst bleibt diese Ablenkung unbemerkt. Sie sind „drin" – damit identifiziert. Sie denken.
› Sie bemerken, dass Sie gar nicht mehr beim Atem, sondern dabei sind, sich über den Rückenschmerz zu beklagen/eine Einkaufsliste zu schreiben/dem Chef die Meinung zu sagen ... dieser wichtige, wertvolle Moment

IN DER MEDITATION TRAINIEREN SIE IHREN „ACHTSAMKEITSMUSKEL“: JEDES MAL, WENN SIE DEN GEIST VON EINER ABLENKUNG ZURÜCKHOLEN, STÄRKEN SIE IHRE FÄHIGKEIT, IN DAS HIER UND JETZT ZU KOMMEN.

des Bemerkens ist ein Aufblitzen von Achtsamkeit! Das Licht geht an, Sie wissen wieder: „Ah, da bin ich“. Sie sind nicht mehr mit dem Gedanken identifiziert, sondern können aus einer gewissen Distanz darauf blicken.

› Sie treten innerlich noch ein Stück zurück und lösen sich weiter von dem Nebenobjekt, indem Sie es „benennen“ – eine Technik, die Sie auf Seite 102 kennenlernen werden.

Nun haben Sie zwei Möglichkeiten:

› Sie kehren zum Hauptobjekt – hier dem Atem – zurück. Das ist das beste Vorgehen, wenn die Konzentration noch nicht so stark ist.
› Die zweite Möglichkeit: Sie halten Ihre Achtsamkeit auf dem Nebenobjekt. Sie bemerken, wie es sich verändert und verschwindet, wobei sich ein Gedanke sehr schnell auflösen, eine Empfindung wie Rückenschmerz aber länger anhalten kann. Danach kehren Sie zum Atem zurück. Diese Möglichkeit ist allerdings eher anspruchsvoll, da Sie Gefahr laufen, sich wieder im Nebenobjekt zu verheddern. Der Vorteil besteht jedoch darin, dass Sie etwas über die vergängliche Natur des Nebenobjektes lernen: Sie erfahren dabei, dass nichts bleibt, wie es ist. Gedanken, Empfindungen – alles wandelt sich von Sekunde zu Sekunde aufs Neue. (Diese Erfahrung hat viel mit der buddhistischen Philosophie zu tun und führt bei langjährig Meditierenden zu der Erkenntnis, dass es mit ihrem Ich auch nicht anders bestellt ist. Mehr dazu siehe Seite 144).
› Jetzt sind Sie wieder beim Hauptobjekt: wach, freundlich, interessiert.
› Ihre Aufmerksamkeit wird abgelenkt usw. – das Spiel beginnt von Neuem.

ES GEHT NICHT DARUM, NICHT ZU DENKEN!

Sicher haben Sie das schon bei den Konzentrationsübungen festgestellt: Mit der gesammelten Aufmerksamkeit bei einem gewählten Objekt zu bleiben, ist eine echte Herausforderung. Immer wieder tauchen Nebenobjekte auf: Gedanken an den Job, die kommende Woche … so ist unser Geist eben konstruiert. Nehmen Sie sich also nicht vor, damit aufzuhören, das ist ein unerreichbares Ziel. Es geht nicht darum, „nicht zu denken“ – es ist nur wichtig, zu bemerken, dass Denken geschieht! Danach können Sie vollständig zum Hauptobjekt zurückkehren. Meditation ist ein Hin- und Hergehen zwischen Haupt- und Nebenobjekten. Jedes Mal, wenn Sie bemerken, vom Weg abgekommen zu sein, nehmen Sie das freundlich zur Kenntnis und kehren einfach um. Das ist nicht anders als im Sport oder beim Yoga: reine Übungssache! Sie trainieren Ihren „Achtsamkeitsmuskel“. Jedes Mal, wenn Sie Ihren Geist von einem seiner Ausflüge zurückbringen, stärken Sie Ihre Fähigkeit, in das Hier und Jetzt zu kommen.

VON WELLENREITERN UND WEISSEN WOLKEN

Vielleicht können die folgenden Bilder Aspekte der Meditation deutlich machen. Versuchen Sie nicht, diese Bilder zu visualisieren. Es geht nur um ein „so wie“. Meditieren Sie …

› wie ein Kind, das spielerisch etwas Neues entdeckt.
› wie ein Forscher, der durch ein Mikroskop blickt: Nehmen Sie auch die winzigsten Details staunend zur Kenntnis.
› wie ein Tennisspieler, der den Ball stets im Auge behält: Versuchen Sie, den Atem stets „im Blick“ zu haben.
› wie ein freundlicher Pförtner, der alle Besucher erkennt, die sich Ihrem Geist nähern und sie mit Namen begrüßt: So nimmt Ihre Achtsamkeit wahr, was an Gedanken und Empfindungen hereinkommt. (Tipp: Das Benennen – siehe Seite 102 – kann helfen, sie noch klarer zu erfassen).
› wie ein Wellenreiter: ständig im Kontakt mit den Wellen des Atems.
› wie jemand, der leise ein scheues Tier am Waldrand beobachtet: Auf diese Weise nehmen Sie den Atem wahr.
› wie jemand, der auf dem Rücken im Gras liegt und die Wolken durch den Himmel ziehen sieht: Wenn Ihr Geist der Himmel ist, dann stehen die Wolken für die Inhalte, die entstehen und vergehen. Auch wenn es manchmal eine geschlossene Wolkendecke gibt, durch die nur ab und zu ein wenig Blau schimmert: Es ist wichtig, nicht an den Gedanken anzuhaften, sondern sie ziehen zu lassen.

Der Atem in der Achtsamkeitsmeditation

Ein Mensch kann ohne weiteres mehrere Tage ohne Nahrung überleben, aber wenn wir aufhören zu atmen, sind wir bereits nach wenigen Minuten tot. Wir atmen etwa 23.760 mal am Tag. Der Atem ist unmittelbarer Ausdruck des Lebens und spiegelt unsere geistig-emotionale Verfassung wider: Wer unter Stress steht, atmet flach, unregelmäßig und schnell. Sind wir ruhig und entspannt, fließt der Atem tief, gleichmäßig und langsam.

Im Buddhismus ist der Atem eines der wichtigsten Meditationsobjekte. Er eignet sich dafür besonders gut, denn er ist ständig in Veränderung begriffen, und ihm zu folgen, fordert und fördert die Wachheit und Flexibilität des Geistes. In der Meditation, vor allem der Sitzmeditation, konzentrieren Sie sich deshalb auf Ihren Atem. Egal, wie oft die Gedanken in alle möglichen Richtungen abschweifen – indem Sie dem Atem und dem Heben und Senken der Bauchdecke nachspüren, können Sie jederzeit in den gegenwärtigen Augenblick zurückkehren. Der Atem ist ein verlässlicher Anker in der Gegenwart.

WORAUF ES ANKOMMT

- Üben Sie, dem Atemstrom bewusst nachzuspüren. Schon dadurch werden Ihre Atemzüge ruhiger und tiefer, der Körper entspannt und der Geist beruhigt sich.
- Dafür ein Tipp: Je kleiner und klarer abgegrenzt der Bereich ist, den Sie wählen, desto leichter wird es Ihnen fallen, Ihre Aufmerksamkeit darauf zu bündeln. So können Sie sich zum Beispiel auf den Innenrand der Nasenlöcher konzentrieren oder auf die Bewegung der Bauchdecke.
- Es geht nicht darum, besonders lang oder tief zu atmen. Leistungsdenken ist dabei völlig unangebracht. Ihr Atem ist genau richtig so, wie er ist. Bewerten Sie ihn nicht.
- Versuchen Sie nicht, den Atem willentlich zu beeinflussen, indem Sie besonders tief atmen. Lassen Sie ihn einfach natürlich fließen.
- Wenn es Ihnen anfangs schwer fällt, das Heben und Senken der Bauchdecke zu spüren, ist die Handhaltung auf Seite 41 (Punkt 4, „Auf dem Bauch“) hilfreich.

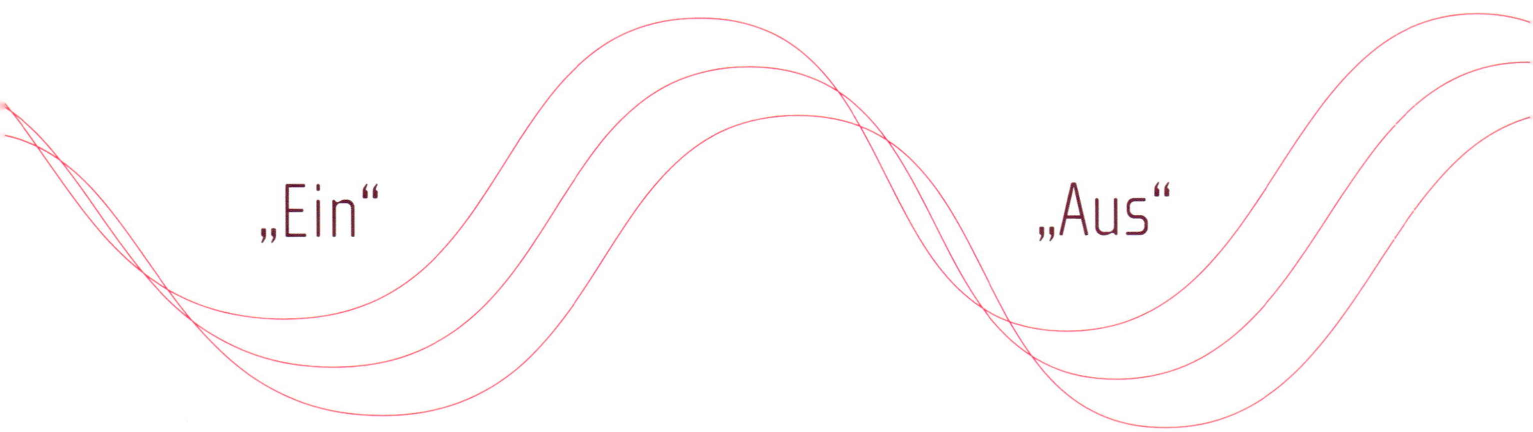

Richten Sie Ihre ungeteilte Aufmerksamkeit auf den Atem. Es geht nicht darum, besonders lang oder tief zu atmen. Ihr Atem ist genau richtig, wie er ist. Lassen Sie ihn natürlich fließen und spüren Sie ihm nach.

WIE SIE AM BESTEN VORGEHEN

Anfangs, wenn Konzentration und Körperwahrnehmung noch nicht so ausgeprägt sind, kann es sinnvoll sein, die Atemzüge zu zählen. Sie können dafür in vier Stufen vorgehen:

1 Unmittelbar nach dem Ende einer Ausatmung zählen Sie „eins“, nach der nächsten „zwei“ usw. bis zehn.
2 Dann verfahren Sie gleichermaßen mit der Einatmung. Wenn Sie bemerken, abgelenkt worden zu sein, denken Sie nicht über die Ablenkung nach, sondern kehren Sie unmittelbar zum Atem und zum Zählen zurück.
3 Dann spüren Sie für ein paar Minuten den gesamten Atemfluss von der Nase bis zur Bauchdecke.
4 Jetzt fokussieren Sie Ihren Geist – entweder auf den Naseneingang oder die Bauchdecke – und spüren möglichst genau die Empfindungen, die der Atem dort hervorruft. Für eher „kopflastige“ Menschen empfehlen wir die Bauchdecke als Ort der Atembetrachtung. (Übrigens: Die Technik des Benennens, die Sie auf der nächsten Seite kennenlernen, kann hier hervorragend angewendet werden.)

Lassen Sie sich nicht entmutigen, wenn Sie bei den ersten Versuchen den Atem noch nicht so gut spüren können. Ihre Wahrnehmung wird schon nach wenigen Übungen feiner werden, und Sie werden überrascht sein, wie viele verschiedene Empfindungen ein einziger Atemzug zu bieten hat. Wenn Sie die Atemkonzentration über einen längeren Zeitraum regelmäßig üben, beruhigen sich Körper und Geist und in Ihrem Inneren entsteht ein Ort der Ruhe.

Durch regelmäßige Übung werden Sie mit der Zeit immer tiefere Stufen des Loslassens und der Entspannung kennenlernen. Das ist ein ganz normaler Trainingseffekt – und irgendwann werden Sie das dadurch entstehende Wohlbefinden nicht mehr vermissen wollen. Nach einiger Praxis werden Sie allmählich auch im Alltag immer bewusster atmen und dadurch immer wieder Momente der Achtsamkeit erreichen. Alle, die länger meditieren, bestätigen das: Irgendwann wird Ihnen dieses Verankern im gegenwärtigen Moment durch das Atmen selbstverständlich, so dass Sie es nicht mehr nur auf festgelegte „Übungszeiten“ auslagern, sondern viele kleine Momente im Alltag dafür nutzen.

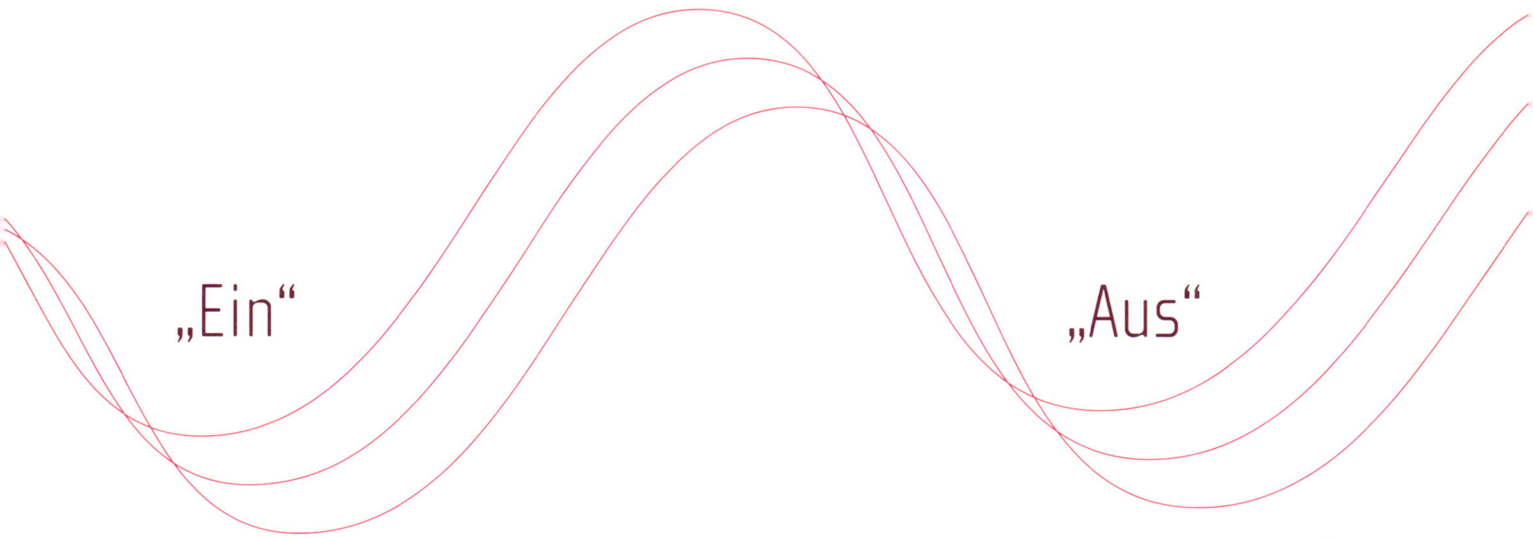

„Aha, da ist Denken!“ Wie man Etiketten vergibt und Abstand gewinnt

Die Kunst, innerlich von einer Empfindung, einem Gefühl oder Gedanken zurücktreten zu können, ist eine seit Jahrtausenden bewährte buddhistische Praxis. Wir müssen darin nicht kopfüber versinken. Ein Beispiel: Beim Meditieren, mitten in der schönsten Stille, klingelt plötzlich das Telefon, und Ihr Nervensystem schlägt Alarm: Wenn es etwas Wichtiges ist? Sie können aber eine Distanz einbauen: nur hinhören, auf den Klang achten und beobachten, was er auslöst. Nicht aktiv etwas erreichen oder verändern wollen. „Aha, interessant, diese Aufregung“. Versuchen Sie, nicht über die Aufregung nachzudenken, sondern zu beobachten, wie sie sich im Körper manifestiert: Wo ist sie spürbar? Wie fühlt sie sich an? Ist sie kribbelnd, pochend, pulsierend, juckend, spitz oder dumpf? Ist sie stark oder schwach? Wie ist ihre Ausbreitung? Wo befindet sich ihr Zentrum? Bleibt sie gleich oder verändert sie sich? Irgendwann merken Sie: „Ich bin nur zu einem Teil betroffen!“ Darin liegt eines der Geheimnisse der Meditation. Sie gibt Abstand und befreit ein Stück von „Dukkha“ – im Buddhismus der Begriff für alles Leidhafte, alles, was uns unglücklich macht.

Wenn ein Gedanke auftaucht, treten Sie innerlich ein wenig zurück. Dann können Sie sehen, wie er sich aufbaut, viel Raum einnimmt und – sich schließlich auflöst. Ganz von selbst! Eben schien er noch das Wichtigste auf der Welt zu sein, und nun ist er weg. Durch diese Erfahrung erkennen Sie, „wie es denkt“, und es wird Ihnen leichter fallen, sich auch von beunruhigenden Gedanken nicht aus dem Konzept bringen zu lassen – Gedanken sind nur Papiertiger.

<Abst

Und so können Sie beim Meditieren einen Abstand zu den unermüdlichen Aktivitäten unseres Geistes einrichten: mit dem „Benennen“ oder „Etikettieren“. Tatsächlich ist es, als würden wir unsere Körperempfindungen, Gedanken und Gefühle beim Namen nennen und damit ihre Macht über uns brechen. Wir kennen das aus dem grimmschen Märchen – „Ach, wie gut, dass niemand weiß, dass ich Rumpelstilzchen heiß’“ – , in dem sich die Königstochter auf die gleiche Weise von ihrem cholerischen Peiniger befreit: Sie nennt ihn bei seinem Namen.

Es ist ganz leicht. Wenn ein Gedanke auftaucht, benennen Sie ihn innerlich mit: „Aha! Denken!“ Oder etwas präziser mit „Bewerten“ und „Planen“. Mit diesen wenigen Begriffen können Sie die meisten der auftauchenden Gedanken benennen. Es ist ein einfaches Ordnungssystem: Indem Sie auftauchende Gedanken und Gefühle in die passende Schublade ablegen, machen Sie sich frei davon und können Ihre Aufmerksamkeit wieder auf den Atem lenken. Mit der Zeit werden sich vielleicht auch eigene Bezeichnungen herauskristallisieren, etwa „Müssen“, „Haben-Wollen“ usw. Es sollten wenige Etiketten sein, die viel umfassen. Sie wollen ja nicht für jeden neuen Gedanken umständlich nach der richtigen Schachtel suchen.

Gefühle und Gedanken kommen und gehen. Wir können alles betrachten, aber wir müssen nicht reagieren. Es ist ganz leicht: Kleben Sie einfach ein „Etikett" darauf.

and>

- Den einfachsten Einstieg in die Etiketten-Methode bekommen Sie, wenn Sie mit deutlichen körperlichen Empfindungen anfangen. Wenn Sie zum Beispiel spüren, dass Ihr Zeigefinger plötzlich warm wird, denken Sie „Wärme" oder „warm". Oder wenn der Nacken angespannt ist: „Spannung". Es reicht am Anfang völlig aus, vier Körperzustände zu unterscheiden: Wärme, Kälte, Druck, Spannung – welche Bezeichnungen Sie genau wählen, liegt in Ihrem eigenen Ermessen.

- Auch bei unangenehmen Körperempfindungen lässt sich das Etikettieren sehr gut anwenden, etwa bei Rückenschmerzen. Hier ist wichtig, dass die Benennung neutral ist, also nicht „Schmerz, fürchterlicher Schmerz". Stattdessen versuchen Sie, sich zu distanzieren und ihn genau zu betrachten: Ist es ein Kribbeln, Stechen, Brennen? Die meisten unangenehmen Empfindungen, die in der Meditation auftreten, sind harmlos und vergehen ohnehin schnell (siehe dazu einige praktische Tipps auf Seite 106/107).

- Eine andere Möglichkeit für das Benennen von Gedanken: Wenn zum Beispiel ein inneres Bild auftaucht, legen Sie es unter „Sehen" ab, wenn Sie eine innere Stimme hören, unter „Hören" usw.

- Es kann sehr hilfreich sein, die Benennung zu wiederholen, also etwa „Denken, Denken" oder „da ist Denken". Vor allem beim Umgang mit Gefühlen hat sich die Formulierung „ein Teil von mir ist …" („wütend", „traurig" etc.) bewährt.

- Ganz wichtig: Distanzierung von Gefühlen und Gedanken bedeutet nicht, dass wir sie mit Hilfe unserer Etiketten verdrängen, damit wir uns nicht damit befassen müssen! Das Etikettieren darf nicht dazu verleiten, dass wir die Bezeichnungen missbrauchen, um unangenehme Erfahrungen wegzudrängen und den Erlebensfluss abzuschneiden. Das ist nicht der Sinn dieser Methode. Außerdem führt es zu nichts, denn verdrängte Gedanken und Gefühle werden früher oder später wieder auftauchen. Nehmen Sie also bei der Etikettierung eine neutrale oder freundliche Haltung gegenüber Gedanken und Gefühlen ein.

„NEIN DANKE – JETZT NICHT"

- Falls Ihnen die Methode des Etikettierens zu analytisch oder auf den ersten Blick zu kompliziert erscheint, probieren Sie es einmal mit etwas ganz Unmittelbarem: Sagen Sie einfach „Nein Danke" oder „Stopp". Wenn wieder einmal ein Gedanke, ein Plan, eine Empfindung stürmisch an die Tür Ihres Geistes klopft und sofortigen Einlass verlangt – „Arzttermin verschieben! Steuererklärung machen! Abo kündigen! Und zwar sofort!" –, könnten Sie innerlich freundlich antworten: „Ich sehe Dich, ich höre Dich – aber im Moment bist Du mir nicht so wichtig. Komm später wieder, dann reden wir darüber. Aber: Jetzt bitte nicht."

Mit der Zeit werden Sie merken, dass diese scheinbar so machtvollen Gefühle nur ein Teil von Ihnen sind – nicht die ganze Person. Sie und Ihre Angst oder Wut sind nicht identisch! Diese Erkenntnis ist mit der wichtigste Grund, warum Menschen mit Meditationserfahrung nachweislich gelassener, mit sich selbst einverstanden und zufriedener sind.

„Aha, da ist Wut“: Vom gelassenen Umgang mit den Gefühlen

Von unseren Gefühlen lassen wir uns normalerweise ergreifen, bis sie irgendwann von selbst wieder verschwinden. Ein Gefühl wie Wut oder Angst zum Beispiel kann uns so intensiv packen, dass wir keine Wahl haben, als es entweder auszuleben oder im Gegenteil massiv zu verdrängen. Die Bilder des Malers Hieronymus Bosch fangen die Intensität ein, mit der wir Gefühle wie Wut, Aggression oder Ohnmacht erleben. Aber es gibt noch eine andere Perspektive: Wir können nämlich mit etwas Übung den Posten des „inneren Beobachters“ einnehmen. Das ist eine Haltung, die sich bemüht, diese Gefühle interessiert und neutral zur Kenntnis zu nehmen, akzeptierend, freundlich und ohne reagieren zu müssen: „Aha, da ist Wut, da ist Angst“. Sie treten innerlich ein Stück vom Geschehen zurück und gewinnen dadurch Handlungs- und Entscheidungsspielraum. Diese allmählich entstehende Distanz ist einer der besten Nebeneffekte der Meditation! Nach etwas Praxis werden Sie deutlich merken, dass diese scheinbar so machtvollen Gefühle nur ein Teil von Ihnen sind – nicht die ganze Person. Sie und Ihre Wut sind nicht identisch! Diese Erkenntnis ist eine große Erleichterung und mit der wichtigste Grund, warum Menschen mit Meditationserfahrung nachweislich gelassener, mehr mit sich selbst einverstanden und zufriedener sind.

WENN IN DER MEDITATION GEFÜHLE AUFTAUCHEN:

- Innehalten: Wenn ein Gefühl wie zum Beispiel Trauer auftaucht, nehmen Sie sich die Zeit, diesen traurigen Teil von sich zu begrüßen („Hallo“). Machen Sie es genau so, wie Sie es bei einem realen Gesprächspartner tun würden, der Ihnen wichtig ist und an dem Sie interessiert sind.
- Die Spannungsmuster der Emotion im Körper erforschen: Wie fühlt es sich an in Bauch, Brustraum und Hals, Händen und Beinen? Ist dort Enge, Weite, Druck, Spannung oder ein Fließen zu spüren?
- Das Gefühl benennen („Ärger“, „Angst“, „Trauer“, „Freude“ (wie auf Seite 102 beschrieben).
- Stimmt die Benennung? Emotionen sind leicht zu verwechseln, oft ist mehr als nur eine vorhanden.
- Wichtig: in der Meditation das Gefühl nicht analysieren! Das Denken kann uns vom emotionalen Prozess entfernen. Durch Grübeln werden Gefühle erst verdrängt und wirken unbewusst weiter.
- Üben Sie stattdessen die Disidentifikation: Gefühle achtsam wahrnehmen statt darin zu versinken; gleichzeitig im Spürkontakt bleiben. Prinzip: „Ich bin mehr als das“, „Ich bin größer als das“. Folgende Formulierungen haben sich bewährt: „Da ist …“, „Ein Teil von mir…“, „Etwas in mir …“
- In der Regel entstehen Gefühle und Gedanken miteinander und verstärken sich gegenseitig. Es gibt Gedanken, die das Gefühl anfachen, sozusagen innere Sätze des Ärgers, zum Beispiel: „Dem werde ich mal die Meinung sagen!“ Versuchen Sie diese inneren Sätze zu erkennen, zu benennen und sich davon zu distanzieren. Sie sind Öl ins Feuer der Emotion!
- Dynamik wahrnehmen: Jede Emotion entsteht, verändert sich und verschwindet, wenn wir sie nicht durch kreisende Gedanken, Grübeln oder Hineinsteigern aufbauschen. Bei achtsamer Beobachtung werden in einem scheinbar konstanten Gefühl viele Aufs und Abs erkennbar.

Wenn Sie merken, dass Sie mit einem schwierigen und unangenehmen Gefühl in Berührung gekommen sind, können Sie sich nach der Meditation folgende Fragen stellen (geben Sie sich etwas Zeit, um die Antworten kommen zu lassen, sie müssen nicht logisch sein):

- Was sind meine Bedürfnisse in dieser Situation? Prinzip: Was braucht es jetzt? Welche innere Haltung wäre jetzt gut? Welche Atemform, Bewegung, Geste, Position könnte mich auf der körperlichen Ebene gerade entlasten oder unterstützen? Kann ich mir das geben? Gibt es einen ersten kleinen Schritt in Richtung Lösung, den ich heute noch unternehmen könnte?
- Inhaltliche, sachliche Ebene mit einbeziehen: Was waren die Auslöser? Gibt es ein Problem, das angegangen, bearbeitet, gelöst werden will? Welche Bedürfnisse äußern sich darin? Bringen Sie etwas Verständnis und Empathie für sich auf!

Praktische Tipps

„Möge ich in dieser Sitzung allen Erfahrungen mit einem freundlichen Geist begegnen".

ZUR VORBEREITUNG: SO WERFEN SIE BALLAST AB

Jeder von uns ist ab und zu so intensiv mit einem bestimmten Thema beschäftigt, dass es hilfreich sein kann, sich vor der Meditation davon für eine Weile freizumachen. Mit folgender Drei- bis Fünf-Minuten-Übung können Sie inneren Ballast bewusst für die Zeit der Meditation ablegen. Viele Menschen empfinden sie als äußerst wirkungsvoll, um „anzukommen" und Abstand zum Alltag zu gewinnen.

Und so schaffen Sie Freiraum: Nachdem Sie Ihre Meditationshaltung eingenommen haben, richten Sie die Aufmerksamkeit darauf, ob es ein Thema gibt, das Sie aus dem Alltag mitgebracht haben und das Sie im Moment sehr beschäftigt. Meist haben wir zwei bis drei solcher Themen im Gepäck, aktuelle oder Lebensthemen. Geben Sie dem Thema eine passende Überschrift ... („Präsentation", „Beziehung" usw.). Dann verpacken Sie es in Ihrer Vorstellung in einen Karton oder Container, eine Kiste oder irgendein anderes Gefäß, das sich richtig anfühlt, und stellen es an einen Ort, an dem es gut aufgehoben ist. Achten Sie darauf, dass der Abstand stimmt: Vielleicht wollen Sie es ganz nahe bei sich platzieren, um nicht den Kontakt damit zu verlieren. Oder aber irgendwo an Ihrem Arbeitsplatz. Vielleicht brauchen Sie auch sehr viel Abstand dazu und stellen es auf den Grund des Ozeans.

Es ist gut möglich, dass Sie jetzt eine gewisse Erleichterung fühlen oder einen tiefen Atemzug wahrnehmen. Wenn es noch etwas anderes gibt, das Ihren inneren Freiraum einschränkt, können Sie damit genauso verfahren. Nach der Meditation können Sie sich diesen Themen wieder mit frischer Kraft zuwenden. Während Ihrer Meditation allerdings sind sie da gut aufgehoben, wo Ihre Vorstellung sie deponiert hat. Noch ein Hinweis: Anders als die Methode des Etikettierens (siehe Seite 102), die Sie während der Meditation anwenden, ist diese Übung nur zur Vorbereitung gedacht. Bei der Achtsamkeitsmeditation geht es um das unmittelbare Gewahrsein des gegenwärtigen Augenblicks – jedes Bild und jede Vorstellung würde Sie von der Klarheit dieser neutralen Beobachtung entfernen. Achten Sie also darauf, dass Sie diese Übung innerlich abschließen, bevor Sie mit der eigentlichen Meditation beginnen. Packen Sie nicht die ganze Sitzung lang Kisten.

DREI MEDITATIONSFORMEN ZUR AUSWAHL

Auf den nächsten Seiten lernen Sie drei Formen der Meditation kennen: den Body-Scan, die Geh- und die Sitzmeditation. Dort finden Sie auch die Anleitungen.

Beim **Body-Scan** „scannen" Sie Ihren ganzen Körper ab, angefangen bei den Zehen bis zur obersten Spitze Ihres Kopfes. Der Body-Scan hat auf viele Menschen eine ungeheuer entspannende Wirkung und ist gerade zu Beginn besonders gut geeignet, um Achtsamkeit für den eigenen Körper zu entwickeln und eine gute, stabile Aufmerksamkeitsbasis aufzubauen. Das wird Ihnen dabei helfen, mit feineren Objekten – wie etwa Geräuschen und Gedanken – umzugehen. Sie können den Body-Scan im Liegen und auch im Sitzen anwenden. Im Liegen ist er entspannender und günstiger, wenn Sie z.B. Rückenschmerzen haben; im Sitzen sind Sie wacher, aber es ist auch etwas anstrengender. Der Body-Scan ist – in Fünf-Minuten-Form – übrigens eine wunderbare Kurzmeditation im Alltag, die Sie jederzeit machen können, wenn sich eine Gelegenheit bietet, ob im Zug oder im Fahrstuhl.

Die **Gehmeditation** ist aktiver. Das achtsame Gehen ist sowohl eine eigenständige Meditationsform als auch eine ausgezeichnete Hinführung zur Sitzmeditation: Denn nach Hause kommen, Jacke ausziehen, hinsetzen – so geht es natürlich nicht. Das Gehen hilft, stufenweise immer ruhiger zu werden. Auch ist es einfacher, bei den deutlichen Empfindungen der Fußsohlen zu bleiben als bei den zunächst schwieriger wahrzunehmenden feinen Wellen des Atems.

Die **Sitzmeditation** ist die anspruchsvollste der drei Übungen. Sie fordert eine aufrechte Sitzhaltung und hilft Ihnen, sich für wichtige Aspekte Ihres Seins zu sensibilisieren. Zur Wahrnehmung der Körperempfindungen und des Atems kommen auch Geräusche, Gedanken und Emotionen als Hauptobjekte hinzu. Für Jon Kabat-Zinn steht die Sitzmeditation im Mittelpunkt der Meditationspraxis seines Behandlungsprogramms MBSR.

Sie können natürlich zwischen Sitz-, Gehmeditation und Body-Scan nach Belieben und Verfassung wählen – jede Form der Praxis ist wohltuend für Sie, um Stress abzubauen. Um jedoch tiefer in die Meditation einzusteigen, empfehlen wir, in der folgenden strukturierten Reihenfolge vorzugehen. Das kann besonders zu Beginn helfen, die Meditation in den Alltag zu integrieren und schärft die Fähigkeit, bei einem gewählten Objekt zu bleiben, mehr als „Freestyle"-Meditieren.

ZEITPLAN FÜR DIE ERSTEN 6 WOCHEN

- **Woche 1 - 2** Zuerst zwei bis drei Körperübungen Ihrer Wahl – je nach Bedürfnis. Dann Body-Scan täglich je zwanzig Minuten.
- **Woche 3 - 6** erst Gehmeditation und danach Sitzmeditation, jeweils zehn bis fünfzehn Minuten täglich.

Das ist die Empfehlung, um einen deutlichen Fortschritt zu erzielen. Falls Sie jedoch weniger Zeit haben oder nur sporadisch dazu kommen, sollten Sie eben üben, wann es Ihnen möglich ist – wie gesagt: Jede Minute, die Sie damit verbringen, lohnt sich. Erfahrungsgemäß entwickelt sich ohnehin mit der Zeit ein Bedürfnis nach regelmäßiger Praxis, so dass Sie genaue Zeitangaben irgendwann nicht mehr benötigen.

ACHTEN SIE AUF EINEN NAHTLOSEN ÜBERGANG

Falls Sie eine vorbereitende Übung praktiziert haben – etwa eine Gehmeditation oder Körperübung vor der Sitzmeditation – versuchen Sie, den Übergang so nahtlos wie möglich zu gestalten. Nehmen Sie die bereits entstandene Stille und Entspannung mit, und führen Sie diese ruhige, gesammelte Energie in vollem Umfang der Achtsamkeitsübung zu. Wenn Sie sich zu Ihrem Platz begeben und hinsetzen wollen, bewegen Sie sich langsam und voller Achtsamkeit – als trügen Sie eine randvoll mit Wasser gefüllte Schale zu Ihrem Sitzkissen.

GUT ZU BEGINN: „MÖGE ICH GLÜCKLICH SEIN"

Sie können sich vor der Meditation einen bestimmten Aspekt vergegenwärtigen, den Sie besonders beachten möchten: Das könnte eine Grundhaltung sein wie zum Beispiel „Loslassen". Oder Sie nehmen sich vor, die auftretenden Erfahrungen besonders präzise zu benennen. Einen solchen Entschluss setzen Sie um, indem Sie sich drei Mal im Stillen und konzentriert einen Satz sagen wie „Möge ich in dieser Sitzung allen Erfahrungen mit einem freundlichen, geduldigen Geist begegnen". Dann lassen Sie diesen Gedanken ruhen und konzentrieren sich auf das gewählte Objekt. Diese Entschlüsse können Ihren Anstrengungen ein klares Ziel geben.

Aber vergessen Sie nicht: In der Meditation geht es nicht darum, etwas zu erreichen – sondern darum, alles was Sie davon abhält, im Jetzt zu sein, zu erkennen, anzunehmen und loszulassen.

WIE SIE MIT HINDERNISSEN UMGEHEN KÖNNEN

Manchmal scheint es gar nicht so recht zu „klappen" mit dem Meditieren: Irgendwie wird man nicht richtig ruhig. Oder man wird müde und schläft fast ein. Oder die Knie tun so weh, dass man dem Impuls, aufzuhören, nachgibt. Solche Schwierigkeiten in der Meditation sind völlig normal. Grundsätzlich gibt es zwei Arten, damit umzugehen:

- Sie können Schwierigkeiten in der Meditation als Anregung auffassen, etwas konkret zu verändern: zum Beispiel die Sitzposition, die Dauer der Meditation, das Verhältnis zwischen aktiver und stiller Übung. Vielleicht achten Sie darauf, genug Schlaf zu bekommen, abends weniger zu essen oder in den Alltag mehr Ruhemomente einzubauen. Falls Sie etwas verändern: Bleiben Sie für eine Weile dabei, um die Wirkung auf Ihren Geist und die Meditation genau erforschen zu können.
- Sie können solche Situationen in der Meditation aber auch als Gelegenheit sehen, Ihre gewohnheitsmäßigen Reaktionen auf die Widrigkeiten des Lebens einmal genauer unter die Lupe zu nehmen. In der Meditation werden nur unsere Verhaltens- und Denkmuster deutlich, die wir in der Geschäftigkeit des Alltags oft übersehen – es kann höchst aufschlussreich sein, diesen unhinterfragten Mustern auf die Spur zu kommen. Indem Sie freundlich und nicht-reaktiv Ihre jeweilige Erfahrung – so angenehm oder unangenehm sie sein mag – mit etwas Abstand beobachten, unterbrechen Sie die Reiz-Reaktionsspirale. Sie gewinnen die Freiheit, bewusst zu handeln und die Gelassenheit, sich im „Nicht-Tun" zu üben.

Wenn Sie Hindernisse als Herausforderungen und Chance betrachten können, gewinnen Sie wertvolle Gelegenheiten, wirklich etwas über sich zu lernen.

Body-Scan

Von den Zehen bis zu den Haarspitzen: Gehen Sie auf eine langsame und wohltuende Reise durch den Körper

Legen Sie sich mit dem Rücken auf eine Decke auf dem Boden. Die Arme liegen seitlich neben dem Körper, die Füße hüftbreit auseinander. Sie können ein kleines Kissen unter den Kopf legen und eine Rolle unter die Knie, wenn das angenehm für Sie ist. Schließen Sie die Augen mit einem langen Ausatmen. Lassen Sie jetzt die Geschwindigkeit des Alltags hinter sich. In den nächsten zwanzig Minuten wenden Sie sich wach, interessiert und wertschätzend Ihrem Körper zu – von Moment zu Moment.

GEBEN SIE SICH ZUNÄCHST ZEIT, ANZUKOMMEN

Nehmen Sie wahr, wie der Körper an der Unterlage aufliegt: Fersen, Unterschenkel, mittlerer und oberer Rücken, Arme und Hinterkopf im Kontakt mit dem Boden. Geben Sie das Körpergewicht noch mehr an den Boden ab. Stellen Sie sich vor, Sie lassen den Körper mit jeder Ausatmung etwas tiefer in den Boden einsinken. Vielleicht können Sie auch Gedanken und Gefühle, die Sie jetzt noch beschäftigen, in den Boden mit abfließen lassen. Die Atmung fließt sanft und natürlich. Nehmen Sie wahr, wie sie in den Körper hineinströmt und ihn wieder verlässt. Spüren Sie das Heben und Senken der Bauchdecke, die Bewegung des Brustkorbs. Wo bemerken Sie die Atmung noch: in den Flanken, in der Rückseite des Brustkorbs, im Becken? Ist die Atmung lang oder kurz, tief oder flach, gleichmäßig oder verändert sie sich? Wie auch immer – nehmen Sie es nur wahr.

WACH UND OFFEN FÜR ALLE EMPFINDUNGEN

Wir beginnen nun eine Reise durch den Körper. Während Sie Ihren Körper auf diese Art kennen lernen, kann es vorkommen, dass auch unangenehme Empfindungen auftauchen. Entgegen unserer sonstigen Gewohnheit geht es in der Übung der Achtsamkeit darum, sich allen Empfindungen zuzuwenden – so aufmerksam und interessiert wie möglich. Beim Body-Scan richten Sie Ihre Aufmerksamkeit der Reihe nach auf alle Körperbereiche, möglichst ohne sie zu bewegen. Nehmen Sie wahr, welche Empfindungen es dort gibt: vielleicht Wärme, Kälte, Kribbeln, Jucken, Druck, Schwere, Leichtigkeit, Pochen, Bewegung, Stille ... Vielleicht ist die Empfindung stark, vielleicht schwach oder in diesem Moment gar nicht wahrnehmbar – das ist vollkommen in Ordnung, auch das ist eine Wahrnehmung. Das Wichtigste bei dieser Übung ist die Qualität Ihrer Aufmerksamkeit. Seien Sie möglichst genau im Spüren der Empfindungen. Was auch immer Sie bemerken: Versuchen Sie, es nicht zu verändern, es anders haben zu wollen – lassen Sie es für diesen Moment genau so sein, wie es jetzt gerade ist.

Sie beginnen auf diese Weise mit den Zehen Ihres linken Fußes, wandern dann mit der Aufmerksamkeit zur linken Fußsohle, zur linken Ferse, zum Fußrücken, dem linken Fuß als Ganzes. Spüren Sie das linke Fußgelenk. Erspüren Sie auch, wie die Kleidung die Haut berührt. Gehen Sie dann noch tiefer: in die Muskulatur und die Knochen. Gleiten Sie auf diese Weise mit dem Bewusstsein langsam weiter über den ganzen Körper: Unterschenkel, Knie, Hüfte ... wiederholen Sie das Ganze mit dem rechten Bein. Anschließend widmen Sie sich dem Rücken, den Armen, Hals und Kopf. Nehmen Sie sich bei jedem Teil Zeit und erfühlen Sie möglichst viele Details. Wenn Sie an der höchsten Stelle des Kopfes angekommen sind, spüren Sie die Atmung, lassen Sie den Atem durch den ganzen Körper fließen. Spüren Sie den Körper als Ganzes mit all seinen Empfindungen.

Was auch immer Sie spüren: Versuchen Sie nicht, es anders haben zu wollen.
Lassen Sie es für diesen Moment genau so sein, wie es ist.

DIE INNERE RUHE MITNEHMEN

Stimmen Sie sich allmählich auf den Abschluss des Body-Scans ein. Werden Sie sich des Ortes, an dem Sie sich befinden, und der Tageszeit bewusst. Wenn Sie sich jetzt wieder dem Alltag zuwenden, nehmen Sie etwas von der inneren Ruhe mit.

WWW.MEDITATION-FUER-NEUGIERIGE.DE

Einfach zuhören: Gerade für Anfänger ist eine geführte Meditation besonders hilfreich. Hier finden Sie einen geführten Body-Scan von Jan Eßwein zum kostenlosen Download.

BEIM HIN- UND HERGEHEN IST DER WEG DAS ZIEL.
WIR MÜSSEN NIRGENDWO ANKOMMEN.

Meditation im Gehen

„Über der Erleichterung eines 'sicheren Haltes' im Leben vergessen wir nur allzu leicht das Weitergehen. Stattdessen ziehen wir es vor, das kleine Gefängnis, das wir uns aus Gewohnheiten, Vorstellungen und Meinungen errichtet haben, auszubauen und zu verschönern."

Nyanaponika Mahathera, buddhistischer Gelehrter

Bei der traditionellen Gehmeditation geht man langsam und konzentriert auf einer geraden Bahn hin und her. In fernöstlichen Klöstern sind dafür extra Pfade mit einer Länge von fünf bis 15 Metern angelegt. Für uns ist die Gehmeditation eine Methode, die sehr vielseitig verwendbar ist:

Sie können eine Gehmeditation zur Einstimmung vor der Sitzmeditation machen; achten Sie dann beim Übergang zum Sitzen darauf, die Achtsamkeit konstant zu behalten. Die Gehmeditation ist auch bei Müdigkeit oder nach dem Essen gut geeignet, denn allein durch die Körperhaltung, die mehr Anstrengung und Wachheit erfordert, hat diese Meditationsform einen aktivierenden Effekt. Wenn das Sitzen aus gesundheitlichen Gründen nicht möglich ist, dann bieten sich die Gehmeditation und der Body-Scan als Alternativen an. Und außerdem ist die Gehmeditation eine wunderbare Möglichkeit, um die Achtsamkeit immer wieder zwischendurch in den Alltag zu holen, etwa durch Üben bei einem Spaziergang, einem Stadtbummel oder auf dem Weg ins Büro.

Suchen Sie sich zum Üben einen ruhigen Ort – Zu Hause oder im Freien –, an dem Sie ungehindert einige Meter geradeaus gehen können, vielleicht sogar barfuß. Richten Sie den Körper gerade auf und bringen Sie die Hände vor dem Bauch zusammen, so dass sie sich berühren. Sie können zum Beispiel mit der rechten Hand eine lockere Faust machen, die Sie mit der linken Hand umschließen, oder die Hände, mit den Handflächen nach oben, locker gefaltet halten. Ihre Schultern bleiben entspannt. Achten Sie darauf, dass Sie in einer natürlichen und aufrechten Haltung gehen. Halten Sie den Kopf gerade und lassen Sie ihn nicht nach vorne sinken. Richten Sie den Blick beim Gehen nicht auf die Füße: Der Blick sollte ein bis zwei Meter vor Ihnen auf dem Boden ruhen, denn die Kontrolle unserer Sinne, insbesondere des Sehens, ist sehr wichtig für die Konzentration. Da das achtsame Gehen nicht auf ein Ziel ausgerichtet ist, beruhigen sich die Gedanken nach einer Weile von allein. Fangen Sie mit einer mittleren Geschwindigkeit an und werden Sie dann allmählich langsamer, so wie es Ihr Körpergefühl Ihnen eingibt. Am Ende jeder Bahn halten Sie einen Moment inne.

Auch bei der Gehmeditation üben Sie, sich von auftauchenden Gedanken und Gefühlen nicht ablenken zu lassen, indem Sie sie etikettieren und loslassen (Seite 102-105) .

Im Alltag wird uns selten bewusst, wie komplex der Vorgang des Gehens ist. Hier einige Beispiele, worauf Sie anfangs bei der Gehmeditation Ihre Aufmerksamkeit richten können:

› Die Empfindungen des gesamten Körpers: das Schwingen der Arme, die Bewegung der Beine, die Drehung des Rumpfes, die Luft auf der Haut,
› im Bein oder Oberschenkel oder beim Beugen/Strecken der Kniegelenke,
› in der Fußsohle während des Anhebens und Absenkens,
› in der Fußsohle während des Anhebens, Nach-vorn-Tragens und Absenkens des Fußes.
› Für den Alltag sehr gut geeignet: Verringern Sie Ihre zunächst spontan gewählte Gehgeschwindigkeit (um rund zehn gefühlte Prozent).

Beim Gehen lassen sich mit verfeinerter Wahrnehmung noch viele weitere Einzelbewegungen unterscheiden. Sie werden nach und nach die einzelnen Phasen deutlicher wahrnehmen. Nach einiger Übung können Sie die Gehmeditation erweitern und die Körperwahrnehmung intensivieren:

› Nach jeder Bahn ein kurzer Body-Scan vom Scheitel bis zu den Füßen,
› durch Koordinieren der Bewegungen mit dem Atem, zum Beispiel indem Sie beim Einatmen den Fuß heben und ihn beim Ausatmen senken. Dabei sollte sich die Bewegung immer am Atem orientieren, nicht umgekehrt.
› Mit geschlossenen Augen gehen. Eine Hand streicht an einer Wand entlang, um die Balance zu halten.
› Für Fortgeschrittene: Um das Niveau der Konzentration zu steigern, können Sie einzelne Bewegungsabläufe bewusst benennen, zum Beispiel beim Abheben und Aufsetzen der Fußsohle „Heben – Setzen“.

Sitzmeditation

ÜBEN WIR UNS IN DER PRAXIS DES NICHT-TUNS. ES GIBT NICHTS ZU ERREICHEN. 20 MINUTEN EINFACH DA SEIN.

Der Atem ist Ihr Ausgangs- und Endpunkt für die Sitzmeditation. Sie beginnen eine Sitzung immer mit der Sammlung auf den Atem als Hauptobjekt der Meditation. Zu diesem Anker kommen Sie immer wieder zurück, sobald Sie merken, dass Ihr Geist woanders ist. Von diesem sicheren Hafen aus können Sie nach und nach weitere Erkundungsausflüge machen und mehr Aspekte Ihres Seins erforschen: die Empfindungen des Körpers, Geräusche und, mit einiger Übung, auch Ihre Gedanken und Gefühle. Für eine Weile sind dann also diese Aspekte das bewusst gewählte Objekt Ihrer Aufmerksamkeit. Sie kehren nicht sofort zum Atem zurück, sondern nehmen sich etwas Zeit, genauer hinzuschauen. Mit der Zeit werden Sie erleben, wie Sie dabei bleiben können, ohne darin zu versinken. Sobald das Objekt verschwimmt, in den Hintergrund tritt oder Sie hineingezogen werden, kehren Sie zurück zum Atem.

Erst Atem und Körperempfindungen, dann Geräusche, danach Gedanken und Gefühle: In dieser natürlichen Reihenfolge werden Sie üben. Einfach, weil Atem und körperliche Empfindungen am Anfang leichter wahrzunehmen sind: Jeder kann den Kontakt des Fußrückens auf der Unterlage spüren. Bald wird die Wahrnehmung feiner, und man kann sich den nächsten Stufen zuwenden. Mit einiger Praxis entsteht dann ein Zustand von Raum und Stille in unserem Geist. Am Anfang hilft folgendes Vorgehen:

- **Woche 1:** Erst Atmung, dann Körperempfindungen
- **Woche 2:** Atmung, Körperempfindungen, dann Geräusche
- **Woche 3:** Atmung, Körperempfindungen, Geräusche, schließlich Gedanken und Gefühle.

Grundsätzlich gilt: Wann immer es Ihnen schwerfällt, das Gewahrsein bei den Geräuschen, Gedanken, Emotionen zu halten, kehren Sie zurück zum Atem. Sehen Sie es als Spiel an! Es geht nicht darum, ob es Ihnen gelingt oder nicht. Die Hauptsache ist, dass Sie es tun. Kommen Sie einfach immer wieder freundlich und aufmerksam zum Atem zurück.
Mit zunehmender Konzentrationsfähigkeit werden Sie Ihre Sitzungen ausdehnen. Faustregel: so lange, wie Sie gut sitzen können – plus 5 Minuten. Es braucht erfahrungsgemäß eine gewisse Zeit, um in der Meditation anzukommen. Als nächstes entsteht oft eine Phase, in der der Geist eine gewisse Stabilität erreicht. Dann „bröckelt" die Konzentration wieder, und im Körper können auch mal unangenehme Empfindungen entstehen. Jetzt kann es schwierig werden. Halten Sie auf jeden Fall eine kleine Zeitspanne in dieser Phase aus und sitzen Sie noch etwa fünf Minuten. Um mehr über die eigenen Reaktionsmuster zu erfahren, bieten sich hier die wertvollsten Lernmöglichkeiten.

ANKOMMEN

···⁘ Richten Sie sich im Sitzen ein. Entspannen Sie Stirn, Gesicht und Kiefer. Die Bauchdecke sollte so weich wie möglich bleiben. Wandern Sie mit Ihrer Achtsamkeit durch den Körper und spüren Sie die verschiedenen Berührungspunkte wie den Kontakt mit der Unterlage, die Hände auf den Oberschenkeln, die Augenlider, Lippen ...

ATMUNG

···⁘ Richten Sie jetzt Ihre Aufmerksamkeit auf den Atem: Lassen Sie ihn weich und natürlich fließen und spüren Sie ihm von der Nase bis zum Bauch nach. An welcher Stelle des Körpers können Sie Ihren Atem am deutlichsten spüren, welche Empfindungen entstehen beim Heben und Senken der Bauchdecke? Begleiten Sie jeden Atemzug aufmerksam von Anfang bis Ende, aber stören Sie dabei den Atem nicht in seinem natürlichen Fluss. Sie können die Bewegungen der Bauchdecke mit „Heben" und „Senken" oder mit „Ein" und „Aus" benennen.

KÖRPEREMPFINDUNGEN

···⁘ Richten Sie nun die Aufmerksamkeit auf eine deutliche Körperempfindung, zum Beispiel den Bodenkontakt des Fußes, des Knöchels oder der Sitzbeinknochen. Vielleicht spüren Sie auch ein Ziehen im Rücken oder ein Pochen in den Fingern. Diese Empfindung können Sie neutral beobachten und benennen, zum Beispiel „Aha, eine Empfindung" (nicht: „Schmerz"). Beobachten Sie auch die Eigenschaften der Empfindung genau: Fühlt sie sich ziehend oder kribbelnd an, pochend, juckend, spitz oder dumpf? Wie groß ist ihre Ausdehnung? Richten Sie den Laserstrahl Ihrer Aufmerksamkeit ins Zentrum und beobachten Sie für eine Weile Qualität, Ausbreitung und Intensität. Gibt es eine Anspannung in Gesicht, Kiefer, den Schultern, Armen oder Beinen?

Sie können sich bei einer unangenehmen Empfindung auch einmal fragen, was Ihnen mehr Leiden verursacht: Ist es die Empfindung selbst – oder mehr Ihr innerer Widerstand dagegen? Nehmen Sie nach und nach auch die feineren Schichten Ihrer inneren Widerstände wahr, zum Beispiel „ich halte das nicht aus", „das ist mir unangenehm" oder Ähnliches. Sie können auch diese inneren Haltungen zum Gegenstand neutraler Beobachtung und Benennung machen, zum Beispiel mit „Aha, Nicht-Haben-wollen". Wenn die Empfindung zu stark wird, ist es natürlich sinnvoll, die Sitzposition zu verändern – aber gehen Sie dabei bewusst und sehr langsam vor.

HÖREN

···⁘ Lassen Sie jetzt auch die Geräusche aus der Umgebung in Ihr Gewahrsein kommen. Urteilen Sie nicht und nehmen Sie einfach nur wahr, wie Geräusche entstehen, eine Weile da sind, sich verändern und wieder auflösen. Wenn der Geist Geschichten um das Gehörte spinnt oder die Aufmerksamkeit abschweift, bringen Sie sie wieder sanft zurück zum Hören.

GEDANKEN UND GEFÜHLE

···⁘ Beobachten Sie jetzt die auftauchenden Gedanken und betrachten Sie sie mit einem inneren Abstand. Genau wie die Geräusche kommen und gehen die Gedanken ganz von selbst, wenn wir nicht an ihrem Inhalt haften bleiben. Sie können als Bilder oder Worte im Geist auftreten. Benennen Sie sie entsprechend mit „Sehen, Sehen" oder „Hören, Hören". Auf dieselbe Weise können Sie Bewertungen über diese Gedanken benennen und sich von ihrem Inhalt lösen.

Vielleicht tauchen bestimmte Gedanken immer wieder in Ihrem Geist auf. Dann könnte es sein, dass ihnen eine bestimmte Emotion zugrunde liegt. Spüren Sie, ob sich diese Emotion im Brust- oder Bauchraum abzeichnet – als Enge oder Weite. Zieht sich der Bauch zusammen oder dehnt er sich aus? Was geschieht dabei im Geist? Wie verhält sich die Emotion selbst? Versuchen Sie, für diesen wütenden, ängstlichen oder sorgenvollen Teil in sich Mitgefühl zu entwickeln.

NUR NOCH DA-SEIN

Sie dehnen jetzt Ihre Aufmerksamkeit vom Nabel her auf den ganzen Körper aus: Bauch – Rumpf – Beine – Arme – Kopf. Sie nehmen den gesamten Körper und die Atembewegung darin wahr. Sie beziehen jetzt auch das Hören mit ein. Sie machen den Geist weit und weiter. Nur noch Sitzen.

REFLEXION

···⁘ Stimmen Sie sich abschließend darauf ein, zurückzukommen und sich wieder dem Alltag zuzuwenden. Nehmen Sie etwas von der inneren Ruhe mit. Und nehmen Sie sich noch einmal kurz Zeit, um sich die Erfahrungen der Meditation zu vergegenwärtigen. Was war wichtig oder neu? Was war schwierig, was fiel Ihnen leicht? Gab es Momente der Ruhe? Gibt es etwas, auf das Sie in Ihrem Leben mehr achten möchten?

Weiterführende Tipps: Wie man Stress in sein Gegenteil verwandelt

DIE GLOCKE: WIE MAN SICH IM ALLTAG LAUTER KLEINE MOMENTE DER ERHOLUNG UND ACHTSAMKEIT SCHAFFT

Jeder von uns kennt Dinge im Alltag, über die wir uns so richtig aufregen können: unerbetene Call-Center-Anrufe zum Beispiel. Oder Stau auf dem Nachhauseweg. Oder rote Ampelphasen, die uns zwingen, ungewöhnlich lange zu warten, obwohl wir es heute besonders eilig haben und deswegen bestimmt gleich zu spät kommen. Und weil der Körper immer in den Sog unserer Gedanken mit hineingezogen wird, steigt der Blutdruck, der Herzschlag beschleunigt sich – die Stressreaktion ist in vollem Gange.

Es gibt eine wunderbar einfache, sehr effektive Methode, diesen Stress in sein völliges Gegenteil umzufunktionieren: Sie können die starke negative emotionale Ladung, die diese Stressauslöser besitzen, in eine positive Ladung umpolen und mächtige „Achtsamkeitswecker" daraus machen. Diese Methode hat der vietnamesische Zen-Meister Thich Nhath Hanh entwickelt und „Glocke" genannt. „Höre, höre, dieser wunderbare Klang bringt mich zurück zu meinem wahren Selbst", dichtete er. „Eine Glocke hilft uns zu erwachen."

„Erwachen" in dem Sinne, dass Sie sich aus der selbstverursachten Stressspirale aus Gedanken, Widerständen und Fantasien wieder herausholen. Dafür wenden Sie sich von dem Objekt ab, das alles ausgelöst hat – etwa der roten Ampel – und richten die Aufmerksamkeit wieder auf das Körpergefühl.

Im Alltag können Sie Ihre persönlichen Stressauslöser benutzen, um sich selbst solche „Glocken" oder „Wecker" zu schaffen, die Sie wieder „zur Besinnung bringen". Dafür können Sie in Zukunft zum Beispiel jede rote Ampelphase nutzen: Achten Sie nur auf das rote Licht der Ampel und untersuchen Sie ganz ruhig, neutral und interessiert, was es auslöst: „Unruhe und Druck im Bauch, aha". Dann holen Sie tief Atem und nehmen einfach die Realität wahr, wie sie gerade ist: Sie in Ihrem Auto, Sie spüren den Kontakt der Hände am Steuer und des Rückens zum Sitz – vielleicht können Sie es ja sogar genießen – Ihren eigenen Raum, den Komfort .... Wenn Sie das öfter üben, können Sie die negative Assoziationskette, die mit der Ampel verbunden ist, kappen. Und wenn Sie wieder einmal an einer Ampel anhalten, erinnern Sie sich: „Ich bin hier, in diesem Moment. Ich spüre meine Haut, meine Hände und meinen Atem." Sie haben eine „Glocke" daraus gemacht!

Der Alltag bietet dafür reichlich Gelegenheit: an der Haltestelle zum Beispiel, an der Supermarktkasse oder während der Computer hochfährt. Mit der Zeit wird es immer besser funktionieren, Sie werden die kurzen Wartephasen dann sogar genießen und zum Auftanken nutzen können. Und langweilig ist Ihnen dann beim Warten auch nicht mehr.

„Dieser wunderbare Klang bringt mich zurück zu meinem wahren Selbst"

DER SCHALTER: WIE MAN SICH BESSER AUF NEUE SITUATIONEN EINSTELLT UND DANN MIT VOLLER KRAFT BEI DER SACHE IST

Die Glocke reduziert aber nicht nur den Stress. Sie kann auch wie ein Umschalt-Relais wirken und Ihnen mehr Zeit geben, um sich beim Wechsel von einer in eine andere Situation innerlich umzustellen.

Ein Beispiel: Sie sind mit irgend etwas intensiv beschäftigt, etwa mit der Büroablage oder mit dem Kochen, als das Telefon klingelt. Wenn Sie jetzt sofort abheben, können Sie nur mit halber Präsenz vorhanden sein, denn Ihre Gedanken sind zur einen Hälfte noch bei Ihrer Beschäftigung davor und nur zur anderen Hälfte bei Ihrem Anrufer.

Versuchen Sie doch einmal, die „Glocke" anzuwenden! Dafür stellen Sie zunächst Ihren Anrufbeantworter so ein, dass er Ihnen genug Zeit lässt, in aller Ruhe das Gespräch annehmen zu können. Und dann achten Sie beim nächsten Mal darauf, was das Geräusch des Klingelns bewirkt. Beobachten Sie unvoreingenommen und ohne zu werten, was dabei in Ihnen vorgeht. Wenden Sie sich dann Ihrem Atem zu oder spüren Sie Ihre Fußsohlen auf dem Boden. Das üben Sie einige Male. Wenn es dann wieder klingelt, hören Sie das Geräusch, und Ihnen wird bewusst: „Hier stehe ich, in diesem Augenblick. Ich spüre meine Fußsohlen und meinen Atem." Erst danach gehen Sie zum Telefon und nehmen den Hörer ab. Die Glocke hat Ihnen Zeit gegeben, in das Gespräch hineinzukommen, und Sie werden in dem Gespräch konzentrierter, gelassener und freundlicher sein.

Diese Schalter-Funktion können Sie in vielen Situationen anwenden, die einen Wechsel bringen, beispielsweise wenn Sie
› das Haus verlassen,
› ein Gebäude oder einen Raum betreten ,
› in der Mittagspause zum Essen gehen,
› ein Gespräch beginnen,
› oder sich zum Essen an den Tisch setzen.

Sie werden in jedem Fall mehr bei genau der Sache sein, die Sie gerade tun.

Vom Leben und vom Sterben

Für die meisten Menschen ist der Tod zwar kein angenehmes Gesprächsthema, aber doch sehr präsent und für viele ein Motiv, sich mit der Meditation zu beschäftigen. Deswegen wollen wir Ihnen die „achtsame Übung über den Tod" zum Abschluss dieses Kapitels nicht vorenthalten.

ALLES DUKKHA

„Die ihr noch wohnt im Tal der Tränen, wo Tod den schwarzen Schatten wirft .." heißt es in der Bibel. Um ein solches Leben erträglich zu machen, rät das Christentum zum Glauben an Gott und das Himmelreich, während der Buddhismus einen praktischeren Weg empfiehlt.

Für all unser menschliches Leiden hat der Buddhismus einen Sammelbegriff: Dukkha (wörtlich: „schwer zu ertragen"). Altern ist Dukkha, Sterben ist Dukkha; Sorgen, Trauer, Krankheit, Schmerz sind Dukkha; unerfüllte Wünsche sind Dukkha. Unzulänglichkeit, Verlassenwerden, Unvollkommenheit, Untreue – all diese Bedeutungen umfasst der Begriff. Aber Dukkha meint nicht nur großes Leid. Der Begriff ist viel grundsätzlicher und weiter gefasst: Darunter wird die „nicht befriedigende Natur alles Bestehenden" verstanden. Was das heißen soll? Stellen Sie sich vor, es regnet draußen. Sie sitzen gemütlich im Trockenen, der Eisschrank ist voll, Sie erfreuen sich bester Gesundheit ... aber sind Sie deshalb vollständig glücklich? Sind Sie wirklich erfüllt? Dukkha umfasst die gesamte Spannweite menschlichen Leidens – angefangen bei diesem prinzipiellen „nicht-vollständig-erfüllt-Sein" bis hin zu tiefstem psychischen und physischen Leid.
Und wieso kann alles Bestehende letztlich nicht zur Gänze befriedigend sein? Weil alles vergänglich ist, argumentieren die Buddhisten. Nichts dauert ewig, alles ist dem Verfall unterworfen und unbeständig, auch wir werden sterben – das sind Tatsachen. Und wenn nichts beständig ist, kann es auch kein dauerhaftes Glück geben – das ist nur logisch. Dennoch und obwohl es unmöglich ist, versuchen wir, die Dinge festzuhalten: Besitz, Status, Jugend ... das „Ich" will all diese Dinge am besten für immer behalten. Insgesamt übrigens eine recht begabte Art, Dukkha zu erzeugen. Dieses „Anhaften" ist es – und nicht etwa die Vergänglichkeit an sich –, was für Buddhisten die Ursache allen Leidens darstellt. Um dieses Leid zu beenden, empfehlen sie ein einfaches Mittel: loslassen. Wozu hinter dem Unmöglichen herjagen? Dieses „Loslassen" betrifft nicht nur den gelasseneren Umgang mit Gefühlen, den wir in der Meditation erlernen, sondern das gesamte Konzept vom „Ich". Dabei geht es nicht darum, die eigene Identität zu zerstören. Aber die Idee vom „Ich" als etwas Solidem mit festem Wesenskern wandelt sich im Lauf des Erkenntnisprozesses, dem sich langjährig Meditierende unterziehen, gründlich: Intensive Meditation führt – wenn man dieses Ziel anstrebt – zum Erlebnis und Erfahrungswissen der „Ichlosigkeit" (auf Seite 144 können Sie in einem Interview lesen, wie sich das anfühlt).

ALLES FLIESST

In der buddhistischen Vorstellung unterliegt alles einem unaufhörlichen Wandel. Zum Beispiel ein Fluss wie der Rhein: Für uns hat er eine klare Identität. Aber wenn wir an einem Tag am Rheinufer waren und dann am nächsten Tag wieder ans Ufer gehen, nachdem inzwischen Milliarden Wassertropfen vorbeigeflossen sind: Ist das dann noch derselbe Fluss? Genauso verhält es sich mit dem menschlichen Körper. Wir stellen ihn uns als stabile Einheit mit einer Lebensdauer von etwa achtzig Jahren vor. Aber eine solche physische Einheit existiert nicht, denn unser Körper stößt ständig Zellen ab und bildet dafür neue – schon nach wenigen Jahren ist kein einziges Molekül mehr dasselbe. Kontinente, Sonne, Universum – gar nichts hat Bestand. Mit unseren Begriffen und Vorstellungen täuschen wir uns Stabilität und Dauer nur vor, weil wir uns so sehr danach sehnen. Derselben Täuschung unterliegen wir, wenn wir vom Ich sprechen: Unsere Meinungen, die wir für so fest gegründet, unsere Gefühle, die wir für so wichtig hielten – alles entpuppt sich mit der Zeit als Illusion. Alles, was wir haben, ist der gegenwärtige Moment: unseren Körper, den Atem und das illusionslose, wunschlose, akzeptierende Sein im Hier und Jetzt.
→ Es gibt eine kontemplative Übung, die „achtsame Übung über den Tod", der sich Mönche in buddhistischen Klöstern ab und zu unterziehen. Die Mönche fragen sich: „Werde ich sterben? Ja, das steht fest. Aber wann das sein wird – das weiß niemand." Vielleicht in 70 Jahren, aber vielleicht auch morgen. Wer weiß? Wer sich das bewusst macht, entwickelt ein Gefühl der Dringlichkeit, sein Leben so achtsam zu leben wie möglich. Sie können sich auch selbst einmal fragen: „Wenn dies meine letzte Stunde wäre, würde ich sie so verbringen wie die jetzige? Und wie kann ich jetzt sofort damit beginnen, den weisesten Gebrauch von der Gegenwart zu machen?"

WIE MAN DIE RUHE BEWAHRT: MEDITATION IM ALLTAG

Für unsere Meditationspraxis steht uns das größte Trainingsfeld der Welt zur Verfügung: unser Alltag. Wenn Sie dieses Buch gelesen haben, werden Sie darüber lächeln, dass Sie einmal Ihr Leben ändern oder auswandern wollten, um dem „Hamsterrad“ zu entkommen. Denn dann werden Sie wissen, wie Sie all die tausend alltäglichen Möglichkeiten nutzen, Ruhe zu finden. Und das ohne großen zusätzlichen Zeitaufwand – nur mit einem ganz neuen Lebensgefühl.

„Die wunderbare Wirklichkeit": Achtsamkeit als Lebenseinstellung

MIT WEM STEHEN SIE SO UNTER DER DUSCHE?

Sie duschen meistens allein? Wirklich? Denken Sie mal nach. Die meisten Leute haben an diesem Ort Gesellschaft: den Chef, die Kollegen, die ganze Firma. Die Freunde, die Party am Samstag, das Weihnachtsfest von 1980 und die gesamte Familie. Oder auch: den kaputten Fahrradreifen, das verschwundene Lieblingshemd, die Heizkostenerhöhung ...

Und hier kommt eine kleine Übung: Duschen Sie, um zu duschen! Immerhin haben Sie hier einen ungestörten „Meditationsraum" nur für sich:

- Wie duschen Sie denn üblicherweise: im Stehen? Heiß oder kalt? Mit weichem Wasserstrahl? Probieren Sie doch mal was anderes aus!
- Was für ein Gefühl ist es, wenn das Wasser auf Ihre Haut auftrifft: wie ein Prickeln oder eher wie die Berührung mit einem Seidentuch? Wie fühlt sich die Kopfhaut an, die Gesichtshaut? Wie hört sich das Wasser an: eher wie ein Rauschen oder wie ein Plätschern?
- Oder Sie gehen es systematisch an und praktizieren einen kurzen Body-Scan, wie Sie es im Meditationskapitel gelesen und geübt haben.

Machen Sie diese Übung öfter – am besten immer, wenn Sie duschen.

„Die Tatsache, dass ich hier stehe und diese Schale abwasche, ist die wunderbare Wirklichkeit. Ich bin ganz ich selbst, folge dem Atem und bin mir meiner Präsenz, Gedanken und Handlungen völlig bewusst. Diese Bewusstheit verhindert, dass mein Geist wie eine Flasche in den Wellen des Ozeans hin- und hergeworfen wird."

Zen-Meister Thich Nhat Hanh

„ABWASCHEN, UM ABZUWASCHEN"

Die folgende Geschichte stammt von dem berühmten vietnamesischen Zen-Meister Thich Nhat Hanh:

„Als junger Novize lebte ich vor einigen Jahrzehnten in der Tu-Hieu-Pagode. Das Abwaschen war damals eine wenig angenehme Aufgabe. So etwas wie Spülmittel kannten wir nicht! Wir hatten nur Asche, Reishülsen und Schalen von Kokosnüssen. Eine schwere Aufgabe, besonders im Winter, wenn das Wasser eiskalt war! Heute gibt es Spülbürsten und fließend heißes Wasser ... da fällt es nicht mehr schwer, mit Freude abzuwaschen. Wenn man abwäscht, sollte man nur abwaschen, das heißt, man sollte sich während des Abwaschens dessen ganz bewusst sein, dass man abwäscht.

Das kommt einem auf den ersten Blick vielleicht etwas albern vor. Weshalb einer so banalen Sache wie Abwaschen derart viel Aufmerksamkeit widmen? Doch das ist der springende Punkt: Die Tatsache, dass ich hier stehe und diese Schale abwasche, ist die wunderbare Wirklichkeit. Ich bin ganz ich selbst, folge meinem Atem und bin mir meiner Präsenz, meiner Gedanken und Handlungen völlig bewusst.

Diese Bewusstheit verleiht mir innere Festigkeit und verhindert, dass mein Geist wie eine Flasche in den Wellen des Ozeans hin- und hergeworfen wird."

„ICH MUSS AN DER KASSE WARTEN? WUNDERBAR!"

„Abwaschen, um abzuwaschen"? Als wir – die Autoren dieses Buchs – diesen Satz zum ersten Mal lasen, hatten wir noch keine Meditationserfahrung und dachten, hier wolle jemand die Übertreibungen der spirituellen Szene auf den Arm nehmen. Aber Zen-Meister Thich Nhat Hanh dürfte das Beispiel des Abwaschens, das wohl als Inbegriff einer besonders schlichten Tätigkeit gilt, bewusst gewählt haben. Unser Leben ist voll von einfachen Handlungen, die nun einmal einfach sein müssen: Zähne putzen, kämmen, staubsaugen, kehren, Salat waschen, im Supermarkt an der Kasse warten, tanken ... Meistens bringen wir diese Tätigkeiten schleunigst hinter uns. Entweder, weil sie unseren ständig nach neuer Unterhaltung lechzenden Geist unendlich langweilen. Oder weil wir überzeugt sind, dass sie keinen Spaß machen. Oder weil wir danach etwas viel Wichtigeres oder Schöneres vorhaben. Dabei kommt viel Zeit zusammen, die wir „totschlagen", weil wir so damit beschäftigt sind, auf das Danach zu schielen.

Und hier liegt mit der größte und wunderbarste Effekt der Meditation: All diese „Zeitfresser" verwandeln sich in Pausen, in denen Sie sich in Ihrem Atem verankern und Kontakt mit sich selbst aufnehmen können. Mit diesen vielen kleinen Momenten können Sie mehr Ruhe in Ihren Alltag bringen. Diese Erfahrung wird ausnahmslos von allen Menschen beschrieben, mit denen wir für dieses Buch gesprochen haben. „Ich muss auf jemanden warten? Vor mir an der Kasse geht's nicht weiter? Wunderbar! Ein paar tiefe Atemzüge, und ich bin für eine Weile nicht für irgend eine Aufgabe, ein Ziel oder für jemand anderen da, sondern nur für mich." Die ganze Lebenseinstellung verändert sich durch die Praxis der Achtsamkeitsmeditation.

Wenn Sie eine Weile meditiert haben, werden Sie merken, wie sich von alleine immer wieder ein Gefühl der Achtsamkeit einstellt: ein tiefer Atemzug, während Sie eine Tür öffnen; das Spüren der Türklinke in der Hand ... nichts Sensationelles. Es ist einfach nur das, was gerade „wunderbare Wirklichkeit" ist. Und dafür bieten sich Ihnen ständig neue Gelegenheiten, denn jede körperliche oder einfache, sich wiederholende Tätigkeit ist konzentrationsfördernd. Auf der nächsten Seite finden Sie viele Tipps für Alltagssituationen, die Sie für Ihre Achtsamkeitsübungen nutzen können.

Achtsamkeit im Alltag: die besten Tipps

Es muss nichts Großartiges sein! Oft nützt ein kleiner Wechsel des Blickwinkels, um eine gewohnte Situation neu und bewusster zu erleben. Sie können

- ... einen anderen Sinneskanal wählen, etwa die Augen senken oder schließen, um intensiver zu hören, zu riechen oder zu schmecken.
- ... eine Tätigkeit auf ungewohnte Weise umsetzen, beispielsweise mit der linken Hand die Zähne putzen oder einen anderen Weg zur Arbeit nehmen.
- ... eine Aktivität verlangsamen, um detaillierter wahrnehmen zu können, was geschieht. Zum Beispiel das Gehen oder das Essen.

Es muss keine besondere Situation sein! Am besten

- ... wählen Sie am Anfang eine neutrale Umgebung, gegen die Sie keine inneren Widerstände verspüren. Später können Sie die Achtsamkeitsübungen auf genau diese Situationen ausdehnen – das ist meistens sehr ergiebig für die Selbsterkenntnis.
- ... nutzen Sie kleine Wartezeiten, um Ihren Atem und Körper zu spüren: an der Supermarktkasse, an der Ampel, im Aufzug, während der Computer hochfährt, beim Arzt usw.
- ... wählen Sie einen kurzen Vorgang, sodass der Geist leichter dabei bleiben kann. Beispiel: eine bestimmte Wegstrecke für eine Gehmeditation im Alltag.
- ... nehmen Sie sich kurze Pausen und nutzen Sie diese auf positive Art, etwa für eine Yoga-Übung oder einen Spaziergang an der frischen Luft.
- ... nutzen Sie ausgiebig die „Glocken"-Methode auf Seite 114. Mit Computer oder Handy können Sie sich daran erinnern lassen, eine Achtsamkeitspause einzulegen.

Es muss kein besonderer Ort sein! Am besten sind natürlich Gelegenheiten, bei denen Sie alleine sind wie zum Beispiel

- ... im Auto
- ... in der Dusche
- ... oder im Bad.

Eine optimale Möglichkeit, Abstand von schwierigen Situationen zu bekommen und Achtsamkeit zu üben, ist übrigens der Gang zur Toilette. In der Regel wird es Ihnen niemand verübeln, wenn Sie sich deshalb für ein paar Minuten entschuldigen.

- Machen Sie den Weg dorthin zu einer Gehmeditation.
- Dort angekommen, achten Sie auf Ihren Atem.
- Vielleicht waschen Sie sich die Hände oder erfrischen das Gesicht oder die Unterarme.

Nehmen Sie die gewonnene Ruhe und die Zentrierung mit.

Auch zu Hause gibt es viele Möglichkeiten:

- Zähne putzen,
- Haare waschen,
- Sich eincremen.

BEIM AUTO FAHREN

Experimentieren Sie mit der Möglichkeit, knapp unter der Höchstgeschwindigkeit zu fahren. Wie fühlt sich das in Körper und Geist an?

- Schalten Sie das Radio aus, führen Sie keine Telefonate. Fahren Sie einfach, seien Sie ganz bei sich.
- Gibt es Spannungen in Ihrem Kiefer, Nacken, den Armen und Händen? Können Sie dort Spannung loslassen?

Sie werden sehen: Die Umsetzung der Achtsamkeit beim Autofahren wird sich auf Ihr Lebensgefühl – und übrigens auch auf den Spritverbrauch – auswirken. Das bestätigen selbst hartgesottene „Sportiv-Fahrer".

BEIM ESSEN

Nehmen Sie sich bewusst ein wenig Zeit dazu. Machen Sie ein kleines Ritual daraus.

- Essen Sie bewusst ohne Ablenkung. Kein Fernseher, keine Musik oder intensive Gespräche – probieren Sie es! Sie werden sich wundern, wie Ihre Genussfähigkeit steigt.
- Essen Sie auch ruhig einmal alleine.

Was ist nötig, um genießen zu können? Genuss entsteht nicht in erster Linie durch einen spektakulären Anlass oder Gegenstand – erst unsere eigene Wahrnehmung macht ihn dazu. Kleine, alltägliche Dinge können, bewusster wahrgenommen, ungeahnte Quellen des Genießens und der Lebensfreude werden. Oft verschenken wir diese Gelegenheiten durch unseren Mangel an Aufmerksamkeit. Hier ein paar Tipps, wie Sie das ändern können:

- Genuss ist nicht auf Urlaub und Feiertage beschränkt. Halten Sie sich unbedingt bewusst Zeiträume für Ihren Genuss frei und tragen Sie sie in Ihrem Terminkalender unter „ICH" ein. Die „wichtigeren Dinge" haben eine starke Tendenz, Zeiten für Genuss und Stille zu fressen. Verteidigen Sie Ihre Genussräume vehement gegen die Angriffe des „müsste" und „sollte"!
- Sie müssen sich das Angenehme nicht erst verdienen! Durch kulturelle Prägung haben wir verinnerlicht, dass es wertvoller ist, zu arbeiten, als zu genießen. Oder, dass wir uns Angenehmes erst verdienen müssen. Geben Sie sich die Erlaubnis zum Genießen!
- Genuss funktioniert nicht nebenher. Richten Sie die volle Aufmerksamkeit darauf – so, wie Sie es auch mit Ihrer Arbeit halten.
- Oft sind es die kleinen Dinge, die Grund zur Freude bieten: die Sonne auf der Haut, ein Stück Schokolade ...
- Weniger ist mehr! Wie leicht werden aus einem Glas Wein zwei oder drei oder eine ganze Flasche ... wahrscheinlich ist das zu viel. Aber wo genau fängt es an? An welchem Punkt schlägt das, was mir gut tut, in automatischen Konsum um? Achten Sie mal darauf. Ihre körperliche Befindlichkeit ist ein sehr gutes Barometer dafür. Sie können das auch ganz einfach testen: Machen Sie bei der nächsten Gelegenheit einen Mini-Body-Scan nach jedem Glas Wein.

Geben Sie dem Genuss einen Wert, indem Sie ihn als lebensbejahende Kraft schätzen lernen. Feiern Sie innerlich die Tatsache, dass Sie sich etwas gönnen konnten, loben Sie sich unmittelbar selbst dafür!

Loben Sie sich selbst, wenn Sie sich etwas gönnen konnten! Feiern Sie sich dafür!

Noch etwas ist eng mit unserem Wohlergehen und unserer Genussfähigkeit verknüpft: die Erfüllung unserer elementaren körperlichen Bedürfnisse. Ist es warm genug? Habe ich genug getrunken? Bin ich müde? Oder brauche ich gerade etwas Bewegung?

Der erste und wichtigste Schritt zur Genussfähigkeit besteht darin, dass Sie diese grundlegenden Bedürfnisse wahr- und vor allem auch ernst nehmen. Also nicht stundenlang nichts trinken, weil man seinen Platz am Computer nicht verlassen will. „Gleich hole ich mir etwas, nur noch diese eine Zeile" ... das kennen Sie vielleicht. Das Beispiel ist relativ harmlos. Aber dahinter steckt mehr: Damit unterwerfen wir uns dem herrschenden Leistungsideal, das uns suggeriert, dass körperliche Bedürfnisse zweitrangig sind und uns bei der Erfüllung unserer Pflichten nur behindern. Extremere Formen von Körperverneinung können übrigens ernsthafte Folgen haben, etwa ein Burnout-Syndrom. Tatsächlich beeinflusst uns der Umgang mit diesen instinktiven Anteilen auf einer sehr elementaren Ebene. Es kann ein wichtiger Schritt in Richtung Selbstakzeptanz sein, wenn Sie sich diesem Aspekt Ihrer Existenz auf achtsame Weise zuwenden.

- Hier ist eine gar nicht so anspruchslose und sehr wirkungsvolle Übung: Achten Sie einmal für eine ganze Woche darauf, Ihre körperlichen Bedürfnisse gut zu erfüllen. Versuchen Sie zu bemerken, sobald Sie Durst haben, frieren, das Bedürfnis haben, sich auszuruhen, und handeln Sie entsprechend, soweit es möglich ist. Bemerken Sie Ihr Körpergefühl – vorher, währenddessen und unmittelbar nachdem Sie sich darum gekümmert haben. Feiern Sie die Tatsache, dass Sie gut für sich selbst sorgen!

Was tue ich, wenn ...

TIPPS UND HILFEN BEI HINDERNISSEN

Nach einer Weile Meditationserfahrung treten bei vielen Menschen ähnliche Fragen auf. Hier sind die gesammelten Antworten und Hilfen des Achtsamkeitstrainers Jan Eßwein auf die „Frequently asked questions" seiner Schüler.

... die Gedanken abschweifen

„Beim Meditieren schweifen meine Gedanken immer wieder ab. Manchmal merke ich das erst nach einiger Zeit, etwa fünfzehn Minuten. Was kann ich dagegen tun?"

Freuen Sie sich jedes Mal, wenn Sie ein Abschweifen des Geistes bemerken. Ob nach zehn Sekunden, zehn Minuten oder zehn Tagen. Freuen Sie sich, denn jedes Bemerken einer Ablenkung ist ein Moment der Achtsamkeit. Mit Freude und Achtsamkeit haben Sie schon zwei heilsame Geistesfaktoren gestärkt. Außerdem sind jene Phasen, in denen der Geist unentwegt zu wandern scheint, ein Teil des Weges. Alle Meditierenden kennen das.

- Springen Sie nicht sofort von einer anderen Tätigkeit in die Meditation. Stimmen Sie sich erst ein: Dafür bieten sich viele körperliche und mentale Übungen (siehe Seiten 60ff.) zur Auswahl an. Vielleicht entwickelt sich bei Ihnen auch ein persönliches Ritual zur Vorbereitung. Sehr gut geeignet zur Einstimmung sind Übungen, in denen Sie einerseits dem Bedürfnis Ihres Körpers nach Bewegung folgen können und andererseits bereits anfangen, Körper und Atem genauer wahrzunehmen.
- Fangen Sie mit Konzentrationsübungen an, wie sie im Kapitel „Wie man die Wellen glättet" zu finden sind, bis Ihr Geist eine gewisse Stabilität erreicht. Gerade zu Beginn Ihrer Praxis ist es sinnvoll, bei der Konzentration einen Schwerpunkt zu setzen.
- Aber auch bei der Achtsamkeitsmeditation empfehle ich, zunächst den Schwerpunkt auf die Konzentration zu lenken. Das heißt, dass Sie umgehend zum Hauptobjekt zurückkehren, sobald Sie ein Nebenobjekt bemerken (siehe Seite 98). Sie warten nicht, bis sich „die Wolke aufgelöst hat", sondern richten Ihren Blick sofort wieder auf den Atem.

Ansonsten können Sie solche Situationen auch als Gelegenheit sehen. Sie müssen nicht immer aktiv werden und die reale Situation zu ändern versuchen: Sie können auch freundlich und interessiert beobachten, was an Gedanken auftaucht. Damit gewinnen Sie Freiheit, bewusst zu entscheiden, ob Sie wirklich reagieren – oder einfach das Nicht-Tun üben wollen. Mit den Gedanken ist das etwas schwieriger als beim Schmerz, da wir mehr daran gewohnt sind, uns mit ihnen zu identifizieren, als das bei körperlichen Empfindungen der Fall ist.

- Üben Sie sich also darin, Ihre Gedanken mit Abstand zu beobachten, sich von ihnen zu disidentifizieren. Wenn ein Gedanke auftaucht, treten Sie innerlich ein wenig zurück. Dann können Sie sehen, wie er sich entwickelt, viel Raum beansprucht ... und schließlich verschwindet – einfach so. Eben schien er noch der Mittelpunkt von allem zu sein, und nun ist er weg. Durch diese Erfahrung erkennen Sie,

Jan Eßwein praktiziert seit über 15 Jahren Yoga und Meditation, ist staatlich anerkannter Physiotherapeut, Focusing-Berater und Yogalehrer. Bei Jon Kabat-Zinn besuchte er ein „Professional Training" in der Methode der Mindfulness Based Stress Reduction, es folgte eine Weiterbildung in „Stressbewältigung durch Achtsamkeit" am Institut für Achtsamkeit in Bedburg. Seine Meditationserfahrungen vertiefte er auf mehreren Asienreisen. Während eines halbjährigen Aufenthalts im Panditarama Kloster in Nepal trainierte er intensiv die Achtsamkeitsmeditation. Seit 2004 leitet er Kurse für Stressbewältigung durch Achtsamkeit.

„wie es denkt", und es wird Ihnen leichter fallen, sich auch von beunruhigenden Gedanken nicht aus dem Konzept bringen zu lassen.

„Was kann ich tun, wenn ich immer wieder an etwas denken muss – eine unerledigte Aufgabe oder ein persönliches Thema – das mich gerade im Alltag beschäftigt?"

Sie können dazu Distanz herstellen, indem Sie in ihrer Vorstellung dieses Thema für die Dauer der Meditation mit einer Überschrift versehen, es verpacken und an einem guten Ort ablegen, mit dem Versprechen, sich später darum zu kümmern. Oft entstehen aus diesem bewussten Abstand zu dem, was uns beschäftigt, auch entspannte und neue kreative Herangehensweisen.

... ich wenig spüre

„Ich spüre keine Atembewegung an der Bauchdecke und auch nicht, wie die Luft um die Nasenlöcher streicht ..."

Es gibt viele Menschen, die zu Beginn bei der Atemmeditation wenig spüren. Die Atemempfindung ist ja auch in der Regel sehr fein, und der Versuch, sie differenziert wahrzunehmen, wahrscheinlich etwas Neues für Sie.

› Sie können den Atem ganz einfach spürbar machen, indem Sie Ihre Hand auf die Bauchdecke legen. Dann nehmen Sie das Ein- und Ausatmen durch die Hand wahr. Nach ein, zwei Wochen können Sie die Hand weglassen.
› Wenn Sie den Body-Scan einige Wochen lang üben, wird Ihre Körperwahrnehmung geschärft und Sie werden auch feinere Empfindungen wahrnehmen.

„Beim Body-Scan spüre ich bestimmte Körperbereiche gar nicht. Mache ich etwas falsch?"

Das geht vielen Menschen so. Aber mit jedem Body-Scan stärken Sie Ihre Fähigkeit, auch an diesen blinden Flecken Empfindungen wahrzunehmen. Erfahrungsgemäß werden Sie nach wenigen Wochen geduldigen Übens eine weitaus klarere und natürlichere Verbindung mit Ihrem Körper genießen. Und da der Körper ein Barometer für alles ist, was in Geist und Emotionen abläuft, ist das von großer Bedeutung!

„Wenn ich mich beim Sitzen auf meinen Atem konzentriere, verändert er sich sofort, bleibt nicht natürlich. Das irritiert mich sehr."

Das geschieht schnell, wenn wir zu viel „wollen" oder „alles richtig" machen wollen. Dann entstehen Vorstellungen darüber, wie der Atem sein sollte.

› Versuchen Sie, sich innerlich zurückzulehnen, die Aufmerksamkeit entspannt zu halten. Auch eine Sitzposition, die weniger Körperspannung erfordert, kann hilfreich sein.
› Üben Sie eine Zeitlang den Body-Scan, um sich an die Meditation zu gewöhnen.

Was tue ich, wenn …

„Bei der Gehmeditation komme ich ins Schwanken und werde unsicher."

Die langsame Gehmeditation ist anspruchsvoll, was das Gleichgewicht angeht. Interessant ist der Zusammenhang zwischen Konzentration und Balance: Je gebündelter Ihre Aufmerksamkeit ist, desto leichter wird es Ihnen fallen, das Gleichgewicht zu halten. Je mehr Sie denken, desto schneller wackelt der Körper.

› Sie können das auch zum Anlass nehmen, Ihr Gleichgewicht mit Hilfe der Übungen auf Seite 70 zu trainieren.
› Gehen Sie nahe an einer Wand entlang, um mehr Sicherheit zu bekommen.

… der Rücken schmerzt

„Ich bekomme beim Meditieren oft Rückenschmerzen. Mache ich etwas falsch? Und kann ich damit meinem Rücken schaden?"

› Wenn die Beschwerden auch nach der Meditation anhalten, müssen Sie das auf jeden Fall medizinisch abklären lassen – insbesondere, wenn Ausstrahlungen ins Bein oder Taubheit auftreten.
› Praktizieren Sie die Haltungsübungen auf Seite 40f. ausführlich, auch vor einem Spiegel oder mit Hilfe eines Partners, Yogalehrers oder Physiotherapeuten, der Ihnen Rückmeldung gibt. Integrieren Sie die neuen Haltungen in Ihren Alltag. Nehmen Sie sich genügend Zeit, die verschiedenen Sitzhaltungen durchzuprobieren (Seite 34-37). Was sich am Anfang ungewohnt anfühlt, wird mit der Zeit leichter.
› Stärken Sie Ihren Rücken und dehnen Sie Ihre rückseitige Beinmuskulatur (Seite 66f.).
› Nutzen Sie die Möglichkeit, sich an die Wand zu lehnen. Zusätzlich kann ein kleines gefaltetes Handtuch als Stütze für die Lendenwirbelsäule Erleichterung bringen (Seite 39).
› Meditation im Liegen und die Gehmeditation sind weitere Alternativen.
› Vergehen die Schmerzen nach der Meditation gleich wieder? Dann handelt es sich wahrscheinlich nur um Empfindungen, die durch die ungewohnte stille Sitzhaltung entstehen. Die meisten, wenn nicht alle Meditierenden kommen an einen Punkt, an dem sie sich in einem gewissen Rahmen mit körperlichen Schmerzen auseinandersetzen müssen. Sie sind also in bester Gesellschaft.
› Verfahren Sie mit dem Schmerz wie auf Seite 103 - 107 beschrieben. Verändert er sich? Können Sie den Teil von Ihnen beobachten, der sich gegen den Schmerz wehrt? Können Sie ihn für ein paar Momente loslassen? Dann haben Sie eine wichtige Lernerfahrung gemacht über die Natur des Schmerzes und über die Reaktion des Geistes.
› Wenn Sie sich mit dem Schmerz befasst haben und feststellen, dass er zu stark wird, ändern Sie sehr achtsam und langsam die Position. Beobachten Sie genau, wie sich die Empfindungen dadurch verändern.

„Mein Fuß schläft beim Sitzen ein. Kann ich das vernachlässigen, oder kann dabei etwas passieren?"

Das ist ein häufiges Phänomen, bei dem die Blutzufuhr der Nerven vorübergehend verringert ist, etwa durch eine Druckstelle oder ein abgeknicktes Bein. Das ist unbedenklich, solange Sie weniger als 90 Minuten nacheinander sitzen.

› Versuchen Sie eine alternative Sitzposition, wenn Sie das sehr stört.
› Beobachten Sie die Körperempfindungen des „Einschlafens" und werden Sie sich Ihrer Reaktionen darauf bewusst. Verfahren Sie wie mit Schmerzempfindungen.
› Seien Sie vorsichtig beim Aufstehen! Strecken Sie erst die Beine aus und warten Sie, bis das Gefühl zurückkehrt.

„Sie hören Ihren Tinnitus in der Meditation besonders laut? Dann konzentrieren Sie sich auf die Empfindungen in Ihren Fußsohlen! Je weiter vom Ort der Störung sich Ihre Aufmerksamkeit sammelt, desto einfacher wird es. Verankern Sie die Aufmerksamkeit fest im Körper. Mit der Zeit wird Ihr Geist eine neue Gewohnheit bilden und im Körper bleiben, anstatt zu dem Ton zu gehen. Übrigens: Ich selbst konnte meinen Tinnitus nach eineinhalb Jahren Leidensweg durch die Achtsamkeitsmeditation weitestgehend auflösen."

… Störungen von außen auftreten

„Verkehrslärm, die Familie ist laut … bei Lärm bin ich besonders empfindlich und komme sofort aus der Ruhe."

- Damit das zarte Pflänzchen Ihrer Meditationspraxis wachsen und gedeihen kann, braucht es gute Bedingungen, und die können Sie – wie ein Gärtner – herstellen: Stille ist sehr förderlich für Ihre Meditation, Gespräche und Musik sind besonders ungünstig. Versuchen Sie beides zu vermeiden, indem Sie mit ihrer Familie für diese Zeit Ruhe vereinbaren, oder wählen Sie eine ruhige Tageszeit.
- Es hört sich drastisch an, ist aber effektiv: Meditieren Sie ganz einfach mit Ohrstöpseln und/oder Augenmaske, um Reize von außen auszuschließen.
- Andererseits können Sie jedes Geräusch zu einem Objekt Ihrer Achtsamkeit machen. Wenn Sie einen Teller klappern hören, können Sie auch das neutral und interessiert beobachten und mit „hören, hören" benennen. Nehmen Sie die Dynamik des Klanges wahr: das Entstehen, die Veränderungen, das Ausklingen und die Stille danach.

Wenn Geschichten über das Gehörte entstehen, können Sie auch diese beobachten. Vielleicht denkt es in Ihnen: „Kann der nicht mal ruhig sein, denkt der denn nicht daran, dass ich meditiere, ich werde nachher mal mit ihm über Achtsamkeit sprechen, und wenn er dieses sagt, dann antworte ich jenes …". Und plötzlich sind Sie Lichtjahre vom gegenwärtigen Augenblick entfernt, weil der Geist wie gewohnt Assoziationsketten gebildet hat. Geräusche können eine sehr gute Gelegenheit sein, dieser Tendenz gewahr zu werden.

„In der Meditation höre ich meinen Tinnitus besonders laut, und das ist sehr störend."

- Konzentrieren Sie sich auf die Empfindungen in Ihren Fußsohlen! Je weiter vom Ort der Störung sich Ihre Aufmerksamkeit sammelt, desto einfacher wird es. Verankern Sie die Aufmerksamkeit fest im Körper. Mit der Zeit wird Ihr Geist eine neue Gewohnheit bilden und im Körper bleiben, anstatt zu dem Ton zu gehen.
- Lernen Sie die Gedanken- und Emotionsspiralen der Sorgen und Ängste schneller zu erkennen, zu benennen und aus Ihnen auszusteigen (siehe auch Umgang mit Gedanken und Gefühlen, Seite 102 und 104).
- Üben Sie vor allem den Body-Scan, die Gehmeditation und die Balancehaltungen.
- Geben Sie sich etwas Zeit. Praktizieren Sie täglich geduldig für ein bis zwei Monate. Dann können Sie Bilanz ziehen.

Übrigens: Ich selbst konnte meinen Tinnitus nach eineinhalb Jahren Leidensweg durch die Achtsamkeitsmeditation weitestgehend auflösen.

… ich müde werde

„Was kann ich tun, wenn ich während der Meditation merke, dass ich müde werde?"

- Machen Sie die Müdigkeit einfach zu Ihrem Meditationsobjekt und richten Sie Ihre Achtsamkeit ganz scharf auf die Körperempfindungen, die damit einhergehen: Wie fühlt sich Müdigkeit eigentlich im Körper an? Ein Sinken in Kopf und Brustkorb? Ist da eine Schwere? Geht der Atem langsamer, ist die Ausatmung vertieft …? Ist da eine neblige, diffuse Qualität im Geist? Durch interessiertes, möglichst differenziertes Beobachten entsteht Energie, und es kann sein, dass die Müdigkeit schon dadurch verschwindet.
- Sehr hilfreich ist hier wieder das Etikettieren der körperlichen Empfindungen, je präziser, desto besser: „sinken" „Schwere", „dumpf" usw. Sie können auch die innere Lautstärke Ihres Benennens erhöhen.
- Wechseln Sie vom Atem zu einem möglichst deutlichen, „groben" Meditationsobjekt im Körper. Zum Beispiel einem Druckpunkt an der Sitzfläche oder am Knie/Fuß.

Was tue ich, wenn ...

Eine Stelle, die gerade schmerzt, ist auch sehr geeignet.

- Auch ein Hin- und Hergehen zwischen verschiedenen Punkten (siehe oben) kann den Geist energetisieren. Machen Sie Ihre Beobachtung dynamischer!
- Sitzen Sie aufrecht und ohne sich anzulehnen.
- Halten Sie die Augen leicht geöffnet.
- Es kann hilfreich sein, frische Luft ins Zimmer zu lassen und die Raumtemperatur etwas zu senken. Auch helles Licht hilft. Oder kalt duschen, bevor man mit dem Meditieren beginnt – es kommt darauf an, was es Ihnen wert ist, wie dringlich Ihr Bedürfnis ist, zu meditieren.
- Entspricht die Tageszeit Ihrem Rhythmus?
- Wenn alles nichts hilft, machen Sie eine Gehmeditation.

... ich Visionen habe

„In der Meditation sehe ich Farben und Bilder, kleine Filme laufen vor meinem inneren Auge ab. Es ist total faszinierend!“

Licht oder Farben im Inneren zu sehen sind Phänomene, die auftreten, wenn Ihr Geist ein gewisses Maß an Sammlung erreicht. Bilder können auch entstehen, wenn sich das Unterbewusstsein in der Meditation öffnet und sie von dort aufsteigen. Das ist Teil des natürlichen Entwicklungsprozesses in der Meditation. Sie kommen und gehen wie alle anderen Erfahrungen. Solche Erfahrungen können allerdings intensiv, beeindruckend und auch verführerisch sein in dem Sinne, dass man sie festhalten oder wiederholen will.

Es geht im Kern der Meditation darum, Achtsamkeit, Akzeptanz und Loslassen zu üben. Wenn ich auf eine Erfahrung fixiert bin und sie wiedererzeugen will, ist das allerdings ein Anhaften und damit das genaue Gegenteil zum Loslassen.

- Verschwenden Sie keine Zeit darauf, derartige Erlebnisse zu deuten. Beobachten Sie, benennen Sie sie klar mit „sehen, sehen“ und kehren Sie zum Hauptobjekt zurück. Üben Sie Neutralität und Achtsamkeit mit jedem Objekt, das in der Meditation entsteht.

... ich unsicher bin

„Seitdem ich meditiere, fällt mir auf, wie unachtsam viele Mitmenschen sind.“

Achten Sie auf diese Momente, in denen Sie sich Nicht-Meditierenden überlegen fühlen. Das ist kein Zeichen von Fortschritt, sondern eine Tendenz des Egos. Bemerken Sie das Aufblasen des Ich-Gefühls und die Rigidität, die in Körper und Geist entsteht. Benennen Sie es, lernen Sie, wie es entsteht und lassen Sie es so schnell wie möglich los. Echte Erkenntnis sieht, dass wir im Kern alle gleich sind, lebendige Wesen, die nicht leiden möchten, sondern sich nach Glück sehnen. Mitgefühl und Verständnis sind Zeichen einer gesunden Spiritualität.

„Seitdem ich so viele positive Erfahrungen mit der Meditation mache, möchte ich sie am liebsten allen meinen Freunden nahebringen.“

Gerade am Anfang möchten wir gerne die bereichernden Erfahrungen und Einsichten, die durch die Achtsamkeitspraxis entstehen, auch bei anderen sehen. Auch ich hatte eine solche Phase. Ich kann Ihnen aus eigener Erfahrung aber nur raten, niemandem etwas aufzuzwingen. Leben Sie bewusster und gehen Sie mit sich und ihren Mitmenschen verständnisvoll und freundlich um. Mit der Zeit werden die Menschen um Sie herum neugierig werden und fragen, was Sie verändert hat. Dann fallen Ihre Worte auf fruchtbaren Boden.

„Wenn Sie sich Nicht-Meditierenden überlegen fühlen, achten Sie auf diese Momente. Das ist kein Zeichen von Fortschritt, sondern eine Tendenz des Egos, sich aufzubauen. Echte Erkenntnis schließt Mitgefühl und Verständnis ein, weil sie sieht, dass wir im Kern alle gleich sind, lebendige Wesen, die nicht leiden möchten, sondern sich nach Glück sehnen."

„Ich habe das Gefühl, durch die Meditation etwas an Boden zu verlieren."

› In solchen Zeiten ist es sehr wichtig, ganz konkrete, erdverbundene Dinge zu tun, etwa Hausarbeit, den Garten umgraben oder intensives Muskeltraining.
› Beim Meditieren selbst halten Sie die Augen geöffnet.
› Es kann Phasen geben, in denen Sie mit der Meditation ganz aussetzen müssen, bis Sie sich stabilisiert haben.
› Ich halte es für das Zeichen einer gut balancierten Praxis, wenn jemand mit beiden Beinen Im Leben steht und auf seinen gesunden Menschenverstand achtet.

… ich merke, dass ich immer weniger praktiziere

„Ich meditiere in letzter Zeit immer weniger. Was kann ich tun, um leichter dabei zu bleiben?"

Am Anfang fällt es oft schwer, bei der Sache zu bleiben, das ist ganz normal. Aber selbst wenn Sie nur drei bis fünf Minuten täglich meditieren, schaffen Sie eine positive, aus eigener Kraft Ihr Wohlergehen fördernde Gewohnheit.

› Gerade wenn man es ganz allein betreibt, kann es hilfreich sein, sich Unterstützung und Impulse von außen zu holen: aus Büchern, geführten Anleitungen, Kursen, Meditationsgruppen, bei einem Trainer (siehe Seite 132f.).
› Vielleicht hilft Ihnen ein Tagebuch mit „Erkenntnisperlen", in dem Sie Wichtiges festhalten. Wenn Sie von Zeit zu Zeit darin blättern, halten Sie sich die Früchte Ihrer Praxis vor Augen und stellen die Fortschritte fest.

Fortschritt wird Ihnen aber kaum von alleine zufallen – denken Sie doch mal an eine Persönlichkeit, die Sie inspiriert, die etwas Großes erreicht hat. Was war nötig dazu? Höchstwahrscheinlich jahrelanges, konstantes Üben. Leonardo Da Vinci hat gesagt: „Wenn die Leute wüssten, wie viel ich für meine Erfindungen arbeite, würde mich keiner für besonders intelligent halten."

Beschränken Sie die Achtsamkeit nicht auf die Zeit Ihrer Meditationspraxis. Bringen Sie die Aufmerksamkeit in den Alltag. Ein Tipp: Freude trägt dazu bei, achtsam zu sein. Wenn etwas Spaß macht, wenn ich gut gelaunt bei der Sache bin, fällt es mir leichter, mich zu konzentrieren. Im Buddhismus heißt es: „Freude hat die Tendenz, den Geist zu bündeln."

Von Schülern und Lehrern

SPECIAL: REPORTAGEN UND INTERVIEWS

Wie gefällt Ihnen die Weltsicht der Achtsamkeit? Wir wollten Ihnen mit diesem Buch die vielen Möglichkeiten zeigen, einen Zugang zu finden und die ersten Schritte für die eigene Meditationspraxis zu machen. Und wenn Sie Feuer gefangen haben, würde uns das sehr freuen.

Dann möchten Sie Ihre Erfahrungen wahrscheinlich weiterverfolgen und vertiefen. Das geht am besten unter Anleitung eines Meditationslehrers. Aber wo findet man den? Gurus, Zen-Meister, Buddhahäuser, Achtsamkeitstrainer ... das Angebot ist riesig – die Spanne beim Qualitätsunterschied aber auch.

Deshalb haben wir uns für Sie ins Getümmel gestürzt: Wir haben buddhistische Zentren besucht, sind ins Kloster gegangen, haben einen MBSR-Kurs ausprobiert und am Schluss mit Achtsamkeitstrainer Jan Eßwein über die Vorzüge der „Ichlosigkeit" in einem nepalesischen Kloster gesprochen. Hier sind unsere Erfahrungen.
Viel Spaß!

Tipps: Wie man den richtigen Lehrer findet

Spirituelle und religiöse Angebote rund um die Meditation gibt es wie Sand am Meer: von den indischen Satsangs (www.satsang.de) über verschiedene buddhistische Zentren (www.buddhismus-deutschland.de, www.buddha-haus.de), Vipassana-Kurse (www.mariemannschatz.de), Zen-Schulen (www.kwanumzen.de), Yogastudios (www.iyengar-yoga-deutschland.de). Aber wie können wir wissen, ob wir dort wirklich etwas lernen? Hier einige Fragen, die Sie stellen können, um die Qualität eines Angebots zu beurteilen:

IST DER TRAINER NACH MBSR AUSGEBILDET?

Dieses Buch basiert auf der MBSR-Methode (Mindfulness Based Stress Reduction) von Jon Kabat-Zinn und empfiehlt daher den Besuch bei einem speziell ausgebildeten „Achtsamkeitstrainer“. MBSR ist eine am Universitätsklinikum von Massachusetts in den 70er Jahren entwickelte Methode zur Stressbewältigung, die sich über Jahrzehnte bewährt hat und auch in Europa immer mehr Zuspruch findet. Sie stellt grundlegende Meditationsübungen und damit ein fundiertes und erprobtes Programm für das Achtsamkeitstraining zur Verfügung, das speziell auf die pragmatischen Erwartungen westlicher Teilnehmer ausgerichtet ist. Die dort vermittelten traditionellen Techniken verlangen keinerlei religiöse oder spirituelle Festlegung. Die Ausbildung zum Achtsamkeitstrainer am MBSR Institut Freiburg von Ulrike Kesper-Grossmann oder am Bedburger Institut für Achtsamkeit übernehmen Dozenten aus der psychologischen Forschung und Psychotherapie. Die Ausbildungsangebote setzen eine abgeschlossene Ausbildung im psychosozialen, pädagogischen oder gesundheitlichen Bereich sowie Meditationserfahrung voraus.

- Ein europaweites Verzeichnis solcher Lehrer finden Sie auf der Homepage des Bedburger Instituts für Achtsamkeit (www.institut-fuer-achtsamkeit.de) oder direkt beim MBSR Verband (www.mbsr-verband.org).
- Eine umfassende Liste der Anbieterinnen und Anbieter von MBSR-Seminaren und -Kursen in Deutschland finden Sie auf der Website des Arbor Verlags, bei dem auch Bücher von Jon Kabat-Zinn erscheinen (www.arbor-verlag.de).

WELCHE SONSTIGE AUSBILDUNG HAT DER ANBIETER?

Falls Sie ein anderes Angebot als MBSR interessiert: Sie sollten sich nur einem Lehrer anvertrauen, der auf seinem eigenen Entwicklungsweg von einem anerkannten Meditationsmeister begleitet worden ist. Wer Meditation unterrichtet, muss damit rechnen, dass auch Menschen mit schwerwiegenden Problemen zu ihm kommen. Deshalb sollte er mehr vorweisen als Wochenendkurse oder Selbststudium. Wer aber tatsächlich als qualifizierter Lehrer gelten kann, lässt sich im Einzelfall nur schwer überprüfen. „Meditationslehrer“ ist keine geschützte Berufsbezeichnung, und Qualifikationsnachweise wie „Dharma-Urkunden“ kann jeder verleihen. Lassen Sie sich also von solchen Legitimationen nicht beeindrucken.

- Wenn Sie Wert auf westliche Professionalitätskriterien legen, fragen Sie nach Zusatz-Ausbildungen, etwa als Psychologe, Focusing-Therapeut, Pädagoge o.ä.
- Bei vielen Angeboten – etwa den „Satsangs“ (Sanskrit: „Zusammensein in Versenkung“), wo sich die Meister „Guru“ („schwer“, „gewichtig“) nennen – haben deutsche Ausbildungsurkunden wenig Bedeutung. Bitten Sie Freunde oder Bekannte, Sie zu begleiten, um ein sicheres Gefühl zu bekommen, ob dies das Richtige für Sie ist.
- Achten Sie auf Kontinuität: Wie lange ist ein Meister tätig, hat er Schüler, bei denen Sie sich erkundigen können?

WIE IST IHR PERSÖNLICHER EINDRUCK?

Wer anderen zu mehr Gelassenheit und Achtsamkeit verhelfen will, sollte diese Qualitäten auch selbst verkörpern. Wählen Sie Ihren Lehrer sorgfältig aus, so wie Sie etwa auch einen Zahnarzt auswählen würden, dem Sie Ihre Gesundheit anvertrauen. Sehen Sie auch bei Kleinigkeiten genau hin und fragen Sie sich nach einem Testbesuch, ob Sie sich hier gut aufgehoben fühlen würden. Hilfreich ist es, mehrere Lehrer hintereinander zu besuchen, um eine Vergleichsgrundlage zu bekommen. Sehen Sie sich auch die Schüler an: Warum kommen sie her, suchen sie Erkenntnis oder Anschluss?

WIE IST DER UMGANG MIT REGELN UND RITUALEN?

Einige traditionelle Meditationsarten unterliegen ursprünglich strengen rituellen Abläufen. Der Tag eines japanischen Zen-Mönches zum Beispiel ist von früh bis spät durchgeplant. Auch bei einem Sesshin (einer intensiven, oft mehrtägigen Schweigemeditation für Fortgeschrittene) oder einem mehrtägigen Meditationskurs macht es Sinn, den Tagesablauf streng zu strukturieren, da man sich so leichter tut, für diese Zeit gewohnte Verhaltensweisen abzulegen. Dieses Regelwerk ist natürlich viel weniger ausgeprägt, wenn man sich nur für relativ kurze Sitzungen trifft. Der rituelle Rahmen ist hilfreich, um sich auf die Meditationssituation einzustellen – er sollte aber nicht zu einem Zwang werden, der Druck und Stress erzeugt. Er sollte vor allem einen Zweck erfüllen: den Effekt der Meditation zu unterstützen. Westliche Meditationsgruppen gehen damit sehr unterschiedlich um. Wir haben Zen-Schulen erlebt, in denen man nur in rechten Winkeln durch den Raum gehen durfte und sofort zurechtgewiesen wurde, wenn man davon auch nur ein bisschen abwich. Insgesamt hatten wir den Eindruck, dass übertriebene Durchritualisierung oft eher ein Zeugnis der Selbstinszenierung des Lehrers ist als ein Weg zur Achtsamkeit. Wie viel davon für die eigene Meditationspraxis hilfreich und nötig ist, muss jeder selbst entscheiden.

WIE SIEHT DAS SPIRITUELLE UMFELD AUS?

Bei Ritualen im Zusammenhang mit der Meditationspraxis stellt sich die Frage nach dem spirituellen und religiösen Hintergrund. Zum Beispiel sind die indischen Satsangs oft von der charismatischen Persönlichkeit eines Gurus geprägt. Oder bei der Zen-Meditation ist es üblich, sich vor der Buddha-Statue zu verbeugen, um Respekt zu bekunden. Wenn Sie sich auf spirituelle Bekenntnisse nicht einlassen wollen, empfiehlt sich ein in MBSR ausgebildeter Achtsamkeitstrainer. Die dort vermittelten Techniken sind für den Westen pragmatisch aufbereitet und benötigen keinerlei religiöse Festlegung.

Wenn Sie in einem westlichen religiösen Rahmen bleiben wollen, können Sie Zen-Meditation auch in einem christlichen Umfeld lernen und praktizieren: Viele christliche Klöster bieten die Möglichkeit zur vorübergehenden Einkehr und Meditation.

WAS KOSTET ES?

Bitte beachten Sie, dass unsere Preisangaben dem Stand vom August 2008 entsprechen. Wie sich die Preise entwickeln, können wir leider nicht absehen.

- Viele offene Meditationsgruppen finden im privaten Rahmen statt oder werden von ehrenamtlichen Mitarbeitern betrieben. Sie funktionieren meistens auf Spendenbasis. Der Besucher wird gebeten, nach eigenem Ermessen einen kleinen Betrag zu hinterlassen, um die Unkosten zu decken (Raummiete, bereitgestellte Kissen, Tee etc.). Diese Organisationsform ist also sehr günstig.
- Wer einen Meditationskurs mit sachkundiger Anleitung besuchen will: Ein achtwöchiger MBSR-Kurs kostet ab 370 Euro, ein einwöchiger Anfängerkurs samt Unterkunft und Verpflegung im Meditationshaus Dietfurt etwa 400 Euro.
- Für diejenigen, die wenig Zeit haben: MBSR-Kurse werden auch als Wochenend-Workshops und in Einzelstunden angeboten.
- Auch Jon Kabat-Zinn selbst leitet immer wieder MBSR-Kurse und -Workshops in Deutschland. Die aktuellen Termine finden Sie unter www.mbsr-deutschland.de.

WWW.MEDITATION-FUER-NEUGIERIGE.DE

Hier finden Sie Links zu Meditationsangeboten.

„Ein Knarzen, ein Hupen, die Zeit steht“

ZWEI TEILNEHMER ERZÄHLEN VON IHREN ERFAHRUNGEN MIT MBSR

Stau. Auch das noch. Danach forscher Fahrstil, um die Verspätung wieder reinzuholen. Total unentspannt klopfe ich bei Jan Eßwein, um die erste Achtsamkeitsmeditation meines Lebens zu probieren. Er öffnet die Tür zu seinem Gartenstudio und guckt mich freundlich, aufmerksam und unvoreingenommen an. Er wirkt nicht so, als ob er etwas denken würde wie „Uuh, strahlt die einen Stress aus“, obwohl ich mir nach dem Tag heute vorkomme wie ein Schnellzug, der über die Gleise rattert. Oder wie irgend etwas anderes, das schnell ist und Krach macht.

Jan Eßwein ist Achtsamkeitstrainer, Physiotherapeut und noch einiges mehr, ich hatte ihn über das Internet gefunden. Er ist „Professional Trainer“ für MBSR – für mich wichtig, um spirituelle Sperenzchen auszuschließen. Auf sein Geheiß ziehe ich die Schuhe aus, setze mich auf einen der Stühle, und wir unterhalten uns ein bisschen: über dieses Buch, für das er uns später beraten und dem er so viel Substanz gegeben hat; über seine Klosterzeit in Nepal, über Schokolade. Ich merke, wie ich schon ein bisschen runterkomme. Er bietet mir Schoko-Plättchen mit verschiedenen Geschmacksrichtungen an, feine Sorten, wir testen einige durch. Er mag die mit 80% Kakao am liebsten, ich bin für die mit Ingwer. Er isst dermaßen langsam und bewusst, dass ich mich frage, ob das eine pädagogische Maßnahme sein und ich das nun auch tun soll, entscheide mich dann aber dafür, es so zu halten wie sonst auch. Auch das Sprechen ist bei ihm langsam und überlegt – nein, ich glaube nicht, dass er mir etwas demonstrieren will. Er isst einfach, wie er ist. Und er hat eine ungeheuer beruhigende Wirkung auf mich.

Dann fragt er, ob wir jetzt nicht anfangen wollten. Ich nicke etwas nervös, schließlich meditiere ich gleich zum ersten Mal. Zunächst zeigt er mir, wie man richtig sitzt, ich erfahre – Premiere! – von der Existenz meiner Sitzbeinknochen und ihrer entscheidenden Rolle für eine gerade Haltung beim Sitzen, und sitze – vermutlich ebenfalls zum ersten Mal – so richtig gerade. Die burmesische Haltung finde ich sehr angenehm – der Rücken tut zwar weh, aber macht ja nichts. Dann Gehmeditation: Wir gehen nebeneinander her, jeder in seinem Tempo: zur Wand, stehenbleiben, umdrehen, zur anderen Wand. Jedesmal, wenn ich stehenbleibe, muss ich tief atmen. Es ist wie eine klare Ansage: Pass auf, hier geht's sowieso nicht weiter, Du kannst jetzt einfach mal stehenbleiben.

MEIN VERSTAND HÖRT NICHT ZU, NUR DIE OHREN

Wir gehen. Ich spüre Fußsohlen oder Kniegelenke, je nachdem, was die ruhige Stimme neben mir vorschlägt. Mein Verstand hört allerdings nicht zu, nur meine Ohren. Ich bin zu absorbiert davon, zu verfolgen, wie der Klang seiner Stimme durch den Raum wandert. Ich gehe inzwischen so langsam, dass es gar nicht mehr so einfach ist, die Balance zu halten, wie beim Skifahren. Atmen, Fußsohlen, Wand, stehenbleiben, atmen ... Und dann will ich auf einmal nicht mehr gehen, nicht stehen; ich will mich nur hinsetzen und sonst gar nichts. Also setze ich mich burmesisch hin, so, wie ich es vorher gelernt habe. Und es kommt mir vollkommen selbstverständlich vor, neben jemandem, den ich nicht kenne, mit geschlossenen Augen in tiefstem Schweigen herumzusitzen. Ab und zu wandert die ruhige Stimme durch den Raum („ ... kommen wir mit der Aufmerksamkeit immer wieder vollständig zum Atem zurück ...“).
Ein Knarzen. Ein Hupen. Ich spüre meine Sitzbeinknochen und bin absolut still. Die Zeit steht! So etwas habe ich noch nie zuvor erlebt. Dann klingelt ein Handy, und obwohl ich weiß, dass es nicht meines sein kann, kommt Stress auf, ich erinnere mich plötzlich wieder an die Welt da draußen, sofort stehen mir die Haare zu Berge (Abgabetermin für dieses Buch!). „Ooh, das ist interessant“, höre ich da die Stimme gedehnt sagen, „hören wir einmal nur auf den Klang und achten wir gelassen darauf, was er bei uns auslöst ...“ „So kann man's auch sehen, Spitzen-Idee“, denke ich und gehe wieder in diesen unglaublichen Zustand zurück. Er ist sehr tief und ruhig und genauso schwer zu beschreiben wie ein Bild, ein Berg oder ein Stück Musik. Und mehr wird hier nicht erzählt – wer's wissen will, muss es schon selber wagen.

Sybille Engels, (52), Geschäftsführerin engels + partner

„Irgendwann ist man in einem völlig anderen Zustand“

Ich bin Journalist, reiner Verstandesmensch, spiele Schlagzeug. Und ich bin Bayer. Also ganz klar: hundertprozentig Esoterik-unverdächtig. Niemand wird mich jemals in einer Männergruppe oder beim sakralen Tanz erleben. Nachdem das jetzt geklärt ist, kann ich wohl anfangen, über Meditation zu reden, denn man hat mich gebeten, hier über meine Erfahrungen im MBSR-Achtsamkeitskurs zu berichten.

Wie ich dazu gekommen bin, mit weit über fünfzig Jahren? Machen wir es kurz: anstrengender Beruf – schwierige Beziehung – Tinnitus. Ich war an meine Grenzen gestoßen. Und ich habe die andere Seite gesucht, die ruhige. Dass ich Jan Eßwein von meiner Physiotherapie in einem Gesundheitszentrum her persönlich kannte und sehr mochte, hat mir den Einstieg leicht gemacht.

OH DOCH, ICH HABE EINE MENGE GELERNT

Die anderen: ein Sozialpädagoge, eine Wissenschaftlerin, eine Angestellte, eine Ärztin – interessante Menschen und eine gute Atmosphäre. Der Ablauf: In den ersten zehn Minuten konnte sich jeder hinsetzen oder hinlegen wie er wollte, um zuerst mal den mitgebrachten mentalen Ballast abzulegen. Danach erlebten wir an jedem der acht Abende eine geleitete Meditation. Irgendwann bist du dann in einem ganz anderen Zustand. Nach etwa 20 Minuten schlug Jan die Klangschale an: Zeit, zurückzukommen. Danach berichtete jeder von seinen Erfahrungen mit der Meditation zu Hause und im Alltag; es kamen Fragen und sehr individuelle Antworten für die Einzelnen. Viele sprachen über ihre Stressgedanken – ich ebenfalls. Danach bekamen wir auch noch schriftliche Hausaufgaben, und ich – ich! – habe tatsächlich ein Meditationstagebuch geführt.

Was noch? Die Rosinenübung hat mich sehr beeindruckt. Was man alles anstellt, bis man dieses Ding endlich essen darf! Seitdem hat sich in meinem Essverhalten etwas verändert: Wenn ich unaufmerksam esse, dann fällt mir diese Erfahrung wieder ein.

Oh doch, ich habe eine Menge gelernt. Zum Beispiel kann ich heute einem Streit, den ich für überflüssig halte, aus dem Weg gehen. Oder: Statt mich im Bett herumzuwerfen, wenn ich nicht schlafen kann, freue ich mich über die schöne Gelegenheit, zu trainieren. Oder: Ich bin früher sehr aggressiv Auto gefahren, mit ruppigen Überholmanövern – heute fahre ich bewusster und langsamer. Wozu die Eile? Es gelingt mir heute manchmal schon ganz gut, für eine Weile Ruhe zu haben. Je mehr man es praktiziert, desto mehr wird man all diesen Ballast los: Angst vor Krankheit oder Geldnot, Beziehungsstress, Arbeitsstress ...

„Was zum Teufel ist Achtsamkeit“ – ich höre mich noch reden, es ist gar nicht so lange her. Heute nehme ich alles zurück und behaupte das Gegenteil: Achtsamkeit ist klasse. Nichts ist dogmatisch, es ist eine sehr liberale, ideologiefreie, freizügige Disziplin. Es gibt heute spürbar weniger Stress in meinem Leben. Es ist viel einfacher geworden, die Dinge, die erkennbar falsch sind, zu ändern. Wobei ich dem Leser zum Abschluss noch eine, wie ich finde, interessante Frage stellen möchte, die mich derzeit beschäftigt: Wenn all die Dinge entfallen würden, die uns so stören – wären wir dann wirklich zufrieden?

Rainer Hausmann (58), Redaktionsleiter

Informationen:	www.janesswein.de
Geeignet für:	Ungeduldige und Neugierige, Stressgeplagte und Sinnsucher
Angebot:	Achtsamkeitspraxis. Individuelle Betreuung für Anfänger und Fortgeschrittene. 4 CDs mit geführten Anleitungen zu Sitz-, Gehmeditation, Yoga und Body-Scan inkl.
Zeitaufwand:	8-Wochen-Kurs; ca. 2 Std. 1x wöchentlich; zusätzlich 1 kompletter Samstag. Übungszeit zu Hause: 45 Minuten täglich.
Kosten:	370 Euro

„Na, schon mal gesessen?"

NICHT IMMER PASST ES: WIE EIN EINSTEIGER SEINE SELBSTVERSUCHE IN VIER BUDDHISTISCHEN MEDITATIONSZENTREN ERLEBTE

1. VERSUCH: SO LA LA

Im Vorraum buddhistische Schriften, Räucherstäbchen, Kissen. Auf der Theke steht ein Glas, in dem Geldscheine stecken: die freiwilligen Spenden der Kursteilnehmer. Grundsätzlich sind die Treffen hier kostenlos.

Ich werde von Claudia empfangen, sie wird den Meditationsabend leiten. Etwas skeptisch folge ich ihr in den kleinen Besprechungsraum, wo sie mir und einem anderen „Neuen" einen zwanzigminütigen Crashkurs in Buddhismus verpasst. Danach meditieren wir unter ihrer Moderation zusammen mit 15 Leuten in einem großen Raum. Jeder darf sitzen, wie er möchte – angenehm undogmatisch. Allerdings wirkt Claudia auf mich etwas nervös. Von einer Meditationslehrerin hätte ich mehr Gelassenheit erwartet.

Wir unterbrechen die Meditation für einen Vortrag vom Videobeamer. Eine Buddhistin erzählt von der Leinwand über Achtsamkeit. Eine vernünftige Frau, die vernünftige Dinge sagt: dass es egal ist, welche Technik man verwendet, so lange sie funktioniert. Dass eine Methode nutzlos ist, wenn sie keine Wirkung hat. „Stimmt", denke ich mir nach jedem Satz, auch die anderen nicken zustimmend. Trotzdem finde ich einen Videobeamer-Vortrag irgendwie nicht so toll. Lieber wäre es mir, es wäre jemand hier, der mir das persönlich erzählt.

Nach dem Vortrag wird weitermeditiert. Claudia kündigt an, dass wir zum Schluss eine „Liebende Güte Meditation" machen. Dazu konzentriert jeder sein Wohlwollen und seine Liebe erst auf sich und dann auf seinen Nachbarn. Ganz ehrlich – das ist mir jetzt zu viel. Nichts wie weg. Leicht verärgert treffe ich zu Hause ein. Geschlafen habe ich in dieser Nacht allerdings ausgezeichnet.

2. VERSUCH: GANZ SCHÖN ANSTRENGEND

Beim abendlichen Treffen sind wir zu viert: Leiter Lars, Arjun, Sabine und ich. Lars führt mich in den Meditationsraum, um die Basics zu erklären. Es gibt ziemlich viele Regeln: Beim Eintreten verbeugen wir uns immer gegen die Buddhastatue. Mein erster Fauxpas: Ich hab's vergessen. Ich werde daran erinnert und verbeuge mich also, dann setzen wir uns. Lars erklärt kurz die möglichen Haltungen.
Der Raum ist relativ klein, ich mache mir Sorgen wegen der Gehmeditation. Grelle Baustellenschilder plärren ihre Anweisungen ins Zimmer: „Bitte die Fußsohlen nicht gegen die Buddhastatue richten!", „Bitte die Pflanze vor Verlassen des Raums wieder vor das Fenster – ins Licht – rücken!" Als wir uns für die Meditation versammeln, werden die Regeln und Rituale schnell zum Hindernis. Ständig muss man sich verbeugen: beim Eintreten, vor dem Hinsetzen, nach dem Aufstehen, vorm Altar usw. Arjun will den Altar herrichten. Er verbeugt sich, steht auf, verbeugt sich vor dem Altar, räumt darauf herum, verbeugt sich, geht zu seinem Platz, verbeugt sich, setzt sich. Plötzlich fällt ihm ein, dass er etwas vergessen hat. Er steht also wieder auf, verbeugt sich (diesmal deutlich hektischer), geht zum Altar, verbeugt sich etc.

Schließlich sitzen alle. Zu Beginn wird auf koreanisch gesungen, ich verstehe kein Wort. Zum Glück hat mir Lars vorher erlaubt, nicht mitzusingen. Anschließend rezitieren wir Sutren. Dazu schlägt Arjun im Rhythmus mit einem Stock auf ein Stück Holz. Dann Sitzmeditation. Wir drehen uns zur Wand und sitzen 25 Minuten. Anschließend stehen wir auf und gehen im Kreis, mit den Händen vor dem Solar Plexus. Die gehen schnell, sie rennen fast. Lars streift im Vorbeigehen immer kräftig die Pflanze in der Ecke. Insgesamt sitzen wir dreimal. Beim letzten Mal bin ich dann schon froh, als es vorbei ist – ganz schön anstrengend. Zum Schluss noch eine Lesung und die vier großen Gelöbnisse. Dann ist es plötzlich aus. Die Leute hier sind zwar nett, aber für meinen Geschmack muss man sich zu oft verbeugen. Da hat man gar keinen Kopf mehr, um zur Ruhe zu kommen.

3. VERSUCH: TOTALER REINFALL

Markus vom Zen-Kreis ist ein Zen-Meister mit Dharma-Urkunde. Die hat er von einem anderen Zen-Meister, der seine Urkunde vermutlich wiederum von einem dritten Zen-Meister bekommen hat. Ich frage mich, wer eigentlich diese ganzen Zen-Meister kontrolliert? Wir meditieren zu sechst bei Markus zu Hause. Markus ist bei der Begrüßung betont locker, doch dann wird alles plötzlich fürchterlich streng: nicht sprechen, ständig verbeugen, den Tee in vier Schlucken trinken, immer in rechten Winkeln gehen usw. Lutz, auch ein Neuling, wird wegen seiner Sitzhaltung gemaßregelt; ich kann das ja schon (Lars sei Dank). Hier wird auch gesungen, auf japanisch. Alle sind unerhört ernst und beherrscht. Eineinhalb Stunden lang spulen wir strenge Rituale ab, ständig habe ich Angst, irgendwas falsch zu machen – wer weiß, was dann passieren würde. Diese Anspannung bewirkt bei mir nicht Ruhe, sondern Stress. Das geht den anderen offenbar auch so: Einer verschluckt sich und muss fürchterlich husten, einem anderen ist das Bein eingeschlafen, sodass er stolpert, und Lutz vergisst, dem Teemeister zu signalisieren, wann er mit dem Einschenken aufhören soll – sprechen geht ja nicht – sodass der Einschenker einfach von alleine einschenkt, was eigentlich gegen die Regeln ist. Die dritte und letzte Sitzphase fällt spürbar kürzer aus. Das liegt daran, dass es nachher eine Fußballübertragung gibt, die der Meister nicht verpassen will. Als ich endlich draußen bin, fühle ich mich erleichtert. Meine Güte, so ein Stress – da kommt ja kein Mensch zur Ruhe. Wenigstens bin ich noch rechtzeitig zum Fußballspiel zu Hause.

4. VERSUCH: TREFFER

Die Schule des japanischen Meisters befindet sich in einem Hinterhof, alles ist dunkel und ich will gerade wieder gehen, als eine Frau Mitte dreißig um die Ecke biegt, sich als Julia vorstellt und das Tor aufschließt. Wir betreten einen Vorraum, an den sich ein großer Meditationsraum anschließt, der in seiner Kargheit traditionell japanisch wirkt. Sonst kommt heute keiner mehr. Auch der japanische Meister ist heute nicht da, dabei war ich gerade auf den so gespannt. Wir bleiben also zu zweit, Julia fragt mich „Na, schon mal gesessen?" und erklärt mir dann kurz den Ablauf: im Prinzip wie bei Markus, aber nicht so streng. Julia sagt, dass es nicht schlimm ist, wenn man mal was falsch macht. Der Zweck der ganzen Rituale sei nur, einen Rahmen zu schaffen, der die Meditation vom Alltag abgrenzt. Ich atme auf: Damit kann ich leben. Wir machen drei Sitzmeditationen zu je 20 Minuten. Dazwischen gibt's Tee. Hier wird zwar auch auf japanisch gesungen, aber es kommt mir unaufdringlicher vor als bei den anderen. Auch Julia hat mir erlaubt, beim Singen auszusetzen. Als es aber so weit ist und sie allein singen soll, sagt sie: „Sing doch einfach mal mit, hört ja keiner." Ich singe also tatsächlich mit, wer hätte das gedacht. Anschließend trinken wir in der Küche Tee. Ich berichte von meinen Erfahrungen in den anderen Gruppen und gestehe, dass ich es hier noch am besten finde. Vielleicht, weil so wenig Leute da waren und es dadurch so schön ruhig war. Und vielleicht auch, weil es hier nicht aufgesetzt auf mich wirkt. Im Vergleich ist das hier bisher das erste Mal, dass ich einen Eindruck gewinne, was es mit der Meditation auf sich haben könnte. Immerhin fühle ich mich wirklich sehr entspannt – das ist schon was nach einem anstrengenden Tag. Hier gehe ich vielleicht wieder mal hin. Außerdem ist der Raum schön und der Tee gut, und man wird nicht gleich mit Blicken erdolcht, wenn man mal eine Verbeugung vergisst. Und ich habe sogar festgestellt, dass es Spaß machen kann zu singen, obwohl man kein Wort versteht.

Frank Unseld (30), Mediendesigner

Adressen:	siehe www.meditation-fuer-neugierige.de
Geeignet für:	neugierige Einsteiger ebenso wie für Fortgeschrittene
Angebot:	Geführte Sitz- und Gehmeditationen; Einführungen in den Buddhismus
Zeitaufwand:	ca. 2 Std. 1x wöchentlich
Kosten:	freiwilliger Beitrag

Zen in Niederbayern

DER IT-SPEZIALIST, DER INS KLOSTER GING

Die Stille in der Meditationshalle ist so intensiv, dass sie regelrecht brüllt. Gedämpftes Licht, dunkles Holz, das jedes Geräusch verschluckt. Um die dreißig Meditationskissen liegen auf dem Boden, ihre Besitzer haben gerade erst den Raum verlassen. Aber die Anspannung der Konzentration beherrscht die Halle noch immer wie eine magnetische Kraft. Ich bleibe einige Minuten stehen und höre in die Stille hinein. So etwas habe ich noch niemals erlebt – wie kann ein leerer Raum so eine ungeheure Ausstrahlung haben?

Zen-Meister Othmar Franthal gibt mir mit einem Kopfnicken zu verstehen, dass die Führung jetzt beendet ist. Wir betreten wortlos den inneren Gang und umkreisen den kleinen Zen-Garten in der Mitte des Gebäudekomplexes. Jeden Moment bin ich darauf gefasst, einem Japaner in traditioneller Robe zu begegnen. Und das mitten in Niederbayern – und mitten in einem Franziskanerkloster. „Hunderte Menschen kommen jährlich nach Dietfurt, um zu meditieren", erzählt Othmar Franthal, Leiter des Meditationshauses, das 1977 im Garten des Klosters erbaut wurde. Heute leben noch fünf Mönche hier, die zusammen mit Mitarbeitern das große Klosteranwesen mit Kirche, Gärtnerei und Gästetrakt pflegen. Die Einschreibung in die Kurse ist an keine Konfession gebunden. Das ganze Jahr über betreiben Christen und Nichtchristen hier nebeneinander die japanische Sitzmeditation. Und auch die japanische Meditationshalle fügt sich harmonisch an den Klosterbau aus dem 17. Jahrhundert an.

Am Eingang der Zen-Halle hängen drei große Fotos, die die Gründer und geistigen Väter des Meditationshauses zeigen, sensible, faltendurchfurchte Gesichter in Schwarzweiß: Den Franziskanerpater und Zen-Meister Viktor Löw, Yamada Roshi und den Jesuitenpater Hugo M. Enomiya-Lasalle. 1898 geboren, hatte Lasalle als Missionar in Japan die Zen-Meditation kennengelernt und seither praktiziert. Bei seinen regelmäßigen Aufenthalten in Europa verfolgte er einen Weg der Integration von Buddhismus und Christentum, der auch von der Kirche gebilligt wurde. Schließlich gründete er 1977 mit Pater Viktor Löw das Meditationshaus Dietfurt.

Ich sitze mit Othmar Franthal und dem Klostervorsteher Pater Samuel in einem kleinen Besprechungsraum. Es ist sehr still. Ich war noch nie in meinem Leben hinter Klostermauern und bin neugierig auf alles hier; der Zen-Meister und der Klostervorsteher betrachten mich aufmerksam und freundlich, und man sieht ihnen an, dass sie sich fragen, was ich eigentlich von ihnen will. Ich stelle mich vor, erzähle von dem Buch, das wir über Meditation schreiben, und dann räuspert sich Othmar Franthal ein wenig und sagt vorsichtig: „Nun – die Menschen, die hierherkommen, suchen Antworten und wollen zu sich kommen. Das ist kein Zuckerschlecken – es geht um die letzten Dinge. Viele kommen nach dem Tod eines Angehörigen. Viele suchen auch Klärung, um eine wichtige Entscheidung treffen zu können." Mit neugierigen Skeptikern müsse er sich selten auseinandersetzen. „Jemand, der mit Meditation nichts anfangen kann, kommt doch gar nicht erst auf die Idee, uns zu besuchen", sagt Pater Samuel.

Der Pater in seiner Franziskanerkutte ist gut gelaunt und auch mal zu einem Scherz aufgelegt. Ja, am Anfang habe es schon gewisse Berührungsängste bei den Dorfbewohnern gegeben. Auch innerhalb der Klostergemeinschaft gab es anfänglich Skepsis. Zum Beispiel bei Bruder Carpophorus, dem Klostergärtner. „Der konnte zuerst gar nichts mit dieser neumodischen Meditationsgeschichte anfangen", so Othmar Franthal, „aber mit der Zeit hat er mit dem Schimpfen aufgehört und wurde toleranter." Heute liegt Bruder Carpophorus auf dem kleinen Friedhof im Klostergarten – ganz nah bei der Meditationshalle.

In den Pausen können die Meditierenden das kleine Stück Garten mit den sorgfältig geschnittenen Apfelbäumen durchqueren und auch ein Stückchen auf dem gekiesten Weg zwischen den Gräbern spazieren gehen. „Es ist schön, wenn das Sterben so zum Leben gehören darf wie hier", sagt der Zen-Meister. „Der Tod wird ja meist ausgesperrt." Wie bei vielen Menschen, die früh mit der Meditation anfangen, war auch bei Othmar Franthal der Auslöser eine Begegnung mit der

Die ganze Woche lang wird ausnahmlos geschwiegen – auch bei den gemeinsamen Mahlzeiten.

eigenen Vergänglichkeit: Als 19-Jähriger überlebte er einen Autounfall und lag monatelang im Krankenhaus. „Da stellte ich mir die Frage: Was ist wirklich wichtig im Leben?" Daraufhin arbeitete er einige Jahre in der Altenpflege. „Dort habe ich Menschen erlebt, die schwerreich waren und nicht loslassen konnten, als es ans Sterben ging – und eine einfache Bäuerin, die so friedlich gestorben ist, dass es – verzeihen Sie die Formulierung, aber es stimmt einfach – eine wahre Freud' war." Schließlich entdeckte er die Zen-Meditation. Mehr als zwanzig Jahre hat er bei Viktor Löw, Pater Lassalle und Meistern in Japan gelernt. „Ich habe viele Jahre sehr einfach gelebt. Harte Gartenarbeit und Meditation. Über zehn Jahre lang habe ich mich de facto in kein Auto gesetzt."

Wie ist eine solche Vereinbarung von Christentum und Zen-Buddhismus denn möglich? „Beim Zen geht es darum, sich von Gedanken, Gefühlen und Vorstellungen zu befreien, um mit seinem eigentlichen Wesen in Berührung zu kommen", erläutert Othmar Franthal. „Das betrifft Bereiche unserer Existenz, die wir begrifflich nicht mehr fassen können. Welche Begriffe ich für solche Bereiche verwende, spielt da prinzipiell nicht mehr so eine große Rolle. Natürlich wäre es für ein Zusammenspiel wenig hilfreich, wenn man die Existenz eines persönlichen Gottes verneint. Aber das Wichtigste ist, dass wir hier vielen Menschen eine spirituelle Heimat geschaffen haben." Man muss aber nicht gleich alle weltlichen Bezüge radikal hinter sich lassen, um einen ernsthaften Zugang zu Meditation zu finden. Bestes Beispiel ist Othmar Franthal selbst: Seit 25 Jahren ist er glücklich verheiratet. Klosterleben, Ehemann und Zen-Meister – das verträgt sich? „Wenn man eine so verständnisvolle Frau hat wie ich: ja", lacht Othmar Franthal, als er mich zum Ausgang begleitet. Wie läuft so ein Kurs eigentlich ab? „Das muss man selbst erleben", sagt Othmar Franthal. Als sich die Pforte hinter mir schloss, stand für mich fest: Ich gehe ins Kloster.

Inzwischen sind ein paar Wochen vergangen, und ich bin tatsächlich da gewesen. Und den Neugierigen unter Ihnen kann ich auch jetzt gerne erzählen, was Sie in Dietfurt erwartet: Es gibt keinen Kurs unter einer Woche. Der Ablauf war jeden Tag derselbe: um 6 Uhr 30 aufstehen, vor dem Frühstück Lockerungsübungen und die erste Sitzmeditation. Am Vormittag hält der Kursleiter einen Vortrag, anschließend macht man gemeinsam Gymnastik und meditiert bis zum Mittagessen. Der frühe Nachmittag ist frei, dann gibt es Kaffee und Kuchen, anschließend wieder Gymnastik und Sitzmeditation bis zum Abendessen. Nach dem Essen wird dann noch zweimal meditiert. Die Meditationshalle ist während des gesamten Kurses offen zugänglich. Wer also zusätzlich in den Pausen meditieren will, kann das jederzeit tun. Es dauert ein, zwei Tage, bis man sich in diesen Rhythmus hineinfindet – die Zeit dort erschien mir nicht lang. Die ganze Woche lang wird ausnahmslos geschwiegen, auch bei den gemeinsamen Mahlzeiten. Das ist am Anfang etwas ungewohnt, man lernt es aber schnell zu schätzen. Und tatsächlich wird man im Lauf der Woche auch innerlich immer stiller und kommt langsam zur Ruhe.

Ich habe das vor allem als Klärungsprozess erlebt. Wir haben alle unsere kleinen oder großen Selbsttäuschungen, mit denen wir uns hartnäckig bemogeln und manchmal unnötig blockieren. Dabei wissen wir eigentlich ganz gut, wann wir uns selbst etwas vormachen. Man muss sich nur die Zeit nehmen, genauer hinzusehen. Meditation kann dabei helfen, die Dinge so zu sehen, wie sie sind – und daraus Konsequenzen zu ziehen. Das bedeutet mehr Selbstständigkeit und mehr Freiheit.

Dr. Stephan Korbus (34), IT-Spezialist

Informationen:	www.meditationshaus-dietfurt.de
Angebot:	1 Woche Aufenthalt und Verpflegung; Kurse für Anfänger und Fortgeschrittene
Geeignet für:	alle, die sich intensivere Meditationserfahrung wünschen und sich einen Klosteraufenthalt gut vorstellen können
Zeitaufwand:	1 Woche
Kosten:	je nach Zimmer zwischen 356 - 410 Euro

„Der Pfad der Ameisen“

INTERVIEW MIT EINEM LANGZEIT-MEDITIERENDEN

Herr Eßwein, Sie haben sechs Monate in einem Kloster in Nepal „im Schweigen verbracht.“ Die meisten Menschen schweigen nur, wenn sie schlafen. Wie war das denn?

Das klingt für Sie jetzt radikal, aber Sie glauben nicht, wie befreiend es ist, einmal nicht reden zu müssen, nicht nach außen, auf andere gerichtet zu sein. Jeden Tag nur Sitz- und Gehmeditation, und das ungefähr bis 22 Uhr. Und dann etwa fünf Stunden Schlaf. Allerdings ist so etwas auch nur im Kloster empfehlenswert. Dort wurde ich mit Mahlzeiten versorgt, ich musste nichts verlangen, nach nichts fragen. Meine einzige Aufgabe bestand darin, von Moment zu Moment Achtsamkeit zu üben. „Lebe nur in dieser Sekunde“, sagte mein Meister.

Wie sind Sie überhaupt auf die Idee gekommen?

Ich denke, der Auslöser war eine Erfahrung, bei der ich den Tod geahnt habe. Ich war siebzehn und saß mit einem Freund im Auto, wir entgingen nur ganz knapp einem Unfall, den wir nicht lebend überstanden hätten, ich hatte Todesangst. Danach entstand eine tiefe Sehnsucht nach Antworten: Wer bin ich? Warum bin ich hier? Wie kann ich ein sinnerfülltes Leben führen? Ich habe hinduistische Meditation und Hata-Yoga geübt, mich mit taoistischen Weisheitslehren und Praktiken beschäftigt. Mit Zwanzig hatte ich mein erstes buddhistisches Zehn-Tages-Retreat und wusste, dass ich meinen Weg gefunden hatte. Buddha sagt: Leiden ist das, was überwunden werden soll, und glücklich sein ist per Definition das, was der Mensch möchte. Der Buddhismus mit seinem Erlösungspragmatismus sagt mir ganz konkret, was ich tun kann, um glücklich und zufrieden zu leben.

Mit siebzehn saß er auf dem Rücksitz eines Wagens, als er den Laster kommen sah und wusste: Jetzt sterbe ich. Er hatte Glück, um Haaresbreite. Danach änderte sich für Jan Eßwein alles. Hier erzählt der Achtsamkeitstrainer von seinem Leben in einem nepalesischen Kloster.

Sagen Sie: Wie macht man das eigentlich konkret, wenn man für ein halbes Jahr in ein Kloster gehen will? Ich meine, es gibt doch dafür keine Reisebüros, oder?

Das ging über Bekannte. Von einer Freundin hatte ich von dem Orden gehört; ich schrieb eine E-Mail. Interessiert Sie die Adresse? info@panditarama-lumbini.org. Es liegt in Nepal, nicht weit von Gorakhpur in Indien, gleich hinter der Grenze; nach Kalkutta sind es zwanzig Stunden mit dem Zug.

Und wie haben Sie formuliert: „Lieber Herr Mönch"?

„Venerable" – Verehrenswerter, „U", ein Titel für einen burmesischen Mönch; „Vivekananda", ein Mönchsname: viveka steht für Rückzug oder Unterscheidungskraft, und „Ananda" bedeutet Glückseligkeit. Er ist ein deutscher Mönch, der seit zwanzig Jahren in Asien lebt. Er wurde über zehn Jahre in Burma ausgebildet und dann von seinem Meister geschickt, um am Geburtsort des Buddha in Nepal ein Meditationszentrum aufzubauen. Ich schrieb ihm, dass ich die Empfehlung von einer ehemaligen Schülerin hätte und schilderte meine – damals ja schon über zehn Jahre währenden – Erfahrungen mit der Meditation.

Man braucht eine Referenz? Anfänger werden nicht genommen?

Für so eine lange Dauer nicht. Es gibt zwar Neueinsteiger, aber die bleiben nicht so lange.

Wie viel muss man vorarbeiten, um sich einen Sechs-Monate-Rückzug zu ermöglichen? Was kostet der Aufenthalt?

Ich hatte etwas gespart und setzte meine laufenden Kosten auf Null: Meine Wohnung habe ich untervermietet und mein Auto verliehen. Die Kosten für den Aufenthalt laufen auf Spendenbasis, es gibt eine Empfehlung – zwischen fünf und zehn Euro pro Tag –, aber kein Muss.

„Ich muss auf jemanden warten? Vor mir an der Kasse geht's nicht weiter? Wunderbar! Ein paar tiefe Atemzüge, und ich bin für eine Weile nicht für irgendeine Aufgabe, ein Ziel oder für jemand anderen da, sondern nur für mich."

MBSR-Schülerin

- Essen Sie, ohne dabei über die Arbeit zu sprechen.
- Essen Sie erst, wenn Sie ein paar tiefe Atemzüge genommen haben, um innerlich beim Essen anzukommen.
- Essen Sie mit allen Sinnen: Betrachten Sie das Gericht vor sich, riechen und schmecken Sie bewusst, spüren Sie Temperatur und Konsistenz im Mund – genau wie beim Rosinen-Experiment.
- Essen Sie auf besondere Weise: Legen Sie einfach nach jedem Bissen und während des Kauens das Besteck für einen Moment hin. Lehnen Sie sich für ein paar Momente zurück und schmecken Sie das Essen im Mund. Eine ebenso einfache wie ungeahnt effektive Maßnahme: Damit knacken Sie den Reinschaufel-Effekt!
- Essen Sie wie ein Weinkenner, der einen besonders guten Tropfen kostet. Nehmen Sie sich ein bisschen Zeit, um die verschiedenen Geschmacksnuancen zu erkennen.
- Essen Sie, ohne zu bewerten: Es ist beeindruckend, wie schnell wir von der reinen Wahrnehmung des Geschmacks zu Bewertungen kommen und dann eigentlich nur noch denken, über das Essen oder etwas anderes. „Mmmh, lecker, das erinnert mich an den Abend neulich beim Italiener, war eigentlich schön, schade, dass ..." Vom Geschmackserlebnis bleibt oft nicht viel übrig. Deswegen: Üben Sie sich darin, immer wieder zum eigentlichen Schmecken zurückzukommen. Es hilft, die Aufmerksamkeit auf die Kaubewegung zu richten – das bringt uns wieder zum Erleben des Geschmacks zurück.
- Essen Sie langsam! Geben Sie Ihrem Körper die Zeit zur Rückmeldung. Ein Sättigungsgefühl stellt sich in der Regel erst nach etwa zwanzig Minuten ein.
- Essen Sie mit Gefühl! Versuchen Sie zu spüren, wann Sie anfangen, satt zu werden.

Nach dem Essen können Sie noch einmal „nachschmecken": Wie gut hat das Essen getan? Wie ist Ihr Körpergefühl? Leicht, schwer, sind Sie sehr müde, fühlen Sie sich satt, zufrieden, oder hinterlässt Sie die Mahlzeit mit dem Gefühl, noch etwas zu brauchen? Suchen Sie den Nachgeschmack und finden Sie heraus, was Ihrem Körper tatsächlich guttut.

NACH DER ARBEIT

Oft tragen wir nach einem langen Tag die Arbeit unbemerkt mit nach Hause, bis in unsere Beziehungen hinein. Es gibt viele Möglichkeiten, sie draußen zu lassen. Sie können:

- ... Übergänge – wie zum Beispiel einen Ortswechsel – bewusst machen: Spüren Sie den Körper, den Atem, die Luft draußen, wenn Sie den Arbeitsplatz verlassen.
- ... eine Gehmeditation auf dem Weg zum Auto/Bus machen.
- ... zu Hause als Erstes die Kleidung wechseln. STOPP! Halten Sie einen Moment inne. Gehen Sie bewusst in Ihre Privatsphäre.
- ... Yoga-Übungen machen.

Finden Sie heraus, was für Sie am besten wirkt! Mit der Zeit werden Sie immer mehr Wege entdecken, wie Sie die Achtsamkeit in Ihr Leben integrieren können. Eine MBSR-Teilnehmerin zum Beispiel hat einen langen Gang an Ihrem Arbeitsplatz in eine erholsame Möglichkeit für eine Gehmeditation verwandelt. Eine andere übt mehrmals am Tag für zwei, drei Minuten einen Mini-Body-Scan. Beide gewinnen aus diesen Inseln im Alltag Ruhe und frische Kraft.

Daraus entwickeln sich als positive Nebeneffekte auch mehr Liebe zum Detail und Stringenz im Denken. Sie glauben, das seien übertriebene Versprechen? Aber in den vielen Gesprächen, die wir für dieses Buch mit langjährig Meditierenden geführt haben, hat sich dieser Eindruck bestätigt: Alle zeichneten sich durch große Klarheit aus, ob im Gespräch, bei Terminvereinbarungen, exakten Formulierungen ... Diese Klarheit wirkt sich nicht nur im Berufsleben aus, sondern auch auf Beziehungen mit anderen Menschen. Man hört besser zu, und das Bedürfnis, zu manipulieren, wird geringer. Geben Sie sich also nicht damit zufrieden, Achtsamkeit auf die Zeit Ihrer Meditationspraxis zu beschränken. Bringen Sie die Aufmerksamkeit dahin, wo das Leben passiert. Damit schaffen Sie aus eigener Kraft eine positive Gewohnheit, die Ihnen hilft, Ihre eigene „wunderbare Wirklichkeit" zu erkennen und zu genießen.

Gönnen können: Ihr Genusstraining für jeden Tag

„Halten Sie sich bewusst Zeiträume für Ihren Genuss frei und tragen Sie sie in Ihrem Terminkalender unter 'ICH' ein. Die 'wichtigeren Dinge' haben eine starke Tendenz, Zeiten für Genuss und Stille zu fressen. Verteidigen Sie Ihre Genussräume vehement gegen die Angriffe des 'müsste' und 'sollte'!"

Jan Eßwein, Achtsamkeitstrainer

Was bedeutet das eigentlich: „genießen"? Die Lieblingsserie im Fernsehen ansehen? Ein spannendes Buch lesen? Schokolade essen? Ins Kino gehen? Musik hören? Spazieren gehen? Unter Genuss versteht jeder von uns etwas anderes. Unmöglich, ihn allgemein zu charakterisieren und auf einen Nenner zu bringen. Letztendlich muss jeder für sich selbst definieren, was „ein wahrer Genuss" ist.

Viele Menschen sind durch das hektische Alltags- und Berufsleben in eine Vielzahl von Pflichten eingespannt, die ihnen kaum noch Zeit für sich selbst lassen. Wer wenig Freizeit hat, will diese kostbaren Stunden natürlich umso intensiver genießen. Anregungen dafür holen wir uns unter anderem von der Freizeitindustrie und ihren immer neuen Angeboten, die maximalen und jederzeit abrufbaren Genuss versprechen: der noch hochauflösendere DVD-Player, die noch schnellere Spielkonsole, die noch knalligere Outdoor-Ausrüstung, der neue James Bond mit noch mehr Action. So weit, so praktisch: Wir müssen keine Aufmerksamkeit darauf verschwenden, uns über die Natur von Genuss Gedanken zu machen. Wir schnappen uns einfach eines der zahllosen vorgefertigten Angebote und legen los.
Und das kann ja auch viel Spaß machen. Das Problem dabei ist nur: Solche Genussangebote entsprechen oft nicht dem, was in einer bestimmten Situation für unser Wohlbefinden das Beste wäre. Sie sind nicht Ergebnis unserer ganz persönlichen Gefühlslagen. Und viel öfter, als man denkt, lassen sie uns mit einem Gefühl der Leere oder Übersättigung zurück.

Muss man die zuerst überweisen?

Nein. Man legt das Geld in einen Umschlag und gibt es einem Verwalter. Mönche selbst dürfen kein Geld anfassen, nicht einmal die kleinste nepalesische Münze; auch nicht mit einem Handtuch. Der einzige Besitz eines Mönches besteht aus einer Almosenschale und einer Robe. In der ursprünglichsten, ältesten buddhistischen Tradition geht der Mönch morgens zum Almosensammeln ins Dorf; in seine Schale bekommt er Essen, das er sogleich im Kloster verzehrt. Traditionell darf nichts aufbewahrt werden. Es gibt nur diese eine Mahlzeit am Tag. Diese Regeln sind teilweise 2.500 Jahre alt und werden heute noch praktiziert. Zum Beispiel darf ein Mönch in einem Fahrzeug mitfahren, aber er darf es nicht selber steuern.

Wie kann man sich so ein Meditationszentrum vorstellen?

Es ist ein kleines, einfaches Kloster aus Backstein, das dreißig bis vierzig Meditierenden Platz bietet. Es gibt eine Meditationshalle von etwa fünfundzwanzig Metern Länge, wo die Meditierenden unter Moskitonetzen sitzen. Ich kam dort Anfang Oktober an, es war sehr heiß. Nachts hat es immer noch knapp dreißig Grad mit hoher Luftfeuchtigkeit, selbst mit einem dünnen Laken ist es fast unerträglich. Viele Moskitos. Ich teilte mir mit einem oder zwei anderen eine kleine Hütte. In dem Raum gab es Nischen für drei Holzbetten mit einer dünnen Kokosauflage und je einem kleinen Regal. Es ist wunderbar, all die Sachen loszuwerden, das Gewicht der Dinge! Es ist leicht und übersichtlich und klar. Alles, was man hat, ist jetzt in diesem kleinen, wackeligen Holzregal. Ich war sehr dankbar für die Einfachheit dieses Lebens.

Wie läuft der Tag ab – was zieht man zum Beispiel an?

Man trägt lockere Kleidung. Um vier Uhr Morgens ertönt die Glocke, um 4 Uhr 30 beginnt die Gehmeditation, dann die Sitzmeditation, um sechs Uhr gibt es Frühstück. Es ist ein Büfett mit sehr gutem, selbstgebackenem Brot, Büffeljoghurt und frischem Obst: Granatäpfel, Orangen,

Mango, Papaya. Der Mönch achtete sehr auf eine ausgewogene, frische Kost. Nach dem Frühstück: Meditation im Sitzen, im Gehen, sitzen, gehen ... mein Interview mit dem Mönch hatte ich meistens um zehn in der Früh. Das Mittagessen wurde um elf Uhr eingenommen. Das war zugleich die letzte Mahlzeit des Tages.

Ein Interview?

Der Meditierende berichtet seinem Mönch täglich rund zehn Minuten, wobei er gehalten ist, die Erfahrungen der letzten 24 Stunden präzise zusammenzufassen, und erhält Hinweise, wie er weiter verfahren soll. Zum Beispiel hat der Mönch sehr genau gefragt, wie ich den Atem wahrnehme. Am Anfang empfand ich den Atem nur als eine Bewegung, aber mit der Zeit wird die Achtsamkeit immer feiner, es lassen sich dann in einem einzigen Atemzug viele Bewegungen und Empfindungen wahrnehmen. Diese Entwicklung verläuft in mehreren Einsichtsstufen, in denen die Realität des Körpers und des Geistes auf ganz bestimmte Art und Weise wahrgenommen werden. Die Wahrnehmung ändert sich teilweise eklatant.

Was sind das für Stufen?

Die drei Daseinsmerkmale: Dukkha, die nicht erfüllende Natur alles Geschaffenen. Anicca, die Vergänglichkeit. Und Anatta, die Substanzlosigkeit. Diese Themen kommen auf den drei Stufen in unterschiedlichen Aspekten hoch. Da gibt es zum Beispiel eine Stufe, die man im Zen den „Gestank der Erleuchtung" nennt. Es sind Pseudo-Erleuchtungserfahrungen, inneres Licht, Blitze etwa oder starke Körpersensationen. Der Meditierende hat eine erste Erfahrung des „Nicht-Ich" gemacht und wird durchströmt von Glücksgefühlen. Bei dieser Stufe hat mich mein Lehrer ganz genau gefragt, wie diese Erfahrung abläuft, denn die Gefahr ist da, dass sich ein Meditations-Ego aufbaut à la „Ich bin der Erleuchtete" – etwas in der Art.

... Nicht-Ich???

Ja. Im Buddhismus gibt es das Bild „Der Pfad der Ameisen": Sie gehen einen Weg entlang, vor Ihnen scheint ein Seil über dem Weg zu liegen. Sie kommen näher und bemerken, dass es sich bewegt. Dann sehen Sie genau hin und erkennen, dass es viele Ameisen sind. Es ist kein Seil, keine substanzielle Sache, wie Sie dachten – kein „Ich". Was am Anfang kompakt aussah, zerfällt plötzlich in viele Einzelteile. Und dazwischen hat auch die Leere Platz. Es ist ein Prozess der Desillusionierung. Vorher identifizieren Sie sich mit bestimmten Meinungen und Rollen, zum Beispiel „ich bin mutig", „ich bin ein Kreativer", „ich bin eine Frau, ein Mann, eine Tochter ...". Aber mit der Zeit sehen Sie Gedanken ganz von selbst kommen und gehen, und Sie merken, dass da gar kein „Ich" ist, keine Substanz. Da ist nur Ihr Gewahrsein und eine Show, die abläuft. Und dann kommt man an einen Punkt, an dem dieser imaginäre Beobachter, den wir sehr lange in diesem Prozess benutzen, letztlich ebenfalls zerfällt.

Das klingt nicht, äh, angenehm.

Verständlich. Da arbeitet man Jahre an seiner Persönlichkeit – und die verbinden wir hier nun mal mit dem Denken und den Gefühlen. Gleichzeitig sind wir aber noch viel mehr als das. Wenn wir die verinnerlichten Identifikationen Stück für Stück loslassen, finden wir einen Raum, der unvergleichlich freier, größer und realer ist als das kleine selbstgebaute Gefängnis aus Gewohnheiten, Meinungen und Ansichten.

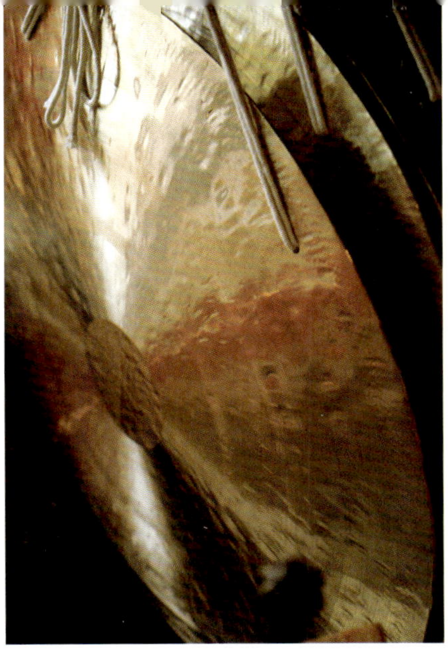

Es ist wunderbar, all die Sachen loszuwerden, das Gewicht der Dinge! Es ist leicht und übersichtlich und klar. Alles, was man hat, ist jetzt in diesem kleinen, wackeligen Holzregal. Ich war sehr dankbar für die Einfachheit dieses Lebens.

Es muss doch ein Schock gewesen sein, als Sie zurückkamen.

Ja. Am Anfang sehr. Diese heilsamen Geisteszustände, die wirklich tiefe Konzentrationsfähigkeit, das flaut nicht so schnell ab; das konnte ich für eine Weile mitnehmen. Aber als ich das Kloster verließ, hatte ich es plötzlich wieder mit Menschen zu tun, die aus Gründen des Ego oder um persönlicher Vorteile willen nicht die Wahrheit sagen, manipulativ sind. Mein Lehrer sagt niemals etwas Unwahres, das ist eine seiner dreihundert Regeln. Und da die anderen nicht sprechen, tun sie es auch nicht; sie können ja gar nicht lügen ohne Sprache.

Wirklich nicht? Sind nicht auch spirituelle Lehrer mal ehrgeizig, empfindlich, anmaßend, egoistisch ...

Meinen Lehrer fand ich immer integer und vorbildhaft. Aber die buddhistische Philosophie sagt auch, dass Erleuchtungserfahrungen den Charakter und die Emotionen der Menschen nicht verändern. Sie können es durchaus mit einem Erleuchteten zu tun bekommen, der total grantig ist. Er wird sich nicht mehr so mit seiner Grantigkeit identifizieren, aber er ist es eben einfach. Natürlich sollten Aversionen abnehmen. Die Freundlichkeit gegenüber anderen und sich selbst sollte zunehmen. Selbstreflektiertheit und die Fähigkeit, von seinen persönlichen Mustern zurückzutreten, sollten zunehmen.

Herr Eßwein, vielen Dank für das Gespräch. Ich spüre, wie mein Ich langsam zerfällt, aber ich bin noch nicht sicher, ob ich das durchhalten kann.

Vielen Dank auch meinerseits. Üben Sie weiter.

Sybille Engels

Register

A

Ablage 103
Abschweifende Gedanken 14-17, 126
Abstand 102f.
Abwaschen 121
Achtsamkeit 98-101, 120-123
Achtsamkeitstrainer 126, 134-139
Achtsamkeitswecker 114
Affengeschnatter 16f.
Afrika 43
Aggression 17
Allseele 41
Alltag 122
Almosen 147
Anatta 148
Ando Hiroshige 54
Angst 18f.
Anfängergeist 48
Anicca 148
Anker 98
Ankommen 113
Annehmen 11
Aquileia 76
Aufmerksamkeit 56f.
Aufrechte Haltung 36f.
Augen 58
Augustinus 27
Ausgleich 70f.
Außenperspektive 60
Atem 25, 100f.
Atheist 59
Ausbildung 134

B

Balance 68f.
Ballast 106
Bauch 23
Bauchdecke 35
Baum 60, 68f.
Baumkrone 60
Befreiung 17
Benennen 102-105
Bewusstsein 46f., 85
Bildung 82
Bodybuilding 28
Body-Scan 108f.
Brustbein 36f.
Buddhismus 28, 117, 144-149
Burmesisch 35

C

Christentum 75, 140-143
Chronomedizin 74
Cortisol 29

D

Dauer 33
Dehnung 66f.
Denken 16f., 25
Denkmaschine 73
Depression 29
Diebstahl 51
Dokusan 84
Dukkha 117, 148
Dusche 120
Dynamik 105

E

Ego 84
Eieruhr 33
Emotionen 18-19, 29, 105
Empathie 105
Erleben 10f.
Erleuchtungserlebnis 85
Erleuchtungsgestank 148
Erwachender Krieger 69
Essen 122f.
Exotik 59
Expressionismus 54

F

Fächer 65
Familie 32
Faust 84
Fehlhaltung 66
Fersen 39
Fliegender Krieger 69
Freiheit 10
Freizeit 124
Frequenz 73
Freude 56ff.
Freundlichkeit 46f.
Freundschaft 82
Frühwarnsystem 29
Füße 20

G

Gebet 74
Gebrüder Grimm 18, 102
Gedanken 16f.
Geduld 50
Gefühle 18f.
Gegenpole 49
Gegensätze 84f.
Gegenwart 27
Gehen 110f.
Gehirnforschung 28f.
Gelassenheit 118f., 114f.
Geleitete Meditation 90-93, 112f.
Genuss 124f.
Geschwindigkeit 26f.
Getreide 81
Glocke 118f.
Glück 18-21, 51, 84
Glücksexperte 21
Glücksniveau 21
Goethe 26f.
Google 90-93
Gott 59
Gras 50
Grübeln 29
Grundeinstellungen 44

H

Haben-Wollen 43-45
Haltung 33
Hände 40f.
Hara 22, 40, 85
Harmonie 74
Hauptobjekt 98
Hieronymus Bosch 105
Hindernisse 107
Hinduismus 41
Hohlkreuz 36
Hören 113
Hund 66f.
Hüpfer 97

I

Ichlosigkeit 148f.
Identität 16
Image 16
Immunsystem 29
Innensicht 60
Intellekt 58

J

Johannes Michalak 19, 29
Jon Kabat-Zinn 90-93
Juwel im Lotus 74

K

Kalligraphie 81
Kerze 79
Klang 72f.
Klanghölzer 73
Klangschale 73
Klangwerkstatt 73
Klarheit 25
Kleidung 32
Knie 35, 38
Koan 84f.
Kokosnuss 43-45
Körper 23-25
Körperempfinden 60
Kosten 135
Konflikte 17
Konzentration 56f.
Konzentrationsübungen 58f.
Kopf 37
Kopfrechnen 29
Körperrhythmen 74
Körperspannung 68
Kloster 140-143, 144-149
Kreativität 10
Krieger 69
Kritik 49

L

Lächeln 24
Lachmuskel 24
Lärm 129
Lehrer 134f.
Licht 79
Loslassen 43-45, 117
Lotto 21

M
Magnetresonanztomografie 28
Maja Storch 25
Mala 75
Mandala 76
Manfred Spitzer 29
Mantra 74
Meditation 8f., 10of., 108ff.
Meditationsdecke 32
Meditationskissen 32
Meditationsort 32, 57
Mikroskop 99
Mindfulness Based Stress Reduction (MBSR) 90-93
Mond 85
Mondsichel 66
Mosaik 76
Mu 84f.
Müdigkeit 57, 129f.

N
Naruto 54
Nebenobjekt 98
Nepal 144-149
Neugier 6f.
Neurologie 28f.
New Age 92
Nicht-Ich 148
Nicht-Tun 91
Niederbayern 140-143

O
Offenheit 108
Ohrläppchen 37
Om 74
Ordnung 76
Ordnungssystem 102
Ostern 79
Othmar Franthal 89

P
Päckchen 71
Perlenkette 70f.
Person 73
personare 73
Petra Meibert 29
Piktogramm 81
Pinsel 81
Positives Denken 82

R
Raum 32
Reflexion 107, 113
Religion 59
René Descartes 23
Rhythmus 74
Rituale 59, 135
Rosenkranz 75
Rosine 95-97
Rücken 64f.
Ruhe 76
Rumpelstilzchen 102

S
Sandbild 76
Sanskrit 76
Schalter 119
Schlafphasen 74
Schönheit 23
Schreck 28
Schreiben 81
Schriftzeichen 81
Schuhe 32
Schweigen 140-143
Seegras 62f.
Sehen 58
Selbstreflexion 91
Selbstvertrauen 49
Selbstwirksamkeit 29
Serotonin 57
Sicherheit 16
Sinn 21
Sitzbänkchen 36f.
Sitzbeinknochen 37, 39
Sitzen 34-39
Sitzmeditation 112f.
Sorgen 18f.
Spiegel 46
Stille 32
Störungen 129
Stress 17
Stressoren 17
Strömung 62
Stufen 148
Stuhl 39

T
Taoismus 64
Tao Te King 64
Taschenlampe 97
Tee 48
Telefon 32
Theater 59
Thich Nhat Hanh 114f.
Tinnitus 129
Tod 117f.
Todesangst 144
Tradition 59
Tusche 81

U
Übergang 107
Ungeduld 6f.
Ungerechtigkeit 54
Unglück 51
Unsicherheit 130
Urteilen 51
Urteilswut 51

V
Vergleichen 21
Verspannung 66
Vertrauen 49
Vergänglichkeit 117
Verlangen 21
Visionen 130

W
Wahrnehmung 70f.
Warten 7
Wasser 89
Wasserrad 64
Wellen 54
Wellenreiten 99
Weltsicht 27
Wetterlage 62
Windfähnchen 65
Wirbelsäule 64f., 70f.
Wohlbefinden 9
Wolfgang Horbach 21
Wolken 99
Woody Allen 26
Wut 105

Y
Yasutani Roshi 84
Yoga 64f., 66f., 68f.

Z
Zeitgefühl 26f.
Zen 40, 84, 140-143

Übungen

Affengeschnatter 14
Füße 20
Aus dem Bauch raus 22
Körperhaltung/Stimmung 24
Freiraum schaffen 32
Richtig sitzen 34
Mit geradem Rücken sitzen 38
Handhaltungen 40
Loslassen 42
Freundlichkeit 46
Baum 60
Seegras 62
Für den Rücken 64
Dehnen und strecken 66
Balance 68
Wahrnehmung und Ausgleich 70
Klang 72
Mantra 74
Rosenkranz und Mala 75
Mandala 76
Kerze 78
Kalligraphie 80
Das Gute im Leben 82
Das Rosinenexperiment 94
Etikettieren 102
Body-Scan 108
Meditation im Gehen 110
Sitzmeditation 112
Glocke und Schalter 114
Reflexion über den Tod 117
Duschen 120
Auto fahren 122
Achtsamkeit zu Hause 122
Essen 122
Zähneputzen 122
Nach Hause kommen 123
Körperbedürfnisse 124
Genusstraining 124
Erkenntnistagebuch 131

Literatur

Brantley, Jeffrey, **Der Angst den Schrecken nehmen**. Achtsamkeit als Weg zur Befreiung von Ängsten, Arbor-Verlag 2006. – Verständliche Einführung in Angstbewältigung durch MBSR.

Brodbeck, Karl-Heinz, **Buddhistische Wirtschaftsethik**. Eine vergleichende Einführung, Shaker 2002. – Ein Wirtschaftsprofessor betrachtet die globale ökonomische Gegenwart aus buddhistischer Sicht. Sehr interessant!

Dalai Lama XIV., **Die Welt in einem einzigen Atom**. Meine Reise durch Wissenschaft und Buddhismus, Theseus 2005. – Plädoyer für ein Miteinander von Spiritualität und Wissenschaft.

Enomiya-Lasalle, Hugo M., **Zen Unterweisung**, 5. Aufl. Kösel 1999. – Zen-Einführung eines Jesuitenpaters, der in Japan zum Zen-Meister wurde.

Fontana, David, **Einführung in die Zen-Meditation**. Der Weg durch das torlose Tor, Theseus 2003. – Einsteigerübungen für Jedermann.

Franck, Georg, **Ökonomie der Aufmerksamkeit.** Ein Entwurf, dtv 2007. – Spannende wissenschaftliche Beschreibung von Aufmerksamkeit als Währung und Wirtschaftsfaktor.

Franck, Georg, **Mentaler Kapitalismus.** Eine politische Ökonomie des Geistes, Hanser 2005. – Klassiker über die ästhetischen und politischen Auswirkungen ständiger Medienpräsenz und Werbung.

Giacobbe, Giulio Cesare, **Wie Sie Ihre Hirnwichserei abstellen und stattdessen das Leben genießen**, 3. Aufl. Goldmann 2005. – Ratgeber mit stark polarisierendem Humor, aber informativ.

Goleman, Daniel, **Emotionale Intelligenz**, Hanser 1999. – Ein Vorreiter! Unbedingt lesenswert.

Guorui, Jiao, Qigong Yangsheng, **Chinesische Übungen zur Stärkung der Lebenskraft**, 8. Aufl. Fischer 2006. – Einfache fernöstliche Übungen für mehr Vitalität, Gesundheit und Wohlbefinden.

Hallowell, Edward M. und John Ratey, **Zwanghaft zerstreut.** Oder die Unfähigkeit, aufmerksam zu sein, Rowohlt 2007. – Humorvoller und praxisnaher Ratgeber zum Umgang mit dem Aufmerksamkeits-Defizit-Syndrom.

Henepola Gunaratana, Mahathera, **Die Praxis der Achtsamkeit.** Eine Einführung in die Vipassana-Meditation, Kristkeitz 2000. – Ein Klassiker: Achtsamkeitspraxis direkt vom buddhistischen Meister.

Herriegel, Eugen, **Zen in der Kunst des Bogenschießens**, O.W. Barth Bei Scherz 2003. – Zen-Erfahrungen eines Deutschen in Japan um 1920. Internationaler Bestseller. Lesenswert!

Hüther, Gerald, **Bedienungsanleitung für ein menschliches Gehirn**, Vandenhoeck & Ruprecht 2005. – Witzige Gebrauchsanweisung des renommierten Hirnforschers. These: Wir behandeln jeden Videorecorder pfleglicher als unser Gehirn. Lesenswert!

Kabat-Zinn, Jon, **Gesund durch Meditation**. Das große Buch der Selbstheilung. Das grundlegende Übungsprogramm zur Entspannung, Stressreduktion und Aktivierung des Immunsystems, Fischer 2006. – Klassische Einführung in die MBSR-Methode.

Kabat-Zinn, Jon, **Zur Besinnung kommen.** Die Weisheit der Sinne und der Sinn der Achtsamkeit in einer aus den Fugen geratenen Welt, Arbor-Verlag 2006. – Plädoyer für Gesundheit und Wohlergehen im modernen Alltag.

Kapleau, Philip, **Die drei Pfeiler des Zen.** Lehre, Übung, Erleuchtung, 14. Aufl. O.W. Barth bei Scherz 2004. – Spannende und authentische Einblicke in die Zen-Ausbildung. Unbedingt empfehlenswert!

Kast, Bas, **Revolution im Kopf.** die Zukunft des Gehirns, BvT 2003. – Der neueste Stand der Hirnforschung in anschaulichen Beispielen.

Klein, Stefan, **Die Glücksformel** oder wie die guten Gefühle entstehen, Rowohlt 2003. – Glückstraining für eine positivere Lebenseinstellung.

CDs / geführte Meditationen

Kornfield, Jack, **Frag den Buddha und geh den Weg des Herzens**, Ullstein 2004. – Ein Klassiker des Mönchs und US-Psychologen, sehr empfehlenswert.

Laotse, Tao te king, **Das Buch vom Sinn und Leben**, Diederichs 2008. – Zentrales klassisches Werk zum Taoismus.

Mannschatz, Marie, **Buddhas Anleitung zum Glücklichsein**. Fünf Weisheiten, die Ihren Alltag verändern, GU 2007. – Buddhistischer Ratgeber für den Alltag.

Michalak, Johannes und Thomas Heidenreich, **Achtsamkeit und Akzeptanz in der Psychotherapie**. 2. Aufl. dgvt-Verlag 2006. – Wissenschaftliches Handbuch (900 Seiten).

Moestl, Bernhard, Shaolin. **Du musst nicht kämpfen, um zu siegen.** Mit der Kraft des Denkens zu Ruhe, Klarheit und innerer Stärke, Droemer/Knaur 2008. – Unterhaltsame Tipps fürs Alltags-Management (und für Manager).

Renn, Klaus, **Dein Körper sagt Dir, wer du werden kannst**. Focusing – Wege der inneren Achtsamkeit. – Die neue körperorientierte Therapieform Focusing in Theorie und Praxis.

Reps, Paul, **Ohne Worte, ohne Schweigen**, O.W. Barth Bei Scherz 2008. – Klassische Sammlung von 101 Zen-Geschichten.

Santorelli, Saki, **Zerbrochen und doch ganz.** Die heilende Kraft der Achtsamkeit, Arbor-Verlag 2006. – Ein sehr emotionaler Erfahrungsbericht.

Thich Nhat Hanh, **Schlüssel zum Zen.** Der Weg zu einem achtsamen Leben, Herder 2003. – Ein vietnamesischer Zen-Meister über Achtsamkeit im Alltag.

Thich Nhat Hanh, **Das Wunder der Achtsamkeit.** Einführung in die Meditation, Theseus 1997. – 32 Übungen für Achtsamkeit im Alltag.

Tschuang Tse, **Das wahre Buch vom südlichen Blütenland**, Anaconda 2007. – Gedichte.

Weiser Cornell, Ann, Focusing, **Der Stimme des Körpers folgen**. Anleitungen und Übungen zur Selbsterfahrung, Rowohlt 1997.

Wetering, Janwillem van de, **Der leere Spiegel/Reine Leere**, Rowohlt 2007. – Die Geschichte eines jungen Westlers in Japan, der in den 70ern Erleuchtung in einem Kloster sucht, und ihre Fortsetzung in den USA. Bestseller! Spannende Einblicke in die Welt des Zen.

Yoon-Nam, Seo, **Den Bambus biegen**. Meister Seos Anleitung zum Glücklichsein, Heyne 2001. – Ein asiatischer Meister in Bayern macht vor, wie man gesund und fit bleibt. Viele herausfordernde Taekwon-Do-Übungen, die richtig Spaß machen.

Kabat-Zinn, Jon und Ulrike Kesper-Grossman, **Die heilende Kraft der Achtsamkeit**, Buch und 2 Audio-CDs, Arbor-Verlag 2004.

Kabat-Zinn, Jon, Mark Williams u.a., **Der achtsame Weg durch die Depression**, Buch und 2 Audio-CDs, Arbor-Verlag 2009. – Geführte Meditationen gegen wiederkehrende Depressionen.

Kabat-Zinn, Jon, **Achtsamkeit & Meditation im täglichen Leben**, mit 2 Audio-CDs, Arbor-Verlag 2007. – Sechs geführte Meditationen.

Kabat-Zinn, Jon, **Stressbewältigung durch die Praxis der Achtsamkeit**, mit Audio-CD, Arbor-Verlag 1999. – Anleitung zu Achtsamkeitsmeditation und Body-Scan.

Kornfield, Jack, **Meditation für Anfänger**, mit Audio-CD, Goldmann 2005.

Geführte Meditationen vom Achtsamkeitstrainer Jan Eßwein (Body-Scan und Sitzmeditation, jeweils ca. 45 Minuten) bei www.janesswein.de und www.meditation-fuer-neugierige.de

Weiterführende Adressen

RUND UM MBSR

Jon Kabat-Zinn-Workshop bei Google. Englischsprachig, 30-minütiges Video.

- www.youtube.com/watch?v=3nww KbM_vJc
- www.meditation-fuer-neugierige.de

Eine vollständige Liste aller zertifizierten **MBSR-Lehrer** und **Veranstaltungen von Jon Kabat-Zinn** im deutschsprachigen Raum gibt es unter: www.mbsr-deutschland.de

Alle Informationen zu Fortbildungen von Jon Kabat-Zinn und Saki Santorelli in Deutschland und Europa sind außerdem erhältlich bei: **Arbor Verlag**, Am Saisen 4, 79348 Freiamt
Tel: 0761-401409-30, Fax: -31
E-Mail: info@arbor-verlag.de
www.arbor-verlag.de

MBSR-Weiterbildung in Deutschland:

- **MBSR Institut Freiburg** Ulrike Kesper-Grossman und Dr. Paul Grossman
  Konradstraße 32, 79100 Freiburg
  Tel: 0761-7071788
  E-Mail: info@mbsr-institut-freiburg.de
  www.mbsr-freiburg.de
- **Institut für Achtsamkeit und Stressbewältigung**
  Dr. Linda Lehrhaupt
  Hauptstraße 6, 50181 Bedburg
  Tel: 02272-930214; Fax: -930219
  www.institut-fuer-achtsamkeit.de

MBSR-KURSE

Achtsamkeitstrainer Jan Eßwein
Bräuhausstr. 13, 82152 Planegg
Tel: 089-85609637
E-Mail: info@janesswein.de
www.janesswein.de
www.meditation-fuer-neugierige.de

Psychologin Susanne Kersig
Tel: 040-20910247
E-Mail: susanne@kersig.de
www.achtsamkeit.info

Pädagogin und Yoga-Lehrerin Barbara Dietz-Waschkowski
Tel: 0761-54226; Fax: -54105
E-Mail: bdw@achtsamkeit-freiburg.de
www.achtsamkeit-freiburg.de

Sozialpädagoge Nils Altner
Tel: 02054-9384523
E-Mail: nils.altner@uni-due.de
www.achtsamkeit.com

Pädagogin Ulla Franken
Tel: 0201-773346
E-Mail: ulla.franken@web.de

Psychologin und Heilpraktikerin Petra Meibert
Tel: 0201-5450996
E-Mail: j.p.meibert@t-online.de
www.petrameibert.de

Yogalehrerin Katharina Meinhard
Tel: 0351-2682449
E-Mail: info@yoga-schule-dresden.de
www.yogadresden.de

WEITERE ANGEBOTE

Das **Franziskanerkloster Dietfurt** bietet einwöchige Zen-Meditationskurse für Einsteiger und Fortgeschrittene: Franziskanerkloster Dietfurt, Klostergasse 8, 92345 Dietfurt
Tel: 08464-6520
E-Mail: dietfurt@franziskaner.de
www.meditationshaus-dietfurt.de

Der Benediktiner und **Zen-Meister Willigis Jäger** vertritt eine ganzheitliche, westlich-östliche Spiritualität.
Willigis Jäger, c/o Benediktushof, Klosterstr. 10, 97292 Holzkirchen
Tel: 09369-983822
E-Mail: buero@willigis-jaeger.de
www.willigis-jaeger.de
Kursangebote: www.wsdk.de

Die **Meditationslehrerin Marie Mannschatz** gibt seit zehn Jahren Meditationskurse in Amerika und Europa.
Marie Mannschatz, Waldhaus Beimoor, 22926 Ahrensburg
E-Mail: mail@mariemannschatz.de
www.mariemannschatz.de

Die **Kwan Um Zen Schule** Deutschland vertritt den Zen-Buddhismus in der koreanischen Tradition und umfasst acht Zentren in ganz Deutschland.
E-Mail: info@kwanumzen.de
www.kwanumzen.de

Die **Deutsche Buddhistische Union** bietet auf ihrer Internetplattform Informationen, Veranstaltungshinweise und

···› WWW.MEDITATION-FUER-NEUGIERIGE.DE

Hier finden Sie weitere Informationen zum Buch: Videos zu Yoga-Übungen, Audio-Ausschnitte für geführte Meditationen, Rücken-Tipps, das Video eines Workshops mit Jon Kabat-Zinn, eine umfangreiche Linksammlung und vieles mehr.

Kontakte zu Meditationsgruppen verschiedener buddhistischer Traditionen: DBU-Geschäftsstelle, Amalienstr. 71, 80799 München; Tel: 0700-28334233
E-Mail: dbu@dharma.de
www.dharma.de

Das **Kloster Dhammapala** im schweizerischen Kandersteg bietet Meditationskurse in der Tradition des Theravada-Buddhismus an. Längere Gastaufenthalte im Kloster sind möglich, wenn man die Ordensregeln befolgt. Kloster Dhammapala, Am Waldrand, CH-3718 Kandersteg, Schweiz
Tel: 0041033-6752100
E-Mail: info@dhammapala.ch
www.dhammapala.ch

Das **Waldhaus am Laacher See** vermittelt seit fünfzehn Jahren die Grundlagen buddhistischer Lehren für westliche Menschen. Infos für Meditationskurse und Gastaufenthalte: Buddhismus im Westen e.V., Heimschule 1, 56645 Nickenich;
Tel: 02636-3344
E-Mail: info@buddhismus-im-westen.de
www.buddhismus-im-westen.de

Das **Buddha-Haus** hält Meditationskurse in der Tradition der Buddhistischen Nonne Ayya Khema ab. Seminare für Einsteiger und Fortgeschrittene.
E-Mail: info@buddha-haus.de
www.buddha-haus.de

INSTITUTE

Umfassende Informationen über Stressreduktion gibt es beim US-Zentrum für Achtsamkeit: Carol Lewis (office manager), **Center for Mindfulness**, University of Massachusetts Memorial Medical Center, 55 Lake Avenue North, Worcester, Massachusetts 01655, USA
Tel: 001-508-856-5849
E-Mail: mindfulness@umassmed.edu
www.umassmed.edu/cfm

Das **Bender Institute of Neuroimaging** unter der Leitung von Prof. Dr. Dieter Vaitl) erforscht die Hirnaktivitäten Meditierender. Bender Institute of Neuroimaging, Justus-Liebig-Universität Giessen, Otto-Behaghel-Str. 10 H, 35394 Gießen Tel: 0641-9926331
www.bion.de

Der **Psychologe Dr. Johannes Michalak** erforscht die Wirkung achtsamkeitsbasierter Ansätze in der Psychotherapie: www.kli.psy.ruhr-uni-bochum.de/ae/deae/michalak_de.html

Der Hirnforscher Prof. Dr. Dr. Manfred Spitzer erforscht am **Transferzentrum für Neurowissenschaften und Lernen** altersgerechtes Lernen. Transferzentrum für Neurowissenschaften und Lernen, Beim Alten Fritz 2, 89075 Ulm
E-Mail: info@znl-ulm.de
www.znl-ulm.de

Einen **Fragebogen zur empirischen Erfassung der Achtsamkeit** haben Psychologen an der Universität Freiburg entwickelt. Informationen unter: http://www.uniklinik-freiburg.de/med med/live/literatur/Buchkapitel_FFA_Achtsamkeit_und_Akzeptanz_2004.pdf

Mind & Life Institute, englischsprachiges Forum für den Dialog zwischen moderner Wissenschaft und Buddhismus: http://www.mindandlife.org

DIVERSE

Infos rund um die Glücksforschung:
www.gluecksnetz.de
www.77-wege-zum-glueck.de

In der **Klangwerkstatt Bernhard Deutz** kann man Musikinstrumente selbst bauen. Bernhard Deutz, Christburger Str. 31, 10405 Berlin
Tel: 030-44056515
E-Mail: info@deutz-klangwerkstatt.de
www.klangwerkstatt-deutz.de

Klangmassage:
www.klang-massage-therapie.de

Meditationsbänkchen, -kissen etc.
www.YogiShop.com

Portal für **Vipassana-Meditation**:
www.buddha-heute.de

Meditationskleidung: YUE – Kleidung für Shiatsu und Heilberufe, Werkstraße 1/2, 74357 Bönnigheim:
E-Mail: info@yue-meditation.de
www.yue-meditation.de

Sybille Engels: Autorin, Redakteurin (DJS München), Kommunikationswissenschaftlerin. Referentin des Börsenvereins für den Dtsch. Buchhandel, Geschäftsführung engels + partner (FCP-Mitglied). Für dieses Buch war sie als Autorin tätig und übernahm mit ihrem Team Recherche, Konzeptentwicklung und Projektleitung. (www.engelspartner.net)

Jan Eßwein: Achtsamkeitstrainer mit Meditationspraxis seit 15 Jahren. MBSR-Ausbildung bei Jon Kabat-Zinn, Weiterbildung in „Stressbewältigung durch Achtsamkeit" am Institut für Achtsamkeit in Bedburg. Physiotherapeut, Yogalehrer und Focusing-Berater (DAF). Meditationserfahrungen auf mehreren Asienreisen, u.a. in einem nepalesischen Kloster. Experte und engagierter Berater für dieses Buch (www.Janesswein.de).

Dr. Alexander Kolerus: Germanist, Autor, Redakteur. Für dieses Buch hat er recherchiert, Interviews geführt und geschrieben.

Ingrid Heinisch: Redakteurin (DJS München), Politikwissenschaftlerin. Seit über zwanzig Jahren freie Autorin für WDR, BR, Deutsche Welle u.a., Themenschwerpunkt Nationalsozialismus, Mitarbeiterin des Internationalen Auschwitz Komitees. Für dieses Buch übernahm sie das Lektorat.

Thomas Jankovic: Art Director und Layouter mehrerer Bestsellerreihen für verschiedene Verlage, entwickelte für dieses Buch das Layout und fotografierte.

Stephan Zahm: Art Director und Designer (newvistas.de), brachte seine Layout-Ideen mit ein.

Wir danken: Jon Kabat-Zinn und Ulrich Lienhard Valentin vom Arbor Verlag für ihr freundliches Entgegenkommen und ihre tatkräftige Hilfe; Andreas Engels für seine klugen Erklärungen; Othmar Franthal vom Meditationshaus Dietfurt für die Beschreibung des Unbeschreiblichen; Ingrid Heinisch für Geduld und Gespür; Marie Mannschatz und Rainer Rutz für die guten Gespräche und der Firma Yue, Kleidung für Shiatsu und Heilberufe (www.yue-meditation.de) für ihre Unterstützung.

Bildnachweis:
Thomas Jankovic: alle Fotos außer:
Sybille Engels: S. 141, 142, 143.
Corbis: S. 20, 24, 55, 59, 61, 85, 104, 111.
Mauritius: Titelbild, S. 77, 133.
Getty: S. 22.
Jan Eßwein: S. 76, 133, 145, 146, 147.
Marie Mannschatz: S.47.
Kloster Dietfurt: S. 88, 140.
Abbildung der Playmobil-Figuren auf S. 14/15, 16, 19, 29, 42, 45, 120, 122 mit freundlicher Genehmigung von PLAYMOBIL. PLAYMOBIL ist ein eingetragenes Warenzeichen der Geobra Brandstätter GmbH & Co. KG.

Programmleitung:
Ulrich Ehrlenspiel
Redaktion + Projektleitung:
Ilona Daiker
Fotografie:
Thomas Jankovic
Models:
Modedesignerin Ruth Hecking (www.ruth-hecking.de), Mark Römisch
Illustration:
Sybille Engels
Layout, Satz, DTP:
Thomas Jankovic, Stephan Zahm
Lektorat:
Ingrid Heinisch
Schlussredaktion:
Robert Zangenfeind
Herstellung:
Claudia Labahn
Reproduktion:
Wahl Media GmbH, München
Druck:
Firmengruppe Appl, Wemding
Bindung:
Conzella, Pfarrkirchen

ISBN 978-3-8338-1037-4

1. Auflage 2008

Wir sind für Sie da!
Montag – Donnerstag: 8.00 – 18.00 Uhr;
Freitag: 8.00 – 16.00 Uhr
Tel.: 0180 - 5 00 50 54*
Fax: 0180 - 5 01 20 54*
E-Mail: leserservice@graefe-und-unzer.de
*(0,14 €/Min. aus dem dt. Festnetz/Mobilfunkpreise können abweichen.)

GRÄFE UND UNZER VERLAG
Leserservice
Postfach 86 03 13
81630 München

GRÄFE UND UNZER
Ein Unternehmen der GANSKE VERLAGSGRUPPE